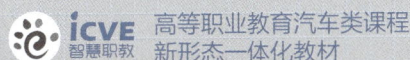

高等职业教育汽车类课程
新形态一体化教材

汽车发动机
构造与拆装

▶主编 刘珊 李书舟

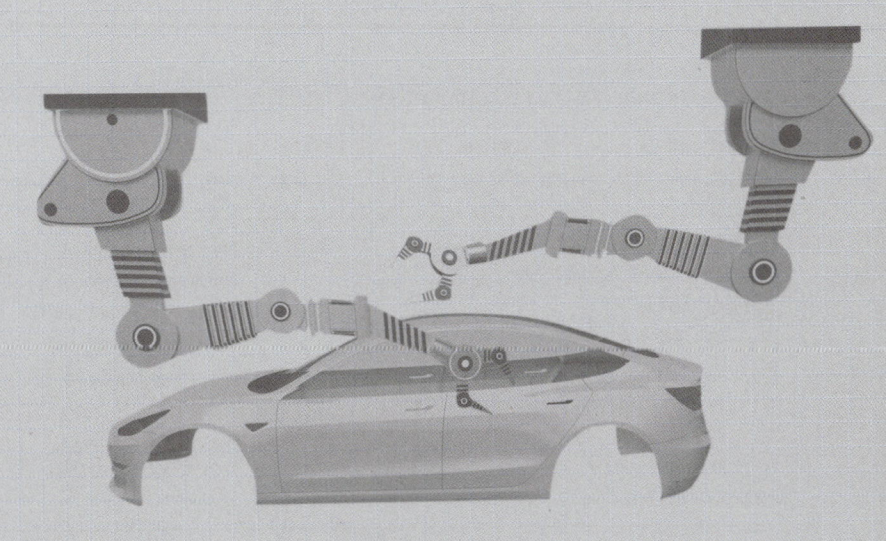

高等教育出版社·北京

内容简介

本书是省级精品资源共享课程配套教材，以汽车发动机构造与拆装作为主要内容共包括发动机总体认知、曲柄连杆机构的构造与拆装、配气机构的构造与拆装、燃料供给系统的构造与拆装、润滑系统的认知与检修、冷却系统的认知与检修6个典型项目。

本书提供了丰富的教学、学习资源，包括电子课件、微课、动画、实训等，视频类资源可通过扫描书上的二维码在线学习，全部资源可通过智慧职教平台（www.icve.com.cn）上的"汽车发动机构造与拆装"在线课程进行学习，详见"智慧职教服务指南"。全书采用大量图表说明代替文字阐述，直观易读；实训操作以任务的形式列出，便于组织教学和读者阅读。

本书适合高等职业院校汽车制造与试验技术、汽车检测与维修技术等汽车类相关专业使用，也可以作为相关行业培训教材使用，同时还可作为汽车维修技术人员自学参考书。授课教师如需本书配套的教学课件等资源，可发送邮件至 gzjx@pub.hep.cn 索取。

图书在版编目（CIP）数据

汽车发动机构造与拆装 / 刘珊，李书舟主编．－－北京：高等教育出版社，2022.4（2025.8重印）
ISBN 978-7-04-055705-3

Ⅰ.①汽… Ⅱ.①刘… ②李… Ⅲ.①汽车 – 发动机 – 构造 – 高等职业教育 – 教材②汽车 – 发动机 – 装配（机械）– 高等职业教育 – 教材 Ⅳ.①U464

中国版本图书馆 CIP 数据核字（2021）第 031278 号

QICHE FADONGJI GOUZAO YU CHAIZHUANG

策划编辑	姚 远	责任编辑	姚 远	封面设计	赵 阳	版式设计	马 云
插图绘制	于 博	责任校对	王 雨	责任印制	刁 毅		

出版发行	高等教育出版社	网　　址	http://www.hep.edu.cn
社　　址	北京市西城区德外大街4号		http://www.hep.com.cn
邮政编码	100120	网上订购	http://www.hepmall.com.cn
印　　刷	涿州市京南印刷厂		http://www.hepmall.com
开　　本	787mm×1092mm　1/16		http://www.hepmall.cn
印　　张	17		
字　　数	350 千字	版　　次	2022 年 4 月第 1 版
购书热线	010-58581118	印　　次	2025 年 8 月第 3 次印刷
咨询电话	400-810-0598	定　　价	45.80 元

本书如有缺页、倒页、脱页等质量问题，请到所购图书销售部门联系调换
版权所有　侵权必究
物　料　号　55705-00

"智慧职教"服务指南

"智慧职教"是由高等教育出版社建设和运营的职业教育数字教学资源共建共享平台和在线课程教学服务平台,包括职业教育数字化学习中心平台(www.icve.com.cn)、职教云平台(zjy2.icve.com.cn)和云课堂智慧职教App。用户在以下任一平台注册账号,均可登录并使用各个平台。

● 职业教育数字化学习中心平台(www.icve.com.cn):为学习者提供本教材配套课程及资源的浏览服务。

登录中心平台,在首页搜索框中搜索"汽车发动机构造与拆装",找到对应作者主持的课程,加入课程参加学习,即可浏览课程资源。

● 职教云平台(zjy2.icve.com.cn):帮助任课教师对本教材配套课程进行引用、修改,再发布为个性化课程(SPOC)。

1. 登录职教云平台,在首页单击"申请教材配套课程服务"按钮,在弹出的申请页面填写相关真实信息,申请开通教材配套课程的调用权限。

2. 开通权限后,单击"新增课程"按钮,根据提示设置要构建的个性化课程的基本信息。

3. 进入个性化课程编辑页面,在"课程设计"中"导入"教材配套课程,并根据教学需要进行修改,再发布为个性化课程。

● 云课堂智慧职教App:帮助任课教师和学生基于新构建的个性化课程开展线上线下混合式、智能化教与学。

1. 在安卓或苹果应用市场,搜索"云课堂智慧职教"App,下载安装。

2. 登录App,任课教师指导学生加入个性化课程,并利用App提供的各类功能,开展课前、课中、课后的教学互动,构建智慧课堂。

"智慧职教"使用帮助及常见问题解答请访问 help.icve.com.cn。

配套资源索引

序号	资源标题		对应页码
1	微课	发动机类型的识别	3
2	微课	转子式发动机	4
3	微课	进气方式分类	6
4	微课	发动机常用术语	12
5	微课	汽车排量	13
6	微课	汽油机构造与工作原理	14
7	动画	点火系统	16
8	微课	柴油机工作原理	20
9	微课	帕萨特1.8T 发动机工作原理	21
10	微课	发动机传动带的认知与更换	24
11	微课	曲柄连杆机构的认知	37
12	动画	曲柄连杆机构的组成	38
13	微课	气缸盖的构造与拆装	47
14	微课	气缸磨损检测	51
15	微课	活塞环的认知与拆装	58
16	实训	活塞连杆组的拆装	59
17	微课	飞轮的构造与拆装	73
18	微课	曲轴连杆轴颈的检测	76
19	微课	配气机构的认知	85
20	动画	配气机构的组成	89
21	动画	液力挺柱	93
22	微课	凸轮轴的构造与拆装	96
23	微课	正时链条的拆装与检测	100
24	微课	气门的构造	112
25	微课	气门组的构造与拆装	116
26	知识链接	配气相位	124
27	微课	配气相位与可变配气正时机构	126
28	微课	汽油机燃料供给系统的构造	138
29	动画	电动燃油泵	139
30	动画	燃油压力调节器	142

续表

序号	资源标题		对应页码
31	动画	喷油器	143
32	微课	喷油器的检测	145
33	微课	空气滤清器的检查与更换	150
34	动画	节气门工作原理	150
35	动画	可变进气歧管	151
36	动画	三元催化转换器	153
37	微课	进气歧管的认知与拆装	156
38	微课	燃油压力检测	166
39	微课	润滑系统的认知	175
40	动画	机油滤清器	179
41	微课	机油的选用与更换	186
42	微课	油底壳的构造与拆装	191
43	微课	机油泵的构造	194
44	微课	机油泵的检修	198
45	微课	机油压力报警灯闪烁的故障诊断	203
46	微课	冷却系统的认知	213
47	微课	冷却液	217
48	动画	冷却系统循环路线	218
49	微课	冷却液泵的构造与拆装	222
50	微课	节温器的构造与检测	227
51	微课	散热器的构造与检查	232
52	微课	冷却系统密封性检查	240
53	微课	发动机冷却液温度过高故障诊断	241

前 言

本书以汽车发动机维修人员"职业素养过硬，技术思维敏捷，服务技能高超"为立足点，结合我国售后服务企业对汽车发动机维修人员的实际需要及对人才的要求，结合汽车售后服务企业汽车发动机维修工岗位的实际工作过程编写。

本书分为6个项目，即发动机总体认知、曲柄连杆机构的构造与拆装、配气机构的构造与拆装、燃料供给系统的构造与拆装、润滑系统的认知与检修、冷却系统的认知与检修。每个项目下有多个学习任务，每个学习任务都相对独立，它们来源于企业工作任务（通过企业调研采集），即企业生产一线的汽车发动机的拆装与检修任务，按照认知规律进行教学化加工，按照由简单到复杂的规律建立学习项目。同时，本书内容注重加强学生职业意识和职业素养，树立劳动观念，为学生毕业后从事汽车发动机维修工作打下良好基础。

每个任务在内容设计上，以"任务描述"为引导，以"知识链接"为辅助，以"任务实施"为实践，搜集与该学习内容相关的企业案例，并进行教学化的加工，以"企业岗位工作流程考核标准"为评价依据，将汽车发动机的相关理论知识，汽车发动机的拆装与检测技能，学生职业意识、职业素养和劳动观念进行有机结合，使整个教学过程有知识可学，有技能可练，有标准可参考，培养学生的职业岗位能力和职业素养。

本书由湖南电气职业技术学院刘珊、李书舟担任主编，抚顺市现代服务学校张延明、邵丽昆，剑河县中等职业学校欧敏担任副主编，湖南九城投资集团有限公司汽车维修总监李子洋和湖南吉利汽车零部件有限公司刘玄为本书提供案例素材。湖南工程学院胡俊达教授担任主审。

本书在编写过程中，参考了大量国内外技术资料和文献，得到了业内同行的大力支持，在此谨向所参考资料的作者以及关心、支持本书编写的同仁表示衷心的感谢。

由于编者水平有限，书中难免有不妥之处，竭诚欢迎读者和业内专家批评指正。

编者
2021年10月

目 录

- 1 项目一　发动机总体认知
  - 3　任务一　汽车发动机类型的识别
  - 12　任务二　发动机总体构造的认知
  - 24　任务三　发动机传动带的认知与更换
  - 32　项目小结
  - 32　练习与思考

- 35 项目二　曲柄连杆机构的构造与拆装
  - 37　任务一　曲柄连杆机构的认知
  - 42　任务二　机体组的构造与拆装
  - 56　任务三　活塞连杆组的构造与拆装
  - 67　任务四　曲轴飞轮组的构造与拆装
  - 80　项目小结
  - 80　练习与思考

- 83 项目三　配气机构的构造与拆装
  - 85　任务一　配气机构的认知
  - 92　任务二　气门传动组的构造与拆装
  - 112　任务三　气门组的构造与拆装
  - 123　任务四　配气相位
  - 133　项目小结
  - 133　练习与思考

- 135 项目四　燃料供给系统的构造与拆装
  - 137　任务一　汽油机燃料供给系统的构造与拆装
  - 149　任务二　进排气系统的构造与拆装
  - 163　任务三　燃料供给系统常见故障诊断与排除
  - 170　项目小结
  - 170　练习与思考

- 173 项目五　润滑系统的认知与检修
  - 175　任务一　润滑系统的认知
  - 184　任务二　车用机油、润滑脂的选用
  - 190　任务三　油底壳的拆装与检查
  - 194　任务四　机油泵的拆装与检查
  - 202　任务五　润滑系统常见故障诊断
  - 208　项目小结
  - 208　练习与思考

- 211 项目六　冷却系统的认知与检修
  - 213　任务一　冷却系统的认知
  - 222　任务二　冷却液泵的拆装与检查
  - 227　任务三　节温器的拆装与检查
  - 232　任务四　散热器的检查与更换
  - 239　任务五　冷却系统常见故障诊断
  - 245　项目小结
  - 245　练习与思考

- 247 附录　发动机拆装与检测工具及其使用方法

- 259 参考文献

项目一 >>>

发动机总体认知

发动机是汽车的动力源。迄今为止,除纯电动汽车外,汽车发动机都是热能动力装置,或简称热机。在热机中,借助工质的状态变化将燃料燃烧产生的热能转换为机械能。

热机有内燃机和外燃机两种。直接以燃料燃烧所生成的燃烧产物为工质的热机称为内燃机,否则称为外燃机。内燃机包括活塞式内燃机和燃气轮机等;外燃机则包括蒸汽机、汽轮机和热气机等。内燃机与外燃机相比,具有结构紧凑、体积小、质量轻和容易起动等优点。因此,内燃机尤其是活塞式内燃机被广泛地用作汽车动力源。

学习任务

- 任务一　汽车发动机类型的识别;
- 任务二　发动机总体构造的认知;
- 任务三　发动机传动带的认知与更换。

学习目标

知识目标
- 能够对各种内燃机进行正确的分类及说明;
- 能描述发动机的基本工作原理;
- 能阐述发动机的常用术语;
- 能分析发动机型号编制规则;
- 能描述发动机附件传动带的连接情况与常见损伤。

能力目标
- 能够对发动机进行正确的分类；
- 能够分析汽油发动机与柴油发动机工作过程的不同点；
- 能够说明发动机主要组成部分的名称和各组成部分的主要部件名称及作用；
- 能够按技术要求进行发动机传动带的检查、调整与更换。

素质目标
- 培养在实训作业过程中的安全防范与操作规范职业素养；
- 养成 6S 现场管理职业素养；
- 养成自主学习、主动学习的习惯。

任务一

汽车发动机类型的识别

▶ **任务目标**

知识目标
- 知晓内燃机的分类;
- 了解国产内燃机型号的编制规则。

能力目标
- 能够对内燃机进行正确的分类说明;
- 能够指出内燃机型号的排列顺序及其符号表示的意义。

▶ **任务描述**

有客户想要购买新车,需要了解车辆的基本信息,尤其是汽车发动机的情况,销售人员需要记录并填写发动机的信息以供客户参考。

▶ **任务分析**

当客户要了解汽车时,他们想获得的信息包括发动机的型号、排量、油耗、最高车速、安全性等。这就需要对发动机的分类和标牌表示的意义有正确而全面的了解,并能快速查找及记录发动机的具体信息。

▶ **知识链接**

发动机是汽车的心脏,是汽车动力的源泉,是将一种能量(如热能、电能、太阳能等)转换为机械能的装置。目前,大部分汽车采用的是内燃机。它将燃料燃烧产生的热能转换为机械能,通过飞轮向外输出动力,并通过底盘的传动系统和行驶系统驱动汽车行驶。

一、发动机分类

汽车用内燃机种类繁多,可以按不同特征予以分类,常用分类方法有以下六种。

微课

发动机类型的识别

1. 按使用燃料分类

按使用燃料的不同，汽车用内燃机可分为汽油机、柴油机、压缩天然气（CNG）发动机、液化石油气（LPG）发动机和双燃料发动机。

使用 CNG 为燃料的内燃机称为 CNG 发动机（见图 1-1），天然气主要成分为甲烷，燃烧后生成 CO_2 和 H_2O，是一种安全环保的能源，其外形如图 1-1 所示。

使用 LPG 为燃料的内燃机称为 LPG 发动机，LPG 具有热值高、燃烧充分，以及排气中一氧化碳、碳氢化合物和硫化物含量低等特点。

可同时使用两种燃料的内燃机称为双燃料发动机，如氢/汽油发动机、LPG/汽油发动机、CNG/汽油发动机等。

图 1-1　CNG 发动机外形

近年来，为节省石油能源和降低汽车的排放污染，人们不断研制新型汽车动力装置，如混合动力装置等。混合动力装置是指将电动机与小型燃料发动机组合成一体，小型燃料发动机只起辅助作用，这样既能发挥燃料发动机持续工作时间长、动力性好的优点，又能发挥电动机无污染、低噪声的优势，二者"并肩作战，取长补短"，可使燃料发动机的热效率提高 10% 以上、废气排放量降低 30% 以上。

2. 按活塞运动方式分类

发动机按活塞运动方式不同，可分为往复活塞式发动机和转子式发动机（见图 1-2）。

微课
转子式发动机

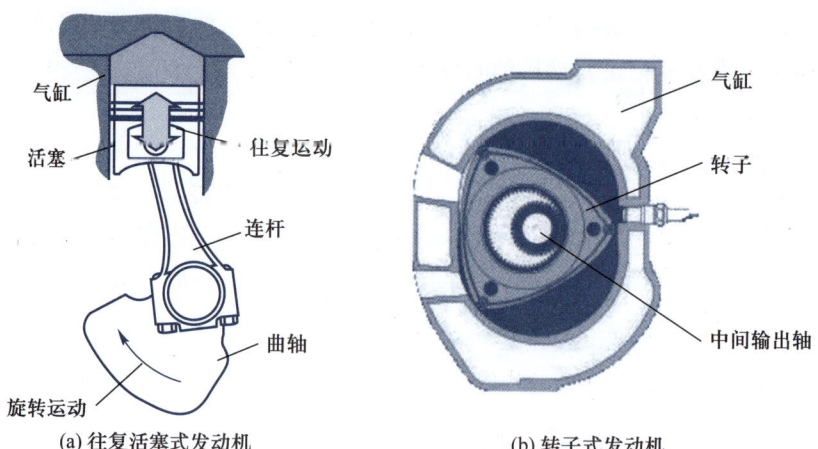

图 1-2　发动机按活塞运动方式分类

现代汽车发动机多采用往复活塞式发动机，发动机内的往复运动包括部件的上下移动，这种部件的上下移动随后通过曲柄连杆机构转变为旋转运动。转子式发动机将燃料燃烧的能量作用在运动部件上，部件是旋转运动的。与往复活塞式发动机相比，转子发动机取消了无用的直线运动，直接将可燃混合气的燃烧膨胀力转化为驱动扭矩。

往复活塞式发动机按完成一个工作循环所需活塞的行程数不同，可分为四冲程发动机和二冲程发动机（见图1-3）。活塞上下往复四个行程完成一个工作循环的发动机称为四冲程发动机。活塞上下往复两个行程完成一个工作循环的发动机称为二冲程发动机。现代汽车发动机多采用四冲程发动机。

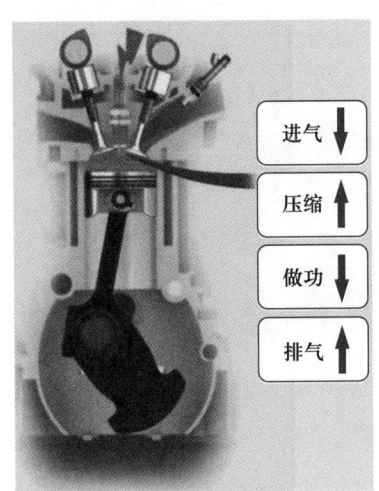

(a) 四冲程发动机　　　　　　　(b) 二冲程发动机

图1-3　往复活塞式发动机按行程分类

3. 按冷却方式分类

发动机按冷却方式不同，可分为水冷发动机和风冷发动机（见图1-4）。

水冷发动机冷却均匀，工作可靠，冷却效果好，广泛应用于现代汽车发动机上，并且用冷却液代替水作为冷却介质，以防止水在冬季结冰，损坏发动机。

风冷发动机是利用流动于气缸体与气缸盖外表面散热片之间的空气作为冷却介质进行冷却的。风冷发动机冷却效果受外界温度影响较大，冷却不够均匀，且噪声大，大多应用于赛车和摩托车上。

4. 按气缸数目分类

发动机按气缸数目不同，可分为单缸发动机和多缸发动机（见图1-5），多缸发动机缸数有双缸、三缸、四缸、五缸、六缸、八缸、十二缸。现代发动机多采用四缸、六缸和八缸发动机。

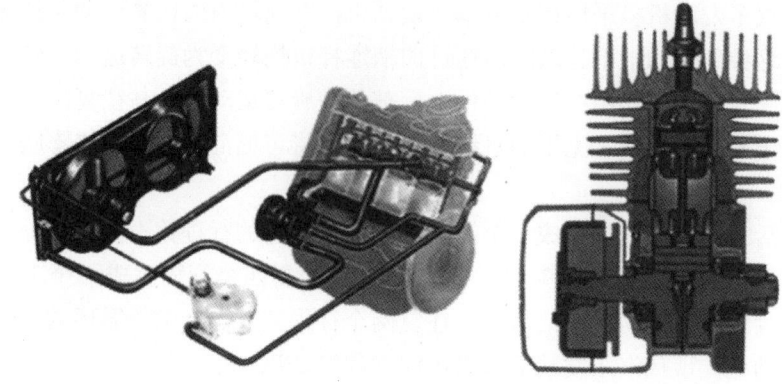

(a) 水冷发动机　　　　　　　(b) 风冷发动机

图 1-4　发动机按冷却方式分类

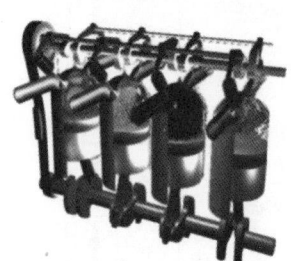

(a) 单缸发动机　　　　　　　(b) 四缸发动机

图 1-5　发动机按气缸数目分类

5. 按气缸布置方式分类

发动机按气缸布置方式不同，可分为直列式、V型、斜置式、对置式和W型发动机五种（见图1-6）。

6. 按进气方式分类

发动机按进气系统是否采用增压的方式，可分为自然吸气（非增压）式发动机和强制进气（增压式）发动机。

涡轮增压是目前较为常见的一种增压形式，其原理是利用发动机尾气的动能和内能，推动涡轮，并带动与该涡轮相连的另一个泵轮，将空气压缩后进入发动机气缸（见图1-7）。

进气方式分类

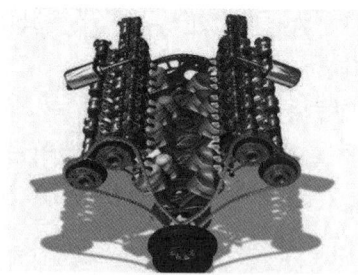

(a) 直列式发动机　　　　　　(b) V型发动机

(c) 对置式发动机

(d) W 型发动机

图 1-6　发动机按气缸布置方式分类

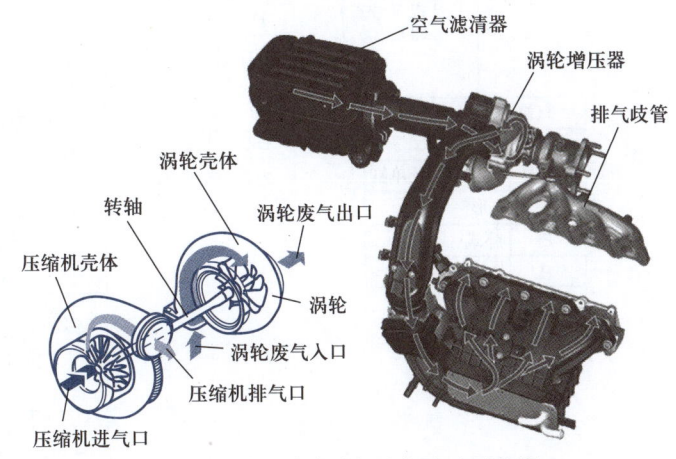

图 1-7　增压式发动机空气流动示意图

涡轮增压发动机最大的优势是在排量较小的情况下能提供更大的功率和扭矩，其比同排量的自然吸气发动机车型"更有劲"。一台发动机装上涡轮增压器后，其最大功率与未装增压器时相比可以增加 40% 甚至更高。

二、国产内燃机型号编制规则

为了便于内燃机的生产管理和使用，GB/T 725—2008《内燃机产品名称和型号编制规则》中对内燃机的名称和型号作出了统一规定。

1. 内燃机名称和型号

内燃机名称均按所使用的主要燃料命名，如汽油机、柴油机、煤气机等。

内燃机型号由阿拉伯数字、汉语拼音字母或国际通用英文缩略字母组成。

内燃机型号由四部分组成，如图 1-8 所示。

（1）第一部分：由制造商代号或系列符号组成，由制造商根据需要选择相应 1～3 位字母表示，但需主管部门核准。

（2）第二部分：由气缸数、气缸布置形式符号、冲程形式符号和缸径符号组成。

（3）第三部分：由结构特征符号、用途特征符号和燃料符号组成，以字母表示。

（4）第四部分：区分符号。同系列产品需要区分时，允许制造商选用适当符号表示。第三部分与第四部分可用"-"分隔。

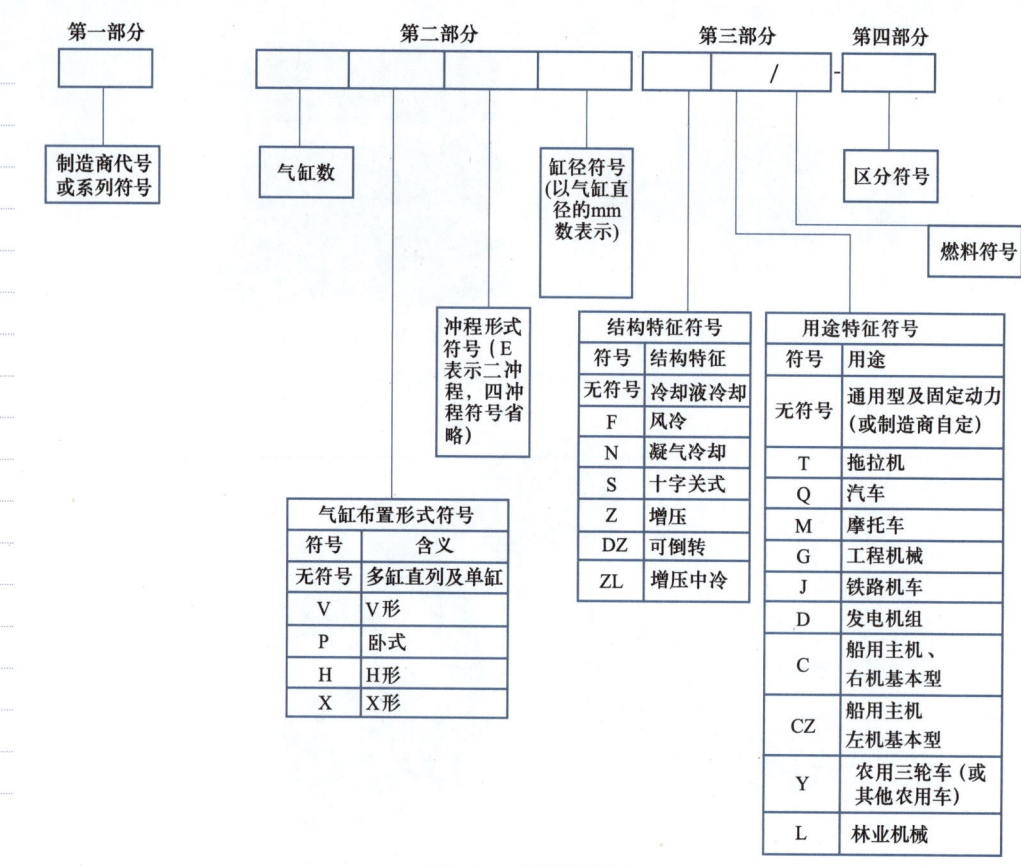

图 1-8 内燃机型号

2. 内燃机型号编制举例

内燃机型号编制举例如表 1-1 所示。

表 1-1 型号编制举例

发动机型号	表示的意义
1E65F	单缸，二冲程，缸径 65 mm，风冷、通用型
TJ376Q	3 缸，四冲程，缸径 76 mm，水冷、汽车用，TJ 表示系列符号
4100Q4	4 缸，四冲程，缸径 100 mm，水冷、汽车用，第四种变型产品
8V100	8 缸，四冲程，缸径 100 mm，V 型、水冷、通用型
CA6110	6 缸，四冲程，缸径 110 mm，水冷、通用型，CA 表示长春一汽生产的发动机

▶ 任务实施

一、安全教育

1. 安全的出发点

安全意识始于我们对生命价值的重视和对生命脆弱的认识，是确保我们每天安全作业的出发点。有了这种安全意识，才能做到不伤害自己、不伤害他人和不被他人所伤害，才能达到安全作业的目的。

2. 安全作业要点

（1）作业程序。安全作业首先要求严格遵守作业规程和相关操作指导手册，安全、高效、优质和合理地开展各项作业。

（2）"6S"管理。6S 是指整理（seiri）、整顿（seiton）、清扫（seiso）、清洁（seiketsu）、素养（shitsuke）、安全（safety）的缩写。整理是清洁和清扫不要的东西；整顿是将作业所需的工具等物品整齐、正确地放置在规定的位置以便于使用。整理与整顿是"安全之母"，清扫与清洁是工作场所的"礼节"。

（3）保养、检查与维修。机械设备等"物"依要求进行定期保养、检查，发现不安全的隐患要及时通知指导老师，安排维修。

二、安全常识

1. 实训时易发的安全事故

实训时易发生的安全事故包括触电、坠落、被夹卷、受物体打击和火灾等，为了防止事故发生，应具备必要的安全常识和技能。

2. 实训中安全注意事项

（1）可燃的材料，如擦油的抹布等，必须妥善处理和存放。

（2）汽车尾气会排放有毒气体，汽车起动前一定要有环保意识，接好尾气排放装置。

（3）宽松的衣服和长发可能被绞进旋转的零件或设备或汽车里面，导致严重受伤。在起动车辆前必须明确请示指导教师，确认安全后再起动车辆。

（4）在汽车上工作时不要佩戴表、珠宝饰物或戒指，不应穿宽大的衣服，并应把头发系或挽到后面。

（5）电器设备上破裂的电线必须及时替换或修补。

（6）在无人监视的情况下，不要让电气设备运转。

（7）在实训区严禁吸烟。

（8）实训场地布置的消防设施（如灭火器、消防栓）应随时检查，并学习和掌握其使用方法和使用范围；在未发生火灾时，不允许任意开封消防设施及调整存放位置等。

三、发动机类型的识别

1. 准备工作

（1）着装方面，务必穿着工作服，戴工作帽，不允许佩戴任何首饰。

（2）实训前，准备好前格栅布、翼子板布、座椅护面、地板垫、转向盘套及挡位杆套等物品。检查车轮挡块，检查尾气排放装置是否正常。

2. 车辆基本信息登记

汽车制造厂家根据本国法律法规或标准，通常在车辆的某一位置设有汽车的车辆铭牌。车辆铭牌是标明车辆基本特征的标牌，主要包括厂牌、型号、发动机功率、总质量、载质量或载客人数、出厂编号、出厂日期及厂名等，如图 1-9 所示。

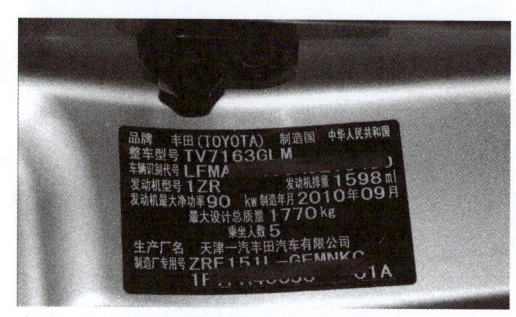

图 1-9 车辆铭牌

3. 观察发动机舱

观察发动机舱,目测分析发动机的类型。

4. 现场恢复

恢复现场情况。

> **任务工单**

"发动机类型的识别"操作工单

1. 准备工作

(1) 检查工作着装

(2) 安装车内三件套

(3) 拉起驻车制动器

(4) 拉起发动机盖释放柄

(5) 安放翼子板布、前格栅布

(6) 放置车轮挡块

(7) 接上尾气排放装置

2. 汽车信息识别

车辆品牌_____;车型_____;车牌号_____;车辆识别代码_____;发动机号_____;生产日期_____;仪表板信息:行驶里程_____;油量_____

3. 发动机类型的识别

(1) 判断发动机为汽油机或柴油机,从结构上区别为:

(2) 判断发动机为自然吸气还是增压发动机,从结构上区别为:

(3) 判断发动机气缸数目为:

(4) 判断发动机气缸排列方式为:

(5) 判断发动机冷却方式为:

4. 现场恢复

5. 结论

任务评价

"发动机类型的识别"评分标准

序号	考核项目	配分	扣分标准（每项累计扣分不超过配分）	
1	安全文明	否决	造成人身、设备重大事故，此任务计 0 分	
2	准备工作	20 分	（1）检查工作着装	每项 3 分，扣完为止
			（2）安装车内三件套	
			（3）拉起驻车制动器	
			（4）拉起发动机盖释放柄	
			（5）安放翼子板布、前格栅布	
			（6）放置车轮挡块	
			（7）接上尾气排放装置	
3	汽车信息识别	20 分	未能识别任务工单上的基本信息，每项扣 2 分	
4	发动机类型的识别	40 分	未能按工单要求正确识别车辆发动机类型，每项扣 5 分	
5	6S 管理	20 分	（1）工作着装不规范，每次每处扣 3 分； （2）工量具与零件混放或摆放凌乱，每次每处扣 2 分； （3）工量具或零件随意摆放在地上，每次扣 2 分； （4）垃圾未分类回收，每次扣 2 分； （5）出现有安全隐患的不规范操作，每次扣 3 分； （6）完工后未清理工量具，每件扣 1 分； （7）完工后未清理考核场地，扣 2 分	
6	合计	100 分		

任务二 ▶▶▶
....

发动机总体构造的认知

▶ **任务目标**

知识目标
- 知晓发动机两大机构五大系统；
- 理解发动机的常用术语；
- 理解四冲程汽油机和柴油机的工作原理。

能力目标
- 能够区别出汽油机和柴油机的工作原理；
- 能够说明发动机主要组成部分名称和每个组成部分的主要部件名称及作用。

▶ **任务描述**

顾客驾驶一辆卡罗拉轿车前往丰田4S店维修，维修接待员接待后，确认该车已行驶150 000 km，油耗偏高，动力不足，遂建议进行发动机检修。维修接待员需要向客户说明发动机总成工作情况，记录并填写任务工单以供客户参考。

▶ **任务分析**

当接到维修任务分配单时，需要对发动机整体性能进行初步判断。这时需要对发动机的整体构造及工作原理有正确而全面的了解，需要快速查找发动机各系统的安装位置并记录发动机的工作情况信息。

▶ **知识链接**

一、发动机常用术语

发动机部分常用术语如图1-10所示。

（1）上止点：活塞在离曲轴回转中心最远处时，活塞顶所处的位置。

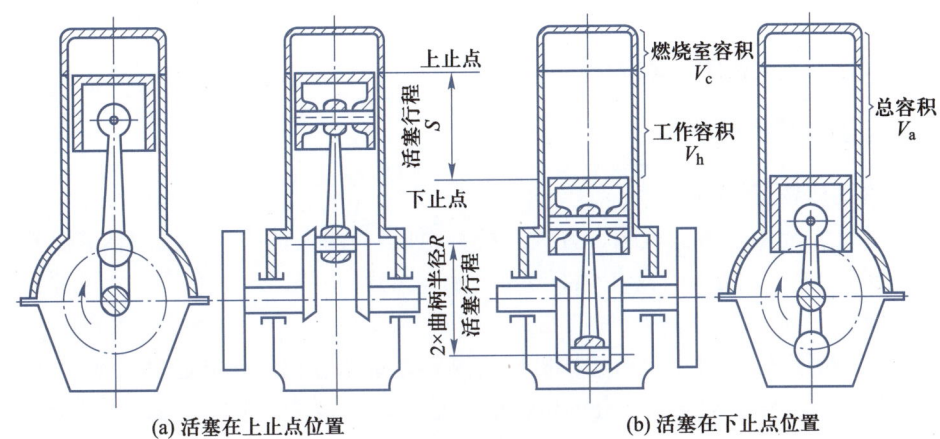

(a) 活塞在上止点位置　　　　(b) 活塞在下止点位置

图 1-10　发动机常用基本术语

（2）下止点：活塞在离曲轴回转中心最近处时，活塞顶所处的位置。

（3）活塞行程：上、下止点的距离，用 S 表示。

（4）曲柄半径：曲轴上连杆轴颈轴线与曲轴主轴颈轴线的距离，用 R 表示。活塞行程为曲柄半径的两倍，即 $S=2R$。

（5）气缸工作容积或气缸排量：活塞从一个止点运动到另一个止点所扫过的容积，用 V_h 表示，单位为 L，即

$$V_h = \frac{\pi D^2}{4 \times 10^6} S$$

式中：D——气缸直径，单位为 mm；
　　　S——活塞行程，单位为 mm。

（6）燃烧室容积：活塞在上止点时，活塞顶与气缸盖之间的容积用 V_c 表示，单位为 L。

（7）气缸总容积：活塞在下止点时，活塞顶上方的容积用 V_a 表示，单位为 L。显然，气缸总容积是气缸工作容积与燃烧室容积之和，即

$$V_a = V_c + V_h$$

（8）发动机排量：多缸发动机各气缸工作容积之和用 V_L 表示，单位为 L，即

$$V_L = V_h i = \frac{\pi D^2}{4 \times 10^6} S i$$

式中：i——气缸数目。

（9）压缩比：气缸总容积与燃烧室容积之比用 ε 表示，即

$$\varepsilon = \frac{V_a}{V_c} = \frac{V_h + V_c}{V_c} = 1 + \frac{V_h}{V_c}$$

压缩比表示活塞由下止点运动到上止点时，气缸内的气体被压缩的程度。压缩比越大，压缩终了时的气体压力和温度就越高，燃烧效率就越高。一般来说，柴油机的压缩比要大于汽油机的压缩比。

微课
汽车排量

（10）工作循环：在气缸内每完成一次热能与机械能的转换，所经历的一系列连续过程称为发动机的一个工作循环。

二、发动机构造认知

1. 汽油机构造认知

微课
汽油机构造与
工作原理

汽油机主要由"两大机构、五大系统"组成。"两大机构"是指曲柄连杆机构和配气机构；"五大系统"是指燃料供给系统、润滑系统、冷却系统、点火系统和起动系统。

（1）曲柄连杆机构。曲柄连杆机构将燃料燃烧所放出的热能通过活塞、连杆、曲轴等转换成能够驱动汽车行驶的机械能，是发动机实现热能与机械能相互转换的核心机构（见图1-11）。

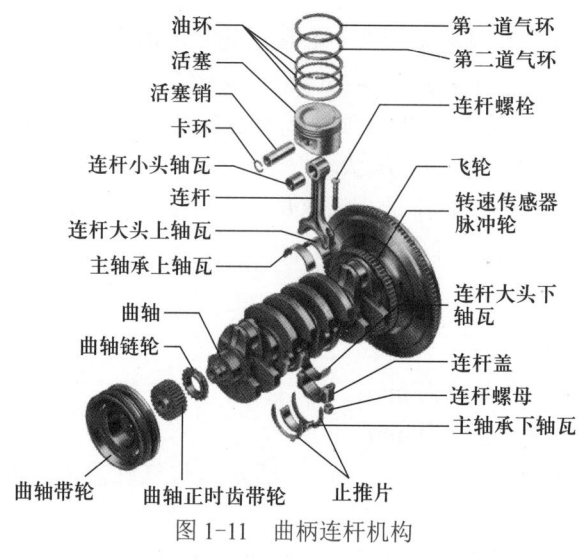

图1-11 曲柄连杆机构

（2）配气机构。配气机构根据发动机的工作需要，适时地打开进气通道或排气通道，以便使可燃混合气（燃料与空气的混合物）及时地进入气缸，或使废气及时地从气缸内排出；而在发动机不需要进气或排气时，则利用气门将进气通道或排气通道关闭，以便保持气缸密封（见图1-12）。

（3）燃料供给系统。燃料供给系统的功用是根据发动机的需要，产生一定数量和浓度的可燃混合气，供入气缸，并将燃烧后的废气从气缸内排出到大气中去（见图1-13）。现代汽车发动机上普遍采用

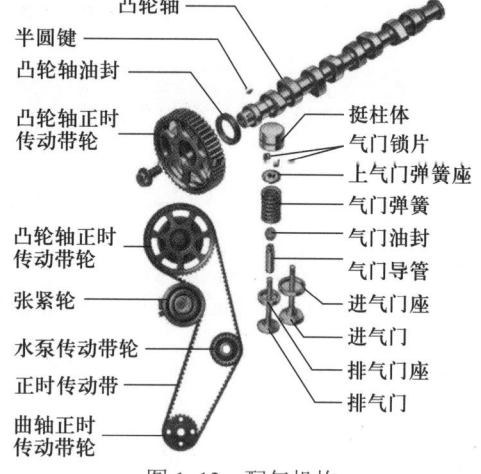

图1-12 配气机构

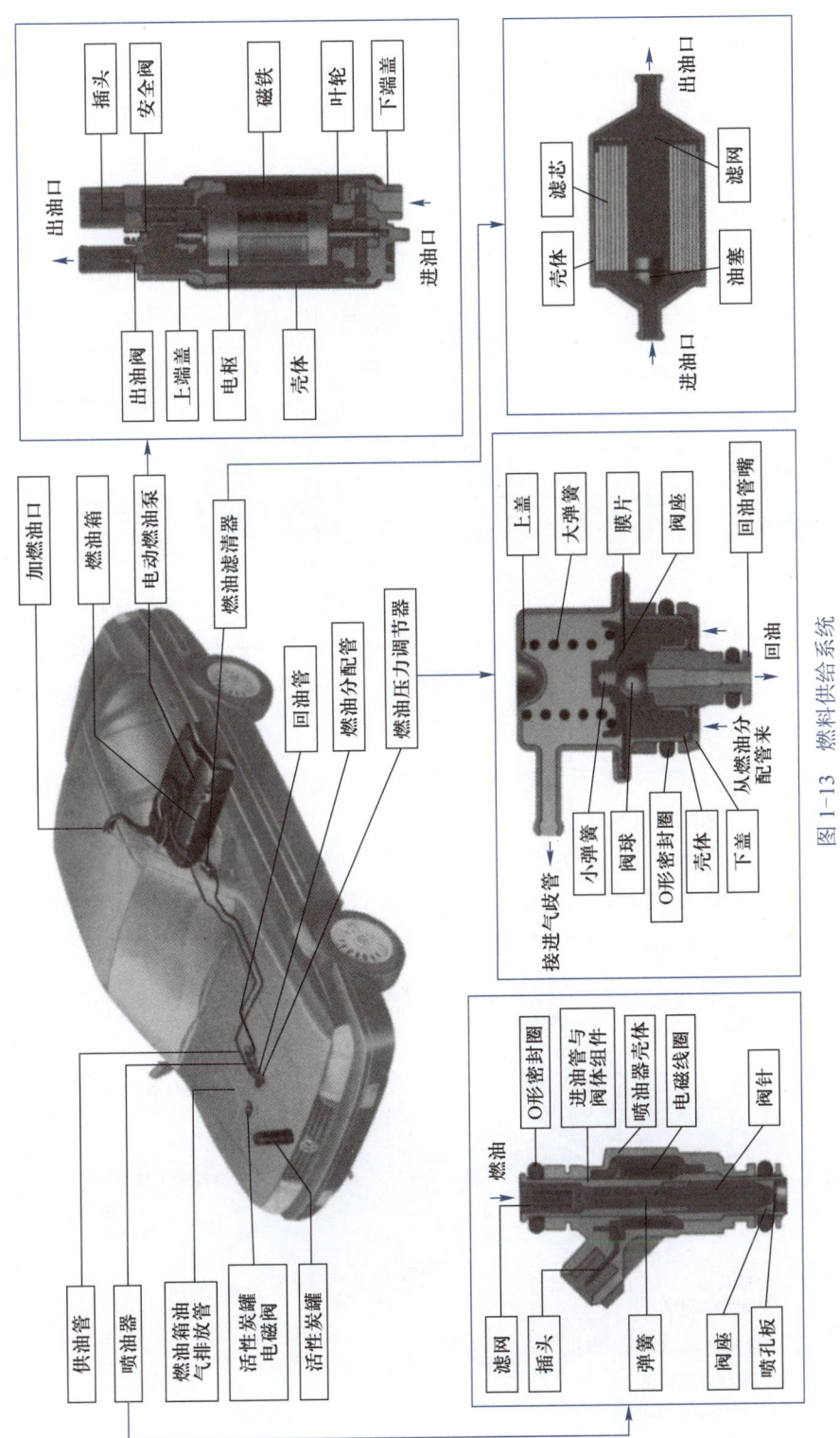

图 1-13 燃料供给系统

电控燃油喷射式，化油器式已基本淘汰。

（4）润滑系统。润滑系统的功用是向做相对运动的零件表面输送清洁的机油（润滑油），以减小摩擦和磨损，并向摩擦表面进行清洗和冷却（见图1-14）。

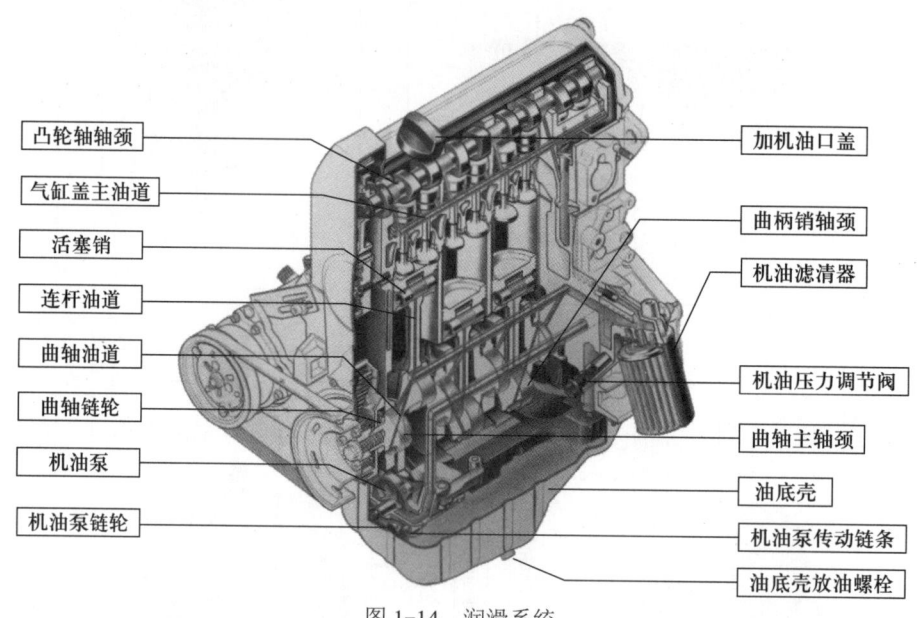

图1-14 润滑系统

（5）冷却系统。冷却系统的功用是帮助发动机散热，以保证发动机在最适宜的温度下工作（见图1-15）。

发动机的冷却系统可分为水冷式和风冷式两种。水冷式冷却系统通常由水泵、散热器、电动风扇、节温器、水套等组成。风冷式冷却系统主要由风扇、散热片组成。

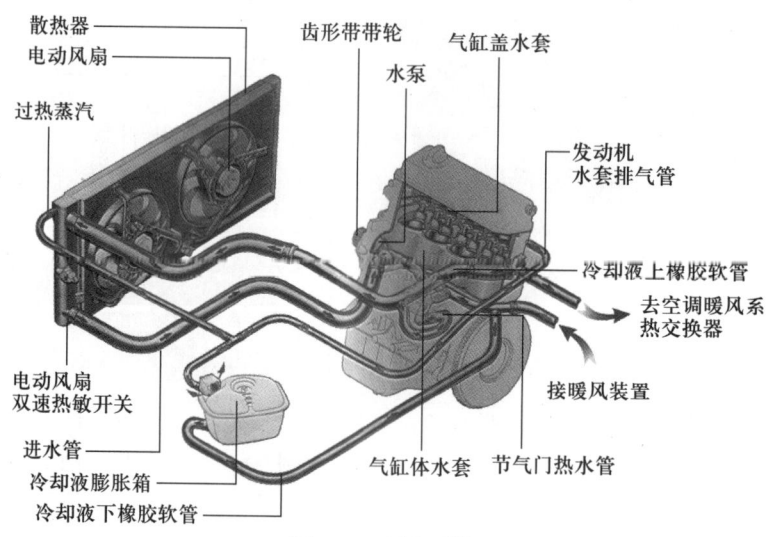

图1-15 冷却系统

点火系统

（6）点火系统。在汽油机中，气缸内的可燃混合气是通过电火花点燃的，因此在汽油机的气缸盖上装有火花塞。能够定时在火花塞电极间产生电火花,点燃气缸内可燃混合气的全部设备称为点火系统(见图1-16)。

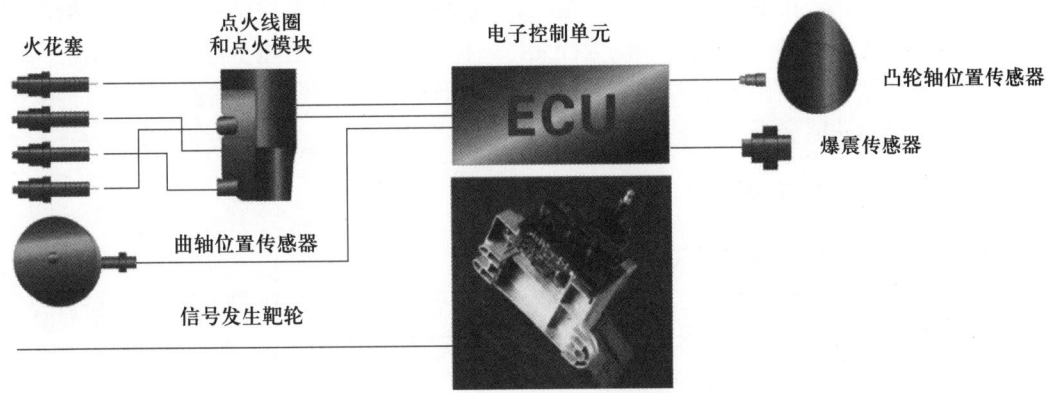

图1-16 发动机点火系统

(7)起动系统。起动系统的功用是使发动机由静止状态进入到正常工作状态。起动系统包括起动机及其附属装置(见图1-17)。

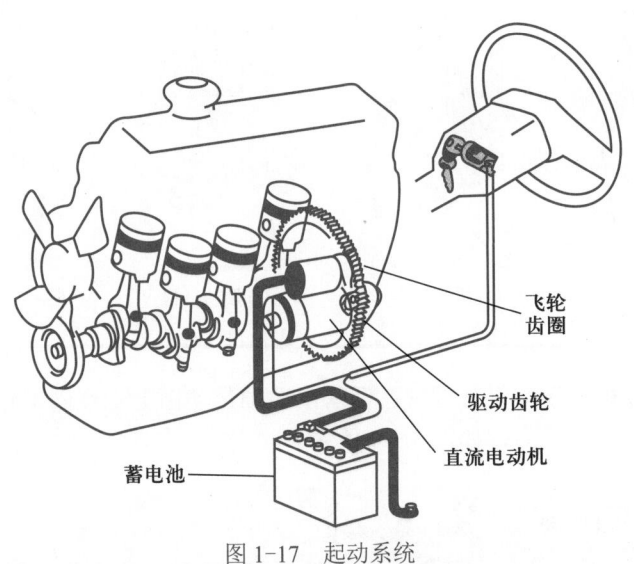

图1-17 起动系统

2.柴油机总体构造的认知

四冲程水冷式柴油机由"两大机构、四大系统"组成。"两大机构"是指曲柄连杆机构和配气机构;"四大系统"是指燃料供给系统、润滑系统、冷却系统和起动系统。

柴油机的曲柄连杆机构、配气机构、润滑系统、冷却系统、起动系统与汽油机基本相同。由于柴油机采用压缩自燃的着火方式,所以不需要点火系统。此外,由于柴油机与汽油机使用的燃料不同,其燃料供给系统存在较大的差异,柴油机的燃料供给系统通常是利用高压油泵将柴油压力提高后,再利用喷油器将高压柴油直接喷入气缸。

按对供（喷）油量等的控制方式不同，柴油机的燃料供给系统也可分为传统燃料供给系统和电子控制燃料供给系统。传统燃料供给系统通常由油箱、柴油滤清器、输油泵、高压油泵、喷油器等组成。早期的柴油机电子控制系统只是在传统燃料供给系统的基础上增加了一些电控元件，而后期的柴油机电子控制系统取消了高压油泵（但有些装用高压输油泵），并用共轨取代了各缸喷油器的高压油管，电子控制系统的功能更强大、精度更高。

三、发动机工作原理

1. 单缸四冲程汽油机工作原理

四冲程汽油机每一个工作循环需要经过进气、压缩、做功和排气四个过程，对应活塞上下四个行程，曲轴相应旋转720°，如图1-18所示。

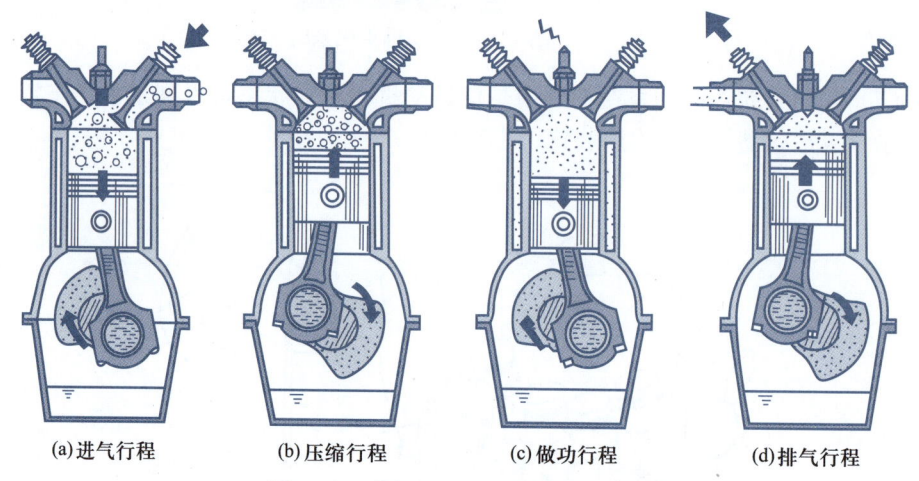

图1-18 单缸四冲程汽油机工作原理

（1）进气行程。在进气行程中，活塞由曲轴带动由上止点向下止点运行，此时排气门关闭，进气门开启，如图1-19所示。

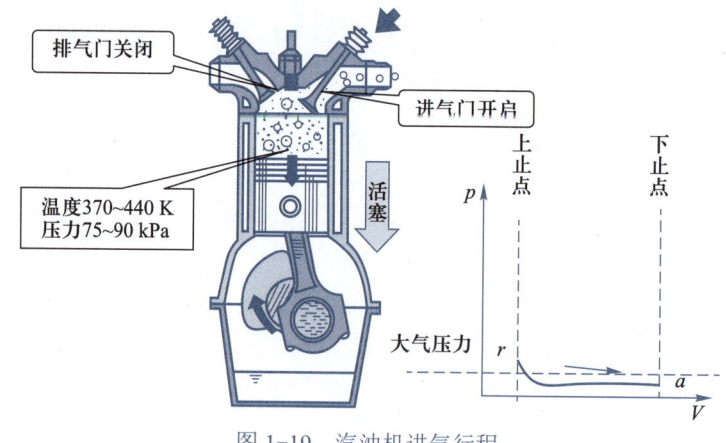

图1-19 汽油机进气行程

由于活塞由上止点向下止点运动过程中,气缸内容积逐渐增大,形成一定的真空度,所以混合气通过进气门被吸入气缸。当活塞到达下止点时,整个气缸内充满了混合气。

(2)压缩行程。进气行程结束后,活塞在曲轴的带动下由下止点向上止点运动,此时排气门仍处于关闭状态,而进气门开始逐渐关闭。随着活塞的向上运动,气缸内容积减小,由于进气门和排气门均处于关闭状态,进入气缸内的混合气被压缩,其温度和压力升高,直到活塞到达上止点,压缩行程结束,如图1-20所示。

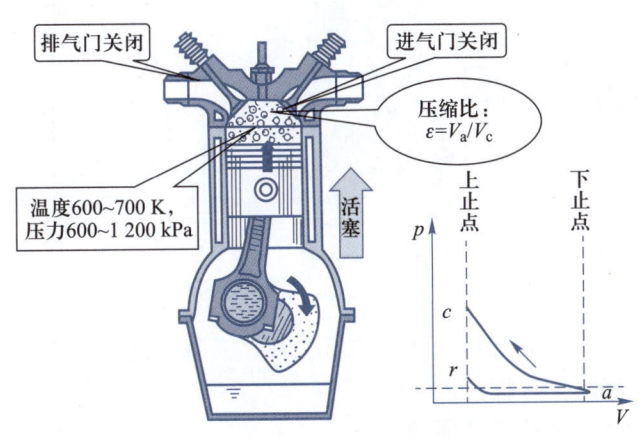

图1-20 汽油机压缩行程

(3)做功行程。当活塞运动至接近压缩行程上止点时,火花塞跳火点燃气缸内的混合气,此时进气门和排气门均处于关闭状态,气缸内气体的温度和压力同时升高,从而推动活塞从上止点向下止点运动,并通过连杆推动曲轴旋转输出机械能,如图1-21所示。

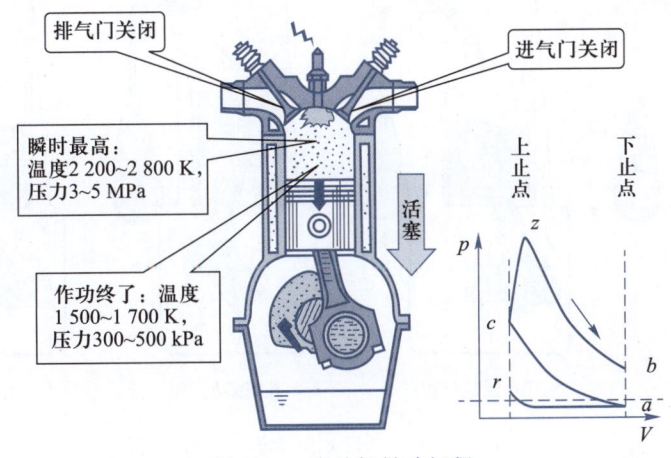

图1-21 汽油机做功行程

（4）排气行程。做功行程结束时，气缸内的气体将活塞推至下止点，气缸内的混合气也因燃烧变成废气。此时排气门打开，进气门仍处于关闭状态，活塞在曲轴的带动下从下止点向上止点运动，气缸内的废气经排气门排出，直到活塞到达上止点，排气行程结束，如图1-22所示。

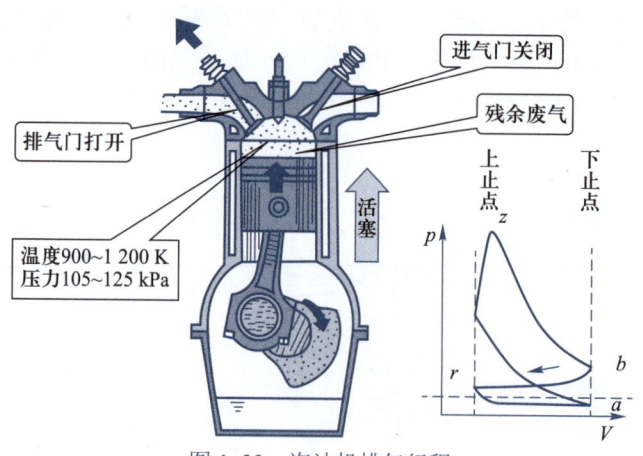

图1-22　汽油机排气行程

发动机工作时，需要连续不断地进行循环，在每个循环中都是依次完成进气、压缩、做功、排气四个行程。

2. 单缸四冲程柴油机工作原理

单缸四冲程柴油机工作原理与单缸四冲程汽油机工作原理一样，每个工作循环也是由进气、压缩、做功和排气四个行程组成。但由于柴油与汽油的性质不同，使柴油机混合气的形成方式及着火方式等与汽油机有很大的区别。单缸四冲程柴油机工作原理如图1-23所示。

微课
柴油机工作原理

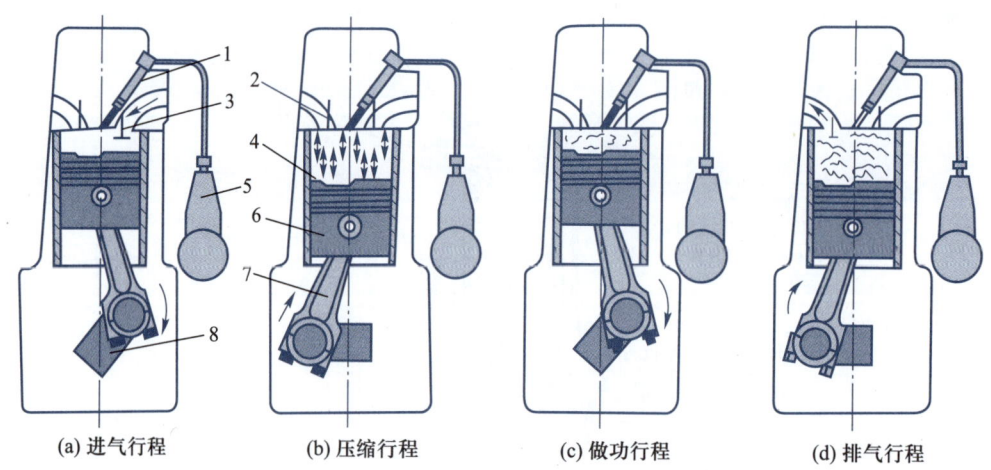

图1-23　单缸四冲程柴油机工作原理

1—喷油器；2—排气门；3—进气门；4—气缸；5—喷油泵；
6—活塞；7—连杆；8—曲轴

单缸四冲程柴油机与单缸四冲程汽油机各行程的区别如下。

（1）进气行程。在此行程进入柴油机气缸的不是混合气，而是纯空气。

（2）压缩行程。在此行程柴油机压缩的是进气行程进入气缸的纯空气，且由于柴油机压缩比大，压缩终了时气缸的压力和温度均比汽油机高。

（3）做功行程。柴油机的做功行程与汽油机的差别较大，在柴油机压缩行程接近终了时，喷油器将高压柴油呈雾状喷入气缸内的高温空气中，柴油在气缸内迅速蒸发并与空气混合形成混合气，由于此时气缸内的温度远高于柴油的自燃温度（约 500 K），所以形成的混合气会立即自行着火燃烧，在此后的一段时间内边喷油边燃烧，气缸内的压力和温度也急剧升高，活塞被向下推动做功。

（4）排气行程。柴油机此行程与汽油机的基本相同。

3. 多缸四冲程发动机工作原理

单缸四冲程发动机的每工作循环虽有四个活塞行程，但只有做功行程为有效行程，其余三个行程均为消耗功的辅助行程。因此，单缸四冲程发动机工作时，曲轴在做功行程的转速比其余三个行程要快，即在一个工作循环内，曲轴的转速是不均匀的，因此单缸发动机存在工作不平稳、振动大的缺陷。为使发动机运转平稳，现代汽车发动机都采用多缸四冲程发动机，用的最多得是 4 缸、6 缸和 8 缸四冲程发动机。

微课

帕萨特 1.8T
发动机工作
原理

多缸四冲程发动机每一个气缸的工作循环都与单缸四冲程发动机相同，但各缸的做功行程并不同时，而是按一定顺序进行。不论是几缸四冲程发动机，曲轴每转两周，各缸轮流做功一次，且各缸做功行程间隔的曲轴转角均匀一致。多缸发动机各缸的做功间隔角（曲轴转角）为 $720°/i$（i 为气缸数）。气缸数越多，发动机工作便越平稳，但缸数增多会使发动机的结构复杂，并使其尺寸和质量增大。

▶ 任务实施

1. 发动机结构认知

（1）准备发动机台架，通过台架理解发动机的常用术语，包括上下止点、活塞行程、曲柄半径、气缸工作容积、燃烧室容积、气缸总容积、压缩比、排量。

（2）观察发动机外表，认知发动机各系统结构，包括曲柄连杆机构、配气机构、起动系统、燃料供给系统、点火系统、润滑系统、冷却系统各部件的安装位置、作用、结构。

2. 解释发动机工作原理

观察发动机运行台架，解释四冲程汽油发动机是如何工作的，并完成任务工单。

任务工单

"发动机总体构造认知"操作工单

1. 准备工作	
（1）工量具及仪器设备准备	记录：
（2）维修手册准备	记录：

2. 查看发动机气缸体，解释发动机常用术语

上下止点	活塞行程	曲柄半径
工作容积	燃烧室容积	总容积
压缩比	排量	工作循环

3. 发动机结构认知

（1）实车或台架上解释曲柄连杆机构功用与结构，并指出安装位置	记录：
（2）实车或台架上解释配气机构功用与结构，并指出安装位置	记录：
（3）实车或台架上解释燃料供给系统功用与结构，并指出安装位置	记录：
（4）实车或台架上解释起动系统功用与结构，并指出安装位置	记录：
（5）实车或台架上解释点火系统功用与结构，并指出安装位置	记录：
（6）实车或台架上解释润滑系统功用与结构，并指出安装位置	记录：
（7）实车或台架上解释冷却系统功用与结构，并指出安装位置	记录：

4. 查看发动机运行台架，解释工作过程

> 任务评价

"发动机总体构造认知"评分标准

序号	考核项目	配分	扣分标准（每项累计扣分不超过配分）
1	安全文明	否决	造成人身、设备重大事故，此任务计 0 分
2	准备工作	10 分	设备工量具每少准备 1 件扣 1 分；工量具选择不当，不会查阅维修手册扣 5 分
3	发动机常用术语	20 分	解释上下止点、活塞行程、曲柄半径、工作容积、燃烧室容积、总容积、压缩比、排量、工作循环的含义，每错一个扣 2 分
4	发动机结构的认知	40 分	未能指出发动机两大机构五大系统的主要部件名称或者识别错误，每项扣 8 分
5	发动机工作过程的认知	10 分	不会解释汽油机的工作过程扣 5 分；不会解释汽油机与柴油机工作过程的异同扣 5 分
6	6S 管理	20 分	（1）工作着装不规范，每次每处扣 3 分； （2）工量具与零件混放或摆放凌乱，每次每处扣 2 分； （3）工量具或零件随意摆放在地上，每次扣 2 分； （4）垃圾未分类回收，每次扣 2 分； （5）出现有安全隐患的不规范操作，每次扣 3 分； （6）完工后未清理工量具，每件扣 1 分； （7）完工后未清理考核场地，扣 2 分
7	合计	100 分	

任务三

发动机传动带的认知与更换

> **任务目标**
>
> 知识目标
> - 熟知发动机传动带的重要性;
> - 熟悉发动机传动带的连接情况与常见损伤;
> - 熟知发动机传动带更换的技术要求。
>
> 能力目标
> - 能够按要求检查发动机传动带状况;
> - 能够调整发动机传动带的张紧力;
> - 能够按要求更换发动机传动带。

> **任务描述**
>
> 随着使用时间的增加,发动机传动带会出现不同程度的损伤,从而产生发电机的发电量减小或不发电、发动机过热、转向沉重等故障,使汽车的正常使用受到影响。因此,及时检查、调整或更换发动机传动带非常必要,也是汽车维护项目中常规的作业内容。

微课
发动机传动带
的认知与更换

> **知识链接**
>
> **1. 传动带的作用**
>
> 发动机传动带(见图1-24)与发动机传动装置配合工作,带动发电机、助力泵、空调压缩机、部分车型的水泵等。
>
> 发动机传动带是橡胶件,安装在发动机曲轴与发电机的连接机构上,由于发动机的温度变化,忽冷忽热,会对橡胶件产生一定的影响。例如会出现老化、开裂或被拉长的现象。一旦出现开裂的情况,需要立即更换。发动机传动带若损坏,将造成发电机停转、蓄电池衰竭、水泵停转、发动机过热等,汽车不能正常使用。若没有出现问题,也需要严格按照商家说明的更换周期按时更换。

项目一 发动机总体认知 25

图 1-24 发动机传动带示意图

发动机传动带常见故障主要是打滑和发出异常噪声。传动带打滑原因：① 传动带沾油污或水，应及时清除或擦干；② 包角过小，应改变背面传动带轮的位置，以加大包角；③ 传动带拉力过小，应适当加大传动带拉力。传动带发出异常噪声的故障原因：① 传动带轮安装不在同一个平面，传动带体异常磨损产生异常噪声；② 传动带使用久后出现传动带偏长引起的噪声，此时应适当将传动带张紧。

2. 传动带的检查与调整

发动机传动带过紧，将使水泵轴承和传动带的磨损加剧；若传动带过松，将会出现传动带打滑现象。因此，应经常检查并及时调整发动机传动带松紧度，如图 1-25 所示。

发动机传动带的检查与调整有经验法和仪器法两种。

(a)

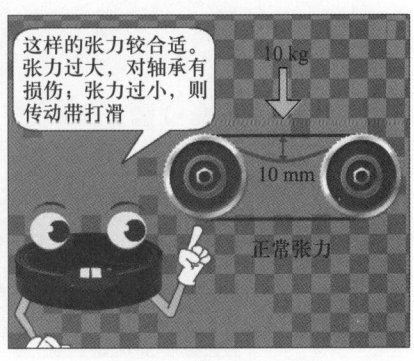

(b)

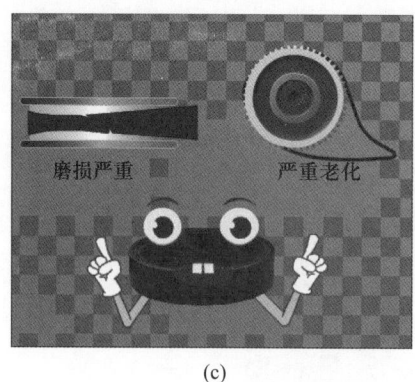 

图 1-25　发动机传动带检查

（1）经验法。如图 1-26 所示，手指用力按压传动带时，传动带能够产生一定的挠度变形，因生产厂家不同，参数参见维修手册。

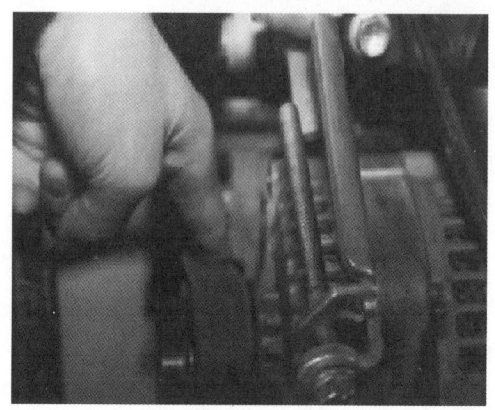

图 1-26　经验法检查发动机传动带

（2）仪器法。如图 1-27 所示，使用挠度计检查传动带的松紧度，所测数据精确可靠。可根据测量值与标准值对照，检验传动带的挠度是否存在偏差。如果测量值和标准值之间的偏差值超过规定范围，应更换张紧机构总成。

图 1-27　仪器法检查发动机传动带

▶ **任务实施**

任务实施中的相关事项如下。

（1）在规定点处检查三角带的偏移。

（2）在规定点处检查传动带的偏移。

（3）检查三角带偏移时，向其施加 98 N 的张紧力。

（4）安装新传动带时，将其张紧力调整至规定值。

（5）检查使用超过 5 min 时，用过的传动带的规格。

（6）重新安装使用超过 5 min 时，调整其偏移和张紧力至用过的传动带规格的中间值。

（7）发动机转动 2 圈后，应检查传动带张紧度和偏移。

（8）使用传动带张力计时，首先用基准仪表确认其精确度。

1. 车上检查传动带

如图 1-28 所示，目视检查传动带是否过度磨损、加强筋损坏等。如果发现任何损坏，则更换传动带。提示：如果传动带的带棱侧出现一些裂纹是可以接受的；如果传动带棱上有脱落，则更换传动带。

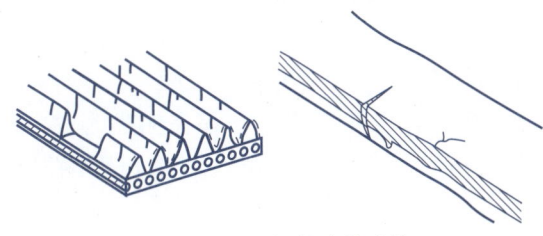

图 1-28 目视检查传动带

2. 拆卸传动带

拆卸传动带，如图 1-29 所示。

（1）选择合适的扳手松开螺栓 A 和 B。

（2）松开螺栓 C，传动带张紧力就消失了，传动带变松，取下传动带。

（3）检查螺栓 D，确保没有松动。

注意：不要松开螺栓 D，它是用来固定调整支架的，不需要松开。

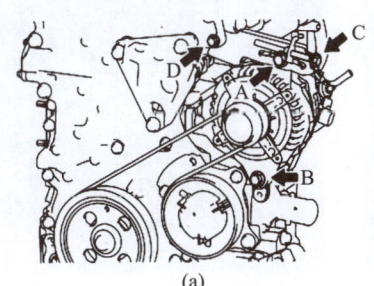

(a)   (b)

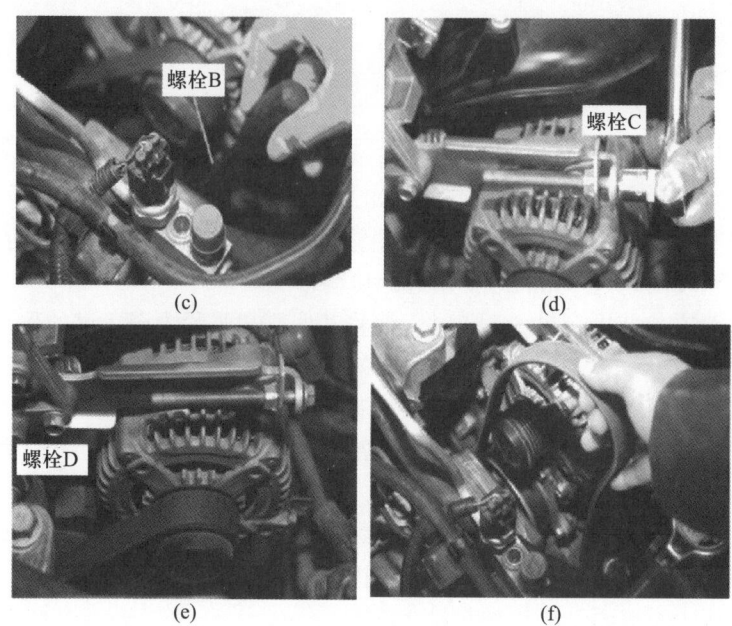

图1-29 拆卸传动带

3. 检查传动带与传动带轮

对取下的传动带进行检查，如果传动带存在明显裂纹，则证明已经到了使用极限，继续使用就容易出现传动带打滑、断裂，影响发电机、水泵的正常工作。

传动带的外表面如果出现开裂或断层，说明传动带已经老化，不宜继续使用，应更换新件。

检查发动机的传动带轮，如果发动机传动带出现了偏磨现象，应重点检查相关总成或部件的传动带轮是否变形（重点检查条形槽），相关总成或部件的安装位置是否发生偏移或松动。检查传动带与传动带轮如图1-30所示。

图1-30 检查传动带与传动带轮

4. 安装传动带

（1）把传动带安装到传动带轮上，检查并确认传动带正确安装在楔形槽中，如图 1-31 所示。用手检查，以确认传动带没有从曲轴传动带轮底部的凹槽中滑脱。

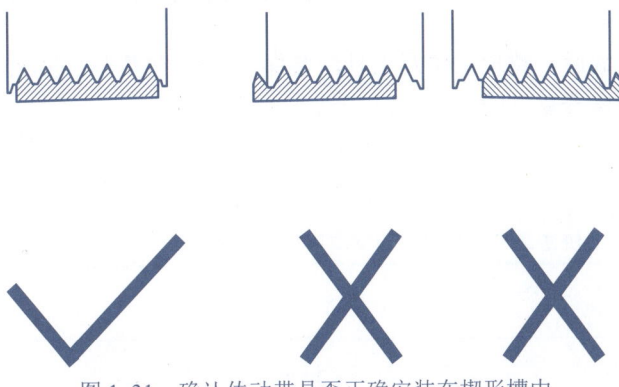

图 1-31　确认传动带是否正确安装在楔形槽中

（2）在传动带安装好后，要对传动带的走向和安装到位情况进行确认，以免返工、费时和损坏传动带，如图 1-32 所示。

图 1-32　确认多楔皮带的走向和安装到位情况

（3）转动螺栓 C，以调节传动带的张紧力。按照规定拧紧力矩紧固螺栓 A 和 B。注意：确认螺栓 D 没有松动。

发动机传动带的技术要求与标准主要是偏移量和张紧度。以丰田 1ZR 发动机为例，偏移量的技术要求如表 1-2 所示，张紧度的要求如表 1-3 所示。

表 1-2　发动机传动带偏移量技术要求

项目	规定状态 /mm
新传动带	7.5～8.6
用过的传动带	8.0～10.0

表 1-3　张紧度的要求

项目	规定状态 /N
新传动带	637～735
用过的传动带	392～588

（4）作业完成后，整理工位及工具，要保证工位的清洁，进行清理、清扫、整理和整顿工作，培养良好的工作习惯。

▶ **任务工单**

"发动机传动带的检查、调整与更换"操作工单

1. 准备工作

（1）工量具及仪器设备准备	记录：
（2）维修手册准备	记录：
（3）固定发动机拆装台架准备	记录：

2. 操作过程

要求：会查阅维修手册；能正确使用工具，完成发动机传动带的检查、调整与更换

（1）传动带的拆卸	□ 拧松发电机固定螺栓 □ 调松并取下发动机传动带 □ 拧松空调压缩机传动带张紧轮固定螺栓 □ 调松并取下空调压缩机传动带 □ 拧松助力泵固定螺栓 □ 取下助力泵传动带
（2）传动带的安装	□ 安装助力泵传动带 □ 调整助力泵传动带并旋紧助力泵螺栓 □ 安装空调压缩机传动带 □ 调整空调压缩机传动带并旋紧张紧轮螺栓 □ 安装发动机传动带 □ 调整发动机传动带并旋紧发电机螺栓
（3）传动带的检查	1. 检查传动带是否有裂纹：_____ 2. 检查传动带是否有脱层：_____ 3. 检查传动带轮磨损情况：_____

任务评价

"发动机传动带的检查、调整与更换" 评分标准

序号	考核项目	配分	扣分标准（每项累计扣分不超过配分）
1	安全文明	否决	造成人身、设备重大事故，此任务计 0 分
2	安全文明生产	20 分	（1）不穿工作服，扣 1 分； （2）拆装前不检查发动机台架锁止情况，每次扣 3 分； （3）工量具与零件混放或摆放凌乱，每次每处扣 1 分； （4）工量具或零件随意摆放在地上，每次扣 1 分； （5）油、水洒落在地面或零部件表面或车漆表面未及时清理，每次扣 1 分； （6）完工后未清理工量具，每件扣 1 分； （7）完工后未清理场地，扣 2 分
3	工量具准备	5 分	（1）未检查工具设备，扣 2 分； （2）工具准备错误，扣 2 分； （3）工具摆放不整齐，扣 1 分
4	传动带的拆卸	25 分	（1）传动带拆卸先后顺序错误，扣 2 分，传动带拆卸未先松固定螺栓，每次扣 2 分，拆卸动作不规范，扣 3 分； （2）零件固定螺栓未松完即调松传动带，扣 3 分，不能取下传动带，扣 3 分； （3）不会拆卸，扣 5 分，拆卸传动带先后顺序错误，扣 5 分
5	传动带及传动带轮的检查	20 分	（1）未检查传动带裂纹，扣 2 分，未检查传动带老化，扣 2 分，未检查传动带脱层，扣 2 分； （2）未检查张紧轮、发电机传动带轮、空调压缩机传动带轮、助力泵传动带轮工作状况，各扣 2 分； （3）检查动作不规范，扣 2 分，工具使用错误，每次扣 2 分，零件落地扣 2 分
6	传动带的安装与调整	30 分	（1）传动带安装先后顺序错误，扣 3 分，传动带安装偏移出轮槽，扣 3 分，不会安装，扣 5 分； （2）传动带安装动作不规范，扣 3 分，传动带安装不到位，扣 3 分，没有调整力矩，扣 3 分，力矩调整不符合标准，扣 3 分； （3）先拧紧固定螺丝后调整传动带，扣 3 分，调整完毕后没有拧紧固定螺栓，扣 4 分
7	合计	100 分	

项目小结

1. 发动机的作用是将燃料化学能通过燃烧转化成热能，再通过受热气体膨胀将热能转化为机械能。

2. 往复活塞式内燃机按完成一个工作循环时活塞往复次数的不同，可分为二冲程发动机和四冲程发动机。

3. 发动机的排量是指所有气缸工作容积之和。

4. 四冲程发动机活塞每运动四个行程，完成一个工作循环。四个行程分别是进气、压缩、做功和排气。

5. 汽油发动机由"两大机构、五大系统"组成，分别是曲柄连杆机构、配气机构、燃料供给系统、润滑系统、冷却系统、起动系统和点火系统。柴油发动机无点火系统。

6. 内燃机型号由第一部分、第二部分、第三部分和第四部分组成，主要性能特征反映在第二部分。

7. 发动机传动带与发动机传动装置配合工作，带动发电机、助力泵、空调压缩机、部分车型的水泵等。

8. 发电机传动带的检查与调整有经验法和仪器法两种方法。

练习与思考

一、填空题

1. 汽车的总体构造可以有很大的差异，但它们的基本构造都是＿＿＿＿、＿＿＿＿、＿＿＿＿和＿＿＿＿四大部分。

2. 汽车发动机是一种由许多机构和系统组成的复杂机器。汽油发动机要完成能量转换，实现工作循环，保证长时间连续正常工作，必须具备的机构和系统为＿＿＿＿、＿＿＿＿、＿＿＿＿、＿＿＿＿、＿＿＿＿、＿＿＿＿、＿＿＿＿等。

3. 汽车发动机气缸的排列方式基本有三种形式：＿＿＿＿、＿＿＿＿和＿＿＿＿。

4. 四冲程发动机曲轴转两周，活塞在气缸里往复＿＿＿＿次，进、排气门各开闭＿＿＿＿次，气缸里热能转换为机械能＿＿＿＿次。

5. 汽车用活塞式内燃机每一次将热能转换为机械能，都必须经过＿＿＿＿、＿＿＿＿、＿＿＿＿和＿＿＿＿这样一系列连续过程，这称为发动机的一个＿＿＿＿。

6. 发动机按冷却方式不同，分为＿＿＿＿和＿＿＿＿。

二、是非题

1. 发动机是汽车的动力装置，它的功用是将供入其中的燃料经燃烧所产生的

热量转变为机械能输出,并通过底盘驱动汽车行驶。（   ）

2. 四冲程柴油机在进气行程时,进入气缸的是新鲜空气。（   ）

3. 活塞行程是指上、下止点的距离。（   ）

4. 柴油机的压缩比大于汽油机。（   ）

5. 汽油机和柴油机的混合气行程和点火方式都不同,汽油机是通过火花塞点燃混合气燃烧,柴油机是压燃的。（   ）

6. 汽车排量是指汽车尾气排出量。（   ）

三、选择题

1. 有汽车"心脏"之称的部件为（   ）。
   A. 发动机　　　B. 变速器　　　C. 传动轴　　　D. 仪表盘

2. 进气门打开、排气门关闭的行程是（   ）。
   A. 进气行程　　B. 压缩行程　　C. 做功行程　　D. 排气行程

3. 汽油机气缸内的气体在（   ）行程时,温度和压力达到最大。
   A. 进气　　　　B. 压缩　　　　C. 做功　　　　D. 排气

4. 柴油机为了改善混合条件,提高混合气质量,压缩比可达（   ）。
   A. 7～8　　　　B. 8～9　　　　C. 16～22　　　D. 20～25

5. 活塞一个行程所扫过的容积称为（   ）。
   A. 燃烧室容积　　　　　　　　B. 气缸总容积
   C. 气缸工作容积　　　　　　　D. 排量

四、简答题

1. 汽油机发动机由哪些零部件组成?
2. 简述更换发动机传动带的操作步骤。
3. 发动机传动带的张紧度如何检查?

项目二

曲柄连杆机构的构造与拆装

曲柄连杆机构是内燃机实现工作循环，完成能量转换的传动机构，用来传递力和改变运动方式。曲柄连杆机构在做功行程中把活塞的往复直线运动转换成曲轴的旋转运动，通过它把燃料燃烧后发出的热能转换为机械能。总的来说，曲柄连杆机构是发动机借以产生并传递动力的机构。

学习任务

- 任务一　曲柄连杆机构的认知；
- 任务二　机体组的构造与拆装；
- 任务三　活塞连杆组的构造与拆装；
- 任务四　曲轴飞轮组的构造与拆装。

学习目标

知识目标
- 掌握曲柄连杆机构的作用和组成；
- 会描述曲柄连杆机构主要零部件的构造与装配连接关系；
- 会分析曲柄连杆机构主要零部件的检测方法。

能力目标
- 能够按照正确的拆装流程，拆装曲柄连杆机构主要部件；
- 能够对曲柄连杆机构主要部件进行检修。

素质目标
- 通过各零部件拆装检测方案流程图的绘制与修订，提升自主构建、整合知识的能力；
- 养成实训室 6S 管理、团结协作习惯；
- 在曲柄连杆机构零部件的拆装与检测过程中，培养学生吃苦耐劳、热爱劳动的精神。

任务一

曲柄连杆机构的认知

> **任务目标**
>
> 知识目标
> - 掌握曲柄连杆机构的作用和组成;
> - 熟悉曲柄连杆机构的工作条件。
>
> 能力目标
> - 能够描述曲柄连杆机构各零件间的相互连接关系;
> - 能够针对具体车型描述曲柄连杆机构的结构与工作原理。

> **任务描述**
>
> 发动机大修需要拆装整个发动机,拆装前需要了解发动机的骨架结构。

> **任务分析**
>
> 曲柄连杆机构是发动机的骨架,主要零件可分为三组,即机体组、活塞连杆组和曲轴飞轮组。要了解发动机,应熟悉曲柄连杆机构的基本知识,然后可以通过识别并填写曲柄连杆机构的部件来掌握发动机的内部结构。

> **知识链接**

一、曲柄连杆机构的作用

工作中,曲柄连杆机构在做功行程中把活塞的往复运动转换为曲轴的旋转运动,对外输出动力,而在其他三个行程,即进气、压缩、排气行程中又把曲轴的旋转运动转换成活塞的往复直线运动。

二、曲柄连杆机构的工作条件

发动机工作时,曲柄连杆机构直接与高温、高压的气体接触,曲轴的旋转速度又很高,活塞往复运动的线速度也相当大。同时曲柄连杆机构与可燃混合气和燃烧

微课
曲柄连杆机构
的认知

曲柄连杆机构
的组成

废气接触,还受到化学腐蚀的作用,并且润滑困难。由此可见,曲柄连杆机构的工作条件相当恶劣,它要承受高温、高压、高速和化学腐蚀的作用。

三、曲柄连杆机构的组成

曲柄连杆机构主要由机体组、活塞连杆组和曲轴飞轮组三部分组成,如图2-1所示。

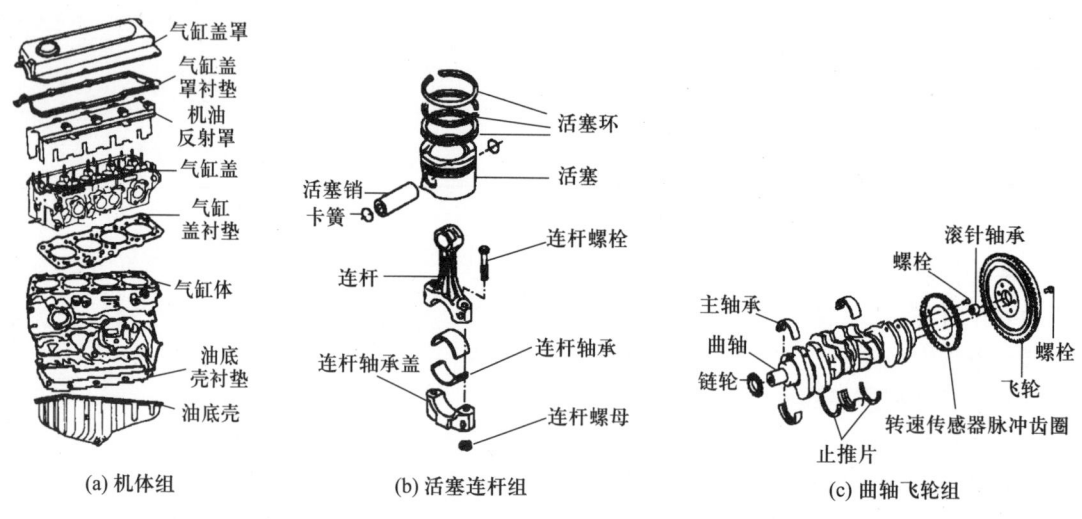

图2-1 曲柄连杆机构的组成

1. 机体组

机体组主要包括气门盖罩、气缸体、气缸盖、油底壳等,如图2-2所示。

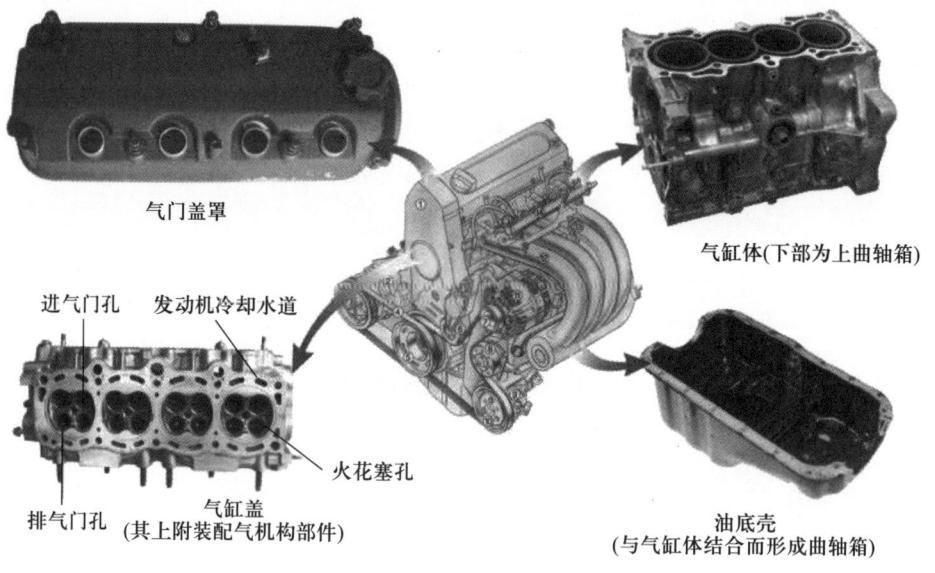

图2-2 机体组

2. 活塞连杆组

活塞连杆组是发动机的传动件，主要由活塞、活塞环、活塞销、连杆及连杆轴承等组成，如图 2-3 所示。它把燃烧气体的压力传给曲轴，使曲轴旋转并输出动力。

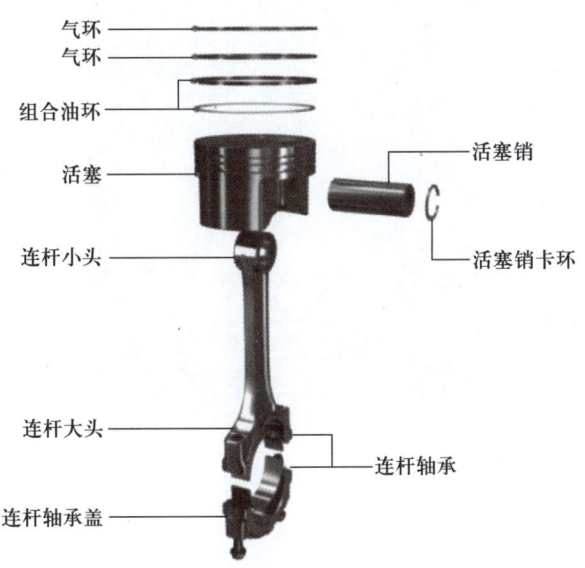

图 2-3　活塞连杆组

3. 曲轴飞轮组

曲轴飞轮组主要包括曲轴、飞轮等部件。曲轴是发动机最重要的部件之一，它与连杆配合将作用在活塞上的气体压力转换为旋转动力，通过飞轮传递给底盘的传动机构，如图 2-4 所示。曲轴旁装有曲轴位置传感器，又称转速传感器，主要用于检测发动机曲轴转角信号，通过其计算活塞在气缸的位置，作为电控单元控制点火和喷油时间的基准信号，如图 2-5 所示。

飞轮上安装有用于起动发动机的起动齿圈，起动时，起动齿圈与起动机齿轮啮合起动发动机，如图 2-6 所示。飞轮本身具有一定质量，在发动机运转时提供了较大的惯性，保证发动机在四个行程中平稳运转。曲轴由飞轮将动力传输到变速器。

图 2-4　曲轴　　　　图 2-5　曲轴位置传感器　　　　图 2-6　飞轮

▶ **任务实施**

学习曲柄连杆机构部件结构，辨认实物，并记忆部件名称，如图 2-7 所示。

活塞连杆组件：
活塞、连杆、活塞环、活塞销、连杆轴承等

机体组件
从上到下依次有：
气缸盖罩
气缸盖
气缸垫
气缸体
曲轴箱
油底壳

曲轴飞轮组件：
曲轴、飞轮等

图 2-7 曲柄连杆机构

▶ **任务工单**

"曲柄连杆机构认知"操作工单

1. 准备工作	
（1）工量具及仪器设备准备	记录：
（2）维修手册准备	记录：

2. 根据发动机曲柄连杆机构的结构示意图，填写相应内容。

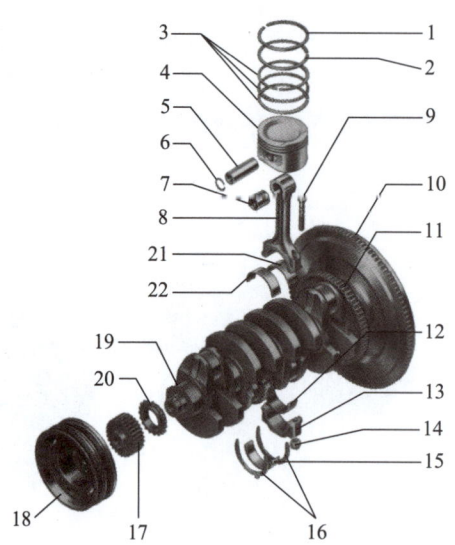

续表

(1) 填写图中各零件名称。

序号	名称	序号	名称	序号	名称
1		9		17	
2		10		18	
3		11		19	
4		12		20	
5		13		21	
6		14		22	
7		15		—	—
8		16		—	—

(2) 活塞的功用是_____。
(3) 汽车曲轴主轴承有_____等功能。
(4) 飞轮的主要功用是_____

3. 描述曲柄连杆机构动力传递路线与工作原理

▶ 任务评价

"曲柄连杆机构认知"评分标准

序号	考核项目	配分	扣分标准（每项累计扣分不超过配分）
1	安全文明	否决	造成人身、设备重大事故，此任务计 0 分
2	准备工作	10 分	设备工具具每少准备 1 件，扣 1 分；工量具选择不当，不会查阅维修手册，扣 5 分
3	曲柄连杆机构结构的认知	40 分	未能指出曲柄连杆机构的主要部件名称，识别错误，每项扣 5 分
4	曲柄连杆机构动力传递路线	20 分	简述动力传递路线并填入任务工单中，每漏一项扣 5 分
5	工单记录	10 分	(1) 工单记录字迹潦草，扣 2 分。 (2) 填写不完整，每项扣 2 分
6	6S 管理	20 分	(1) 工作着装不规范，每次每处扣 3 分； (2) 工量具与零件混放或摆放凌乱，每次每处扣 2 分，工量具或零件随意摆放在地上，每次扣 2 分； (3) 垃圾未分类回收，每次扣 2 分； (4) 出现有安全隐患的不规范操作，每次扣 3 分； (5) 完工后未清理考核场地，扣 2 分
7	合计	100 分	

任务二

机体组的构造与拆装

> **任务目标**
> 知识目标
> - 掌握机体组的功用与组成;
> - 熟悉机体组各零件间的相互连接关系及其拆装工艺。
>
> 能力目标
> - 能够进行气缸盖拆装与检测;
> - 能够进行气缸磨损检测。

> **任务描述**
> 发动机在预热过程中,发现散热器的冷却液上漂浮有油液。

> **任务分析**
> 根据此现象初步判断,发动机机体组内机油混入冷却液中,怀疑气缸体有破裂之处。根据本故障案例,需要熟悉发动机机体组的构造、拆装与检修。

> **知识链接**
> 现代汽车发动机机体组主要由气缸体、气缸盖、气缸盖罩、气缸垫及油底壳等组成,如图 2-8 所示。镶气缸套的发动机,其机体组还包括干式或湿式气缸套。
>
> 机体组是发动机的支架,是曲柄连杆机构、配气机构和发动机各系统主要零部件的装配基体。气缸盖用来封闭气缸顶部,并与活塞顶和气缸壁一起形成燃烧室。另外,气缸盖和机体组内的水套和油道以及油底壳又分别是冷却系统和润滑系统的组成部分。

1. 气缸体

气缸体是发动机的装配机体,其结构复杂,一般采用优质灰铸铁或铝合金材料铸造而成。

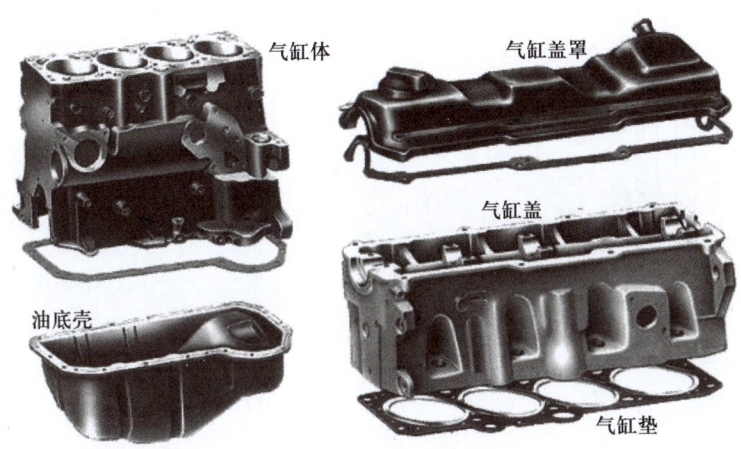

图 2-8 机体组的组成

气缸为圆柱形空腔,活塞在其内部做往复直线运动,多个气缸组合成一体即为气缸体。气缸体下部包围着曲轴的部分称曲轴箱,为安装曲轴,在曲轴箱内加工有若干个同心的主轴承座孔。曲轴箱的主要作用是保护和安装曲轴,也可用于安装发动机附件。气缸体的结构如图 2-9 所示。

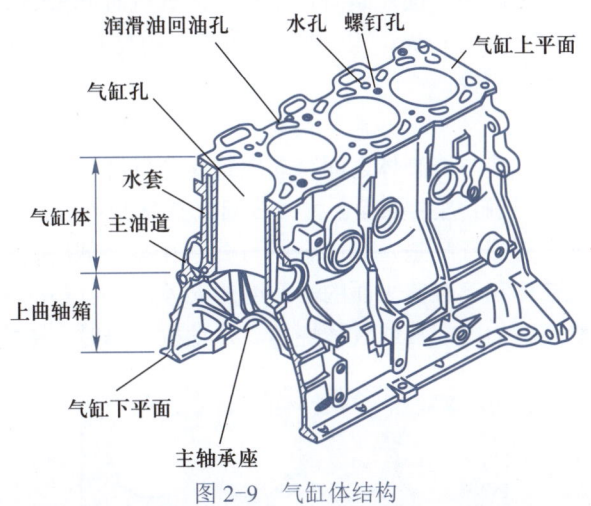

图 2-9 气缸体结构

为保证发动机的正常工作温度,在水冷发动机的气缸体和气缸盖内设有充水空腔,称为水套,气缸体与气缸盖内的水套是相通的。而风冷发动机,在气缸体和气缸盖外面有散热片,以助于散热。

在气缸体的侧壁上加工有主油道,在主油道与需润滑的部位(如主轴承等)之间有分油道连通。发动机工作时,机油经主油道和分油道输送到各摩擦表面。活塞在气缸内运动,气缸表面必须耐磨,但气缸体全部用优质耐磨材料制造,其成本较高。为此,除一些小型发动机外,在大、中型的气缸内一般镶有气缸套。气缸套有干式和湿式两种,如图 2-10 所示。

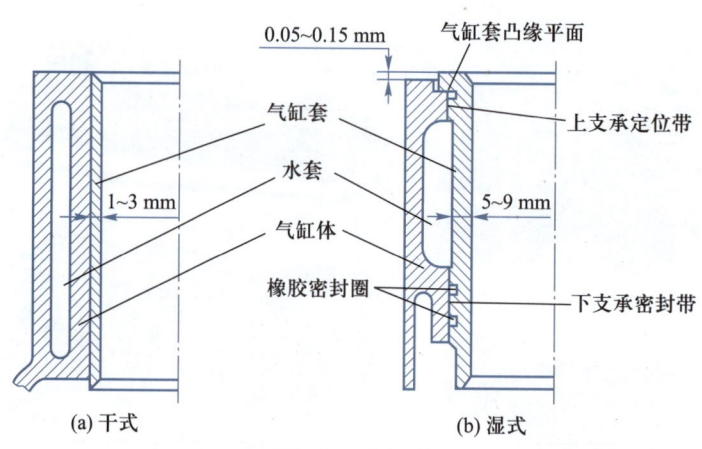

图 2-10 气缸套

干式气缸套不与冷却液接触，冷却效果较差，但加工和安装都比较方便，其壁厚一般为 1～3 mm。湿式气缸套外表面直接与冷却液接触，所以冷却效果好，但加工和安装工艺复杂，壁厚一般为 5～9 mm。为了保证径向定位，气缸套外表面有两个凸出的圆环带，即上支承定位带和下支承密封带，轴向定位利用上端凸缘实现。为保证水套的密封，湿式气缸套下端的密封带与座孔之间一般装有 1～3 个橡胶密封圈，有的在定位凸缘下面还装有铜垫片。湿式气缸套安装后，一般其顶端高出气缸体上平面 0.05～0.15 mm，以便在紧固气缸盖螺栓时，可将气缸垫压得更紧，从而提高气缸的密封性。

2. 气缸垫

气缸垫安装在气缸盖与气缸体之间，功用是保证气缸体与气缸盖的接合面的密封，如图 2-11 所示。气缸垫主要有金属-石棉气缸垫和纯金属气缸垫两种，目前应用较多的是金属-石棉气缸垫，其由金属与石棉及黏合剂压制而成，具有一定的弹性，用以补偿气缸体和气缸盖平面的平面度的误差。气缸垫的水孔和燃烧室孔周围有镶边，以防被高温的冷却液或气体烧坏。发动机大修时须更换气缸垫。

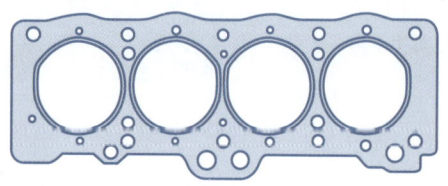

图 2-11 气缸垫

3. 气缸盖

气缸盖的作用是密封气缸上部，与活塞顶部和气缸壁一起形成燃烧室，并承受气缸内气体压力。气缸盖结构复杂，一般采用铝合金或铸铁材料铸造而成，如图 2-12 所示。对不同的发动机而言，气缸盖的结构各异，但有许多共同点。

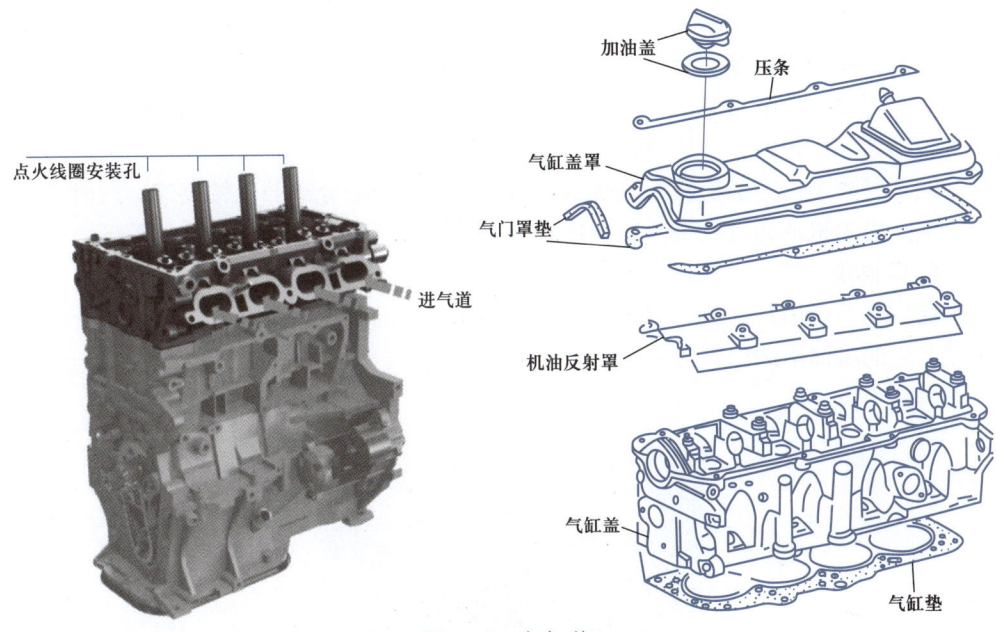

图 2-12 气缸盖

在气缸盖上加工有气门座、气门导管孔、气道、凸轮轴安装座孔或摇臂轴安装座孔等。为润滑安装在气缸盖上的运动零件,在气缸盖内加工有油道。

在水冷发动机的气缸盖内设有水套,气缸盖端面上的水孔与气缸体上的水孔相通,以便用循环冷却液对燃烧室等高温机件进行冷却。汽油发动机的气缸盖上还加工有火花塞安装座孔,柴油发动机气缸盖则加工有喷油器安装座孔。

汽油机的燃烧室主要在气缸盖上,而柴油机的燃烧室主要在活塞顶部的凹坑内。燃烧室应结构紧凑,冷却面积小,有良好的进气涡流。汽油机常用的燃烧室形状有楔形、盆形和半球形等,如图 2-13 所示。

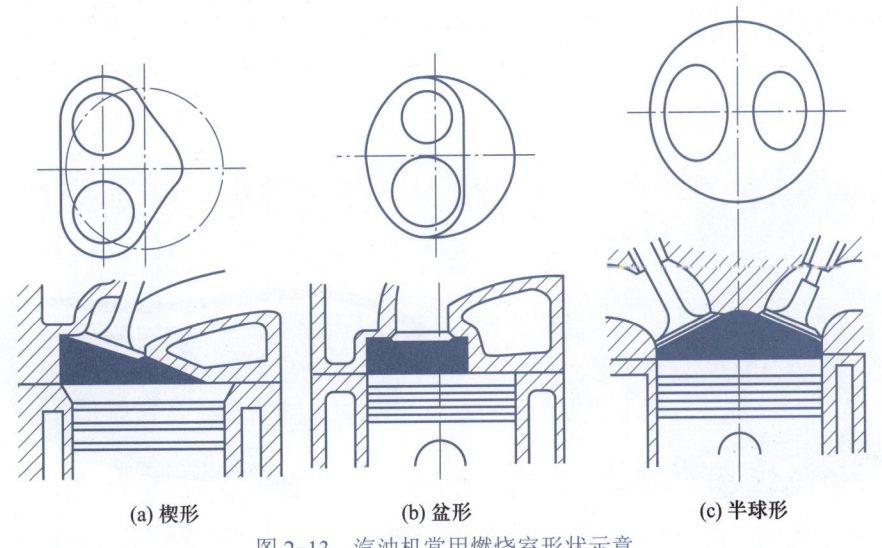

(a) 楔形　　　(b) 盆形　　　(c) 半球形

图 2-13 汽油机常用燃烧室形状示意

4. 气缸盖罩（气门室盖）

气缸盖罩的作用是防止外部杂质进入发动机污染机油，防止机油泄漏，以及调整曲轴箱压力。气缸盖罩上有一个机油加注口，可以添加机油，也用于作为凸轮轴位置传感器和凸轮轴正时机油控制阀安装支座。

油雾分离器由挡油板及分离腔等组成，它主要用于分离凸轮轴高速运转时飞溅的机油，避免机油通过气缸盖罩通风管接口进入进气歧管。

5. 曲轴箱

曲轴箱的作用是密封气缸体下部，它将曲轴与油底壳机油进行隔离，防止曲轴飞溅产生的机油泡沫由机油泵吸入，影响润滑效果，如图 2-14 所示。

图 2-14　曲轴箱

6. 油底壳

油底壳的主要作用是储存机油和封闭机体或曲轴箱，如图 2-15 所示。

油底壳用薄钢板冲压或用铝铸制而成。油底壳内设有挡板，用以减轻汽车颠簸时油面的震荡。此外，为了保证汽车倾斜时机油泵能正常吸油，通常将油底壳局部做得较深。油底壳底部设放油螺塞。有的放油螺塞带磁性，可以吸引机油中的铁屑。

图 2-15　油底壳

任务实施

一、气缸盖的拆装与检测

1. 气缸盖的拆卸

（1）拆除发动机附件。

（2）为避免气缸盖变形，拆卸时应按由四周向中央的顺序，分 2～4 次逐渐拧松，气缸盖螺栓拆卸顺序如图 2-16 所示。

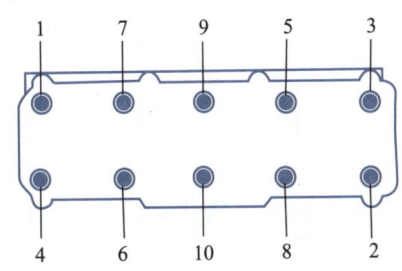

图 2-16　气缸盖螺栓拆卸顺序示意图

2. 气缸盖变形的检测

气缸盖平面变形多发生在与气缸体的结合平面上，从而影响其密封性。变形原因是热处理工艺不当、气缸盖螺栓拧紧力矩不均或放置不当。检测方法如下。

（1）清洁气缸盖下平面和量具。

（2）在六个方向上放置刀口直尺，如图 2-17 所示。用测隙规测量直尺与气缸盖下平面之间的间隙，测得的最大值即为气缸盖下平面的平面度误差。

微课

气缸盖的构造与拆装

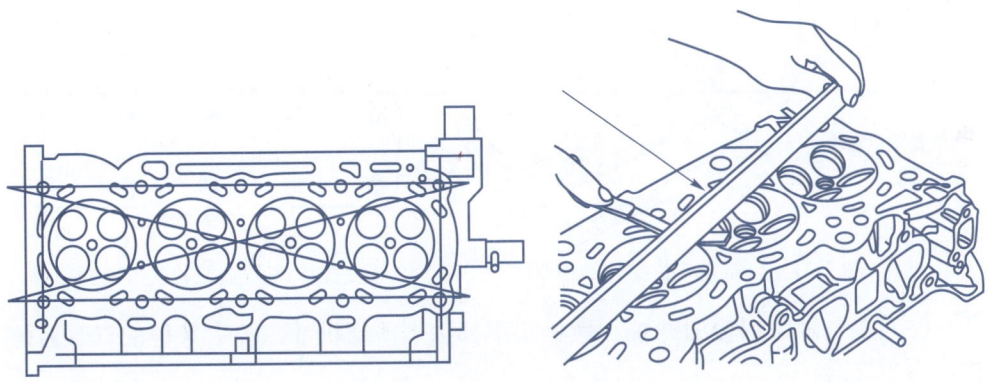

图 2-17　气缸盖下平面的检测

3. 检测注意事项

（1）使用厚薄规测量时，应根据间隙的大小，先用较薄片试插，逐步加厚，可以一片或数片重叠在一起插入间隙内，但尽量减少重叠使用的片数，片数过多会增加测量误差。

（2）厚薄规插入时应特别注意，不要用力太大，否则容易弯曲或折断；测量后及时将测量片合到夹板中去,以免损伤各金属薄片。

(3)测量时应在结合面的全长处的多处检查。

气缸盖平面度磨损超过极限值时,可进行修磨,否则应更换新件。

对铝合金气缸盖的变形多用压力校正法修复,方法是将气缸盖放置在平台上,用压力机在凸起部分之间加压,同时用喷灯加热变形处,使其温度达到300~400℃,待气缸盖平面与平台贴合后保持压力直到冷却。

对铸铁气缸盖的变形一般采用磨削或铣削方法进行修复,但切削量不能过大,一般不超过 0.5 mm,否则将改变发动机压缩比。

4.气缸盖的装配

(1)清洁气缸盖、燃烧室和气缸体顶面,注意表面不要有长的划伤和压痕。

(2)在气缸体上安装新的气缸垫。注意安装方向,其上文字(备件号等)必须朝上。

(3)检查气缸盖定位螺栓长度,使用游标卡尺测量螺栓的标准长度并记录,如图 2-18 所示。

(4)放上气缸盖,用专用工具将气缸盖定位螺栓插到气缸盖 8 和 10 位置螺栓孔中拧紧,如图 2-19 所示。

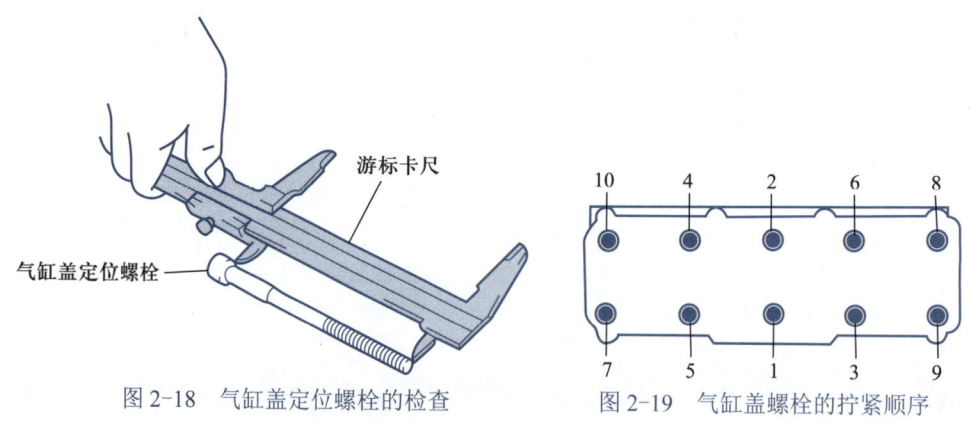

图 2-18 气缸盖定位螺栓的检查　　图 2-19 气缸盖螺栓的拧紧顺序

(5)在气缸盖螺栓的螺纹和螺栓头下部涂一薄层机油,装上其他的气缸盖螺栓,用手拧紧。

(6)用专用工具螺栓套管,把气缸盖定位螺栓拧下来;再装上气缸盖 8 和 10 位置螺栓孔的螺栓,用手拧紧。

(7)按图 2-19 所示顺序分次均匀拧紧气缸盖螺栓,按规定力矩拧紧。

任务工单

"气缸盖拆装与检测"操作工单

1. 准备工作

（1）工量具及仪器设备准备	记录：
（2）维修手册准备	记录：
（3）固定发动机拆装台架准备	记录：

2. 操作过程

要求：会使用维修手册；能用正确的方法拆卸和装复气缸盖；能正确使用量具检测气缸盖下平面的平面度，并判定检测结果

（1）气缸盖的拆卸	将气缸盖螺栓拆卸顺序填入图中： 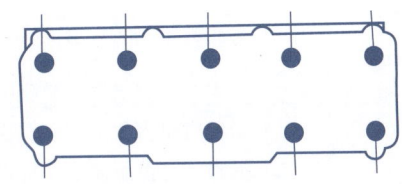
（2）气缸盖变形的检测	测量结果： | 项目	第1次	第2次	第3次	第4次	第5次	第6次	最终测量结果 | |---|---|---|---|---|---|---|---| | 气缸盖下平面的平面度 | | | | | | | | 查维修手册，该发动机气缸盖最大翘曲变形是_____。 根据测量结果，提出维修方案
（3）气缸盖的装配	将气缸盖螺栓安装顺序填入图中： 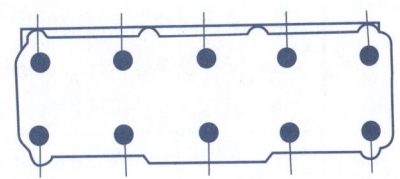 查维修手册，气缸盖螺栓拧紧力矩为_____

任务评价

"气缸盖拆装与检测"评分标准

序号	考核项目	配分	扣分标准（每项累计扣分不超过配分）
1	安全文明	否决	造成人身、设备重大事故，此任务计 0 分
2	安全文明生产	20 分	（1）不穿工作服，扣 1 分； （2）拆装前不检查发动机台架锁止情况，每次扣 3 分； （3）工量具与零件混放或摆放凌乱，每次每处扣 1 分； （4）工量具或零件随意摆放在地上，每次扣 1 分； （5）油、水洒落在地面或零部件表面或车漆表面未及时清理，每次扣 1 分； （6）完工后未清理工量具，每件扣 1 分； （7）完工后未清理场地，扣 2 分
3	工量具准备	5 分	（1）工量具每少准备 1 件扣 1 分； （2）工量具选择不当，每次扣 2 分
4	维修手册使用	10 分	（1）每错查 1 个数据或漏查 1 个数据，扣 3 分； （2）根据工单填写情况，对照维修手册标准值评分
5	气缸盖的拆卸	15 分	（1）未使用扭力扳手旋松螺栓，扣 3 分； （2）拆卸气缸盖螺栓顺序每错一处扣 1 分； （3）未分两次旋松气缸盖螺栓，扣 2 分； （4）工具、零件落地，每次扣 2 分
6	气缸盖变形的检测	20 分	（1）未清洁检测部位，扣 1 分； （2）检测点不正确，每个位置扣 1 分； （3）量具未清洁，扣 1 分； （4）厚薄规使用不规范，扣 2 分； （5）测量数据不正确，每个测点扣 1 分； （6）最终结果不正确，扣 2 分； （7）不能判断检测结果，扣 4 分
7	气缸盖的装配	25 分	（1）未检查气缸盖定位螺栓长度，扣 3 分； （2）未在气缸盖螺栓的螺纹和螺栓头下部涂一薄层机油，扣 2 分； （3）拧紧气缸盖螺栓顺序每错一处扣 1 分； （4）未分次拧紧气缸盖螺栓，扣 2 分； （5）气缸盖螺栓未拧到规定扭力，扣 5 分； （6）工具、零件落地，每次扣 2 分
8	维修记录	5 分	（1）维修记录字迹潦草，扣 2 分； （2）填写不完整，每项扣 1 分
9	合计	100 分	

二、气缸磨损检测

发动机工作时,由于活塞在气缸内做往复直线运动,所以会造成气缸体的磨损。气缸体严重磨损时,会导致漏气、窜油,使发动机动力性和经济性下降。气缸的磨损程度是判断发动机是否需要大修的重要依据。因此,了解气缸磨损原因和规律,不仅能正确地对其进行修理,而且对于正确使用汽车,减少气缸的磨损,延长发动机的使用寿命,有着重要的指导意义。

微课
气缸磨损检测

气缸磨损的检测步骤如下。

(1) 量具准备:校验、清洁量具。

(2) 将被检验的气缸缸筒及上平面清洗擦干。

(3) 估测缸径大小。使用游标卡尺直接测量气缸的内表面直径,如图 2-20 所示。注意:若知道所测缸径的大小,这一步可以省略。

(4) 安装量缸表。按被测气缸的标准尺寸选择合适的接杆,把量缸表测量杆调节到大于游标卡尺上的气缸整数尺寸 0.5~1.0 mm,如图 2-21 所示,装上后暂不拧紧固定螺母。

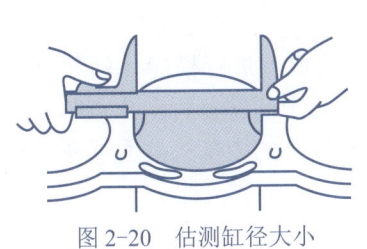
图 2-20 估测缸径大小

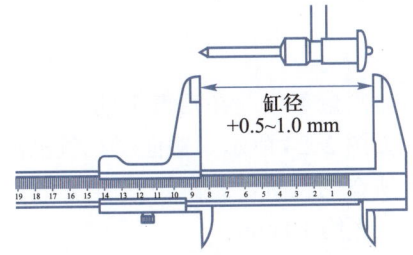
图 2-21 量缸表测量杆的选择

(5) 校正量缸表。先把外径千分尺调到被测气缸的标准尺寸,然后把装好的量缸表放入千分尺进行校正。方法:稍微旋转接杆,使量缸表指针转动约 2 mm,使指针对准刻度零处,扭紧接杆的固定螺母,如图 2-22 所示。

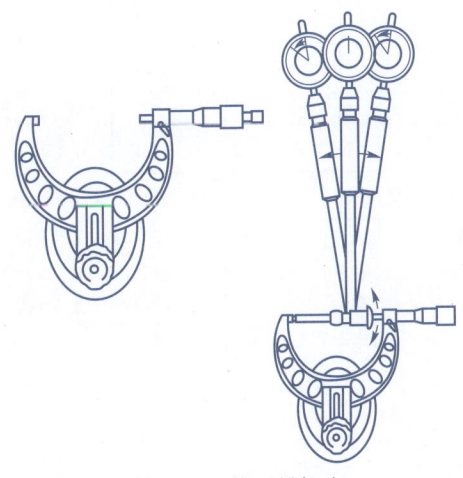
图 2-22 校正量缸表

（6）测量气缸。测量时手应握住绝热套，把量缸表斜放入气缸被测处，当前后摆动量缸表表针指示到最小数字时，即气缸中心线已垂直于测杆，如图 2-23 所示。如果指针正好对准"0"处，则与被测缸径相等；当指针顺时针离开"0"，则缸径小于标准尺寸；如逆时针方向离开"0"位，则缸径大于标准缸径。

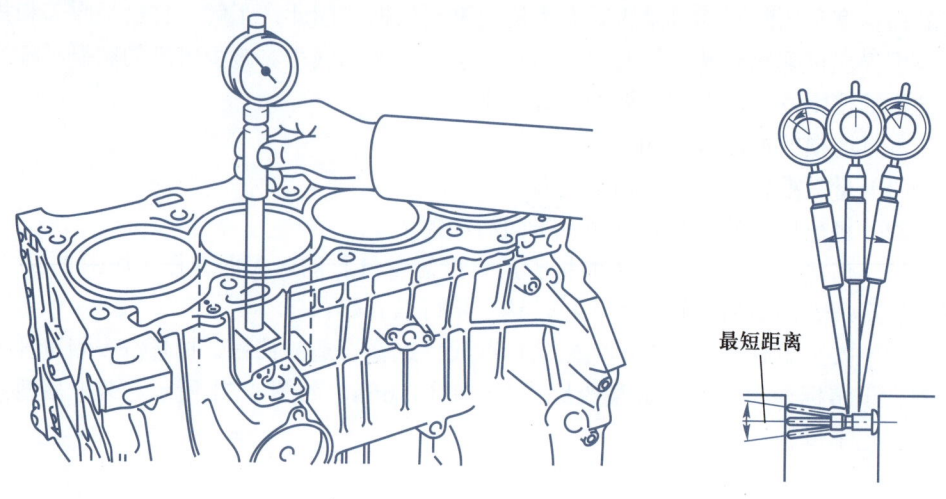

图 2-23　气缸直径的测量

（7）测量部位。在沿气缸的①、②、③三个位置上进行横向 A 向和纵向 B 向测量，如图 2-24 所示。截面①在气缸的上部，相当于活塞行程上止点时，第一道活塞环所在的位置，距缸顶约 10 mm；截面②在气缸的中部；截面③在气缸的下部，距缸底约 10 mm。

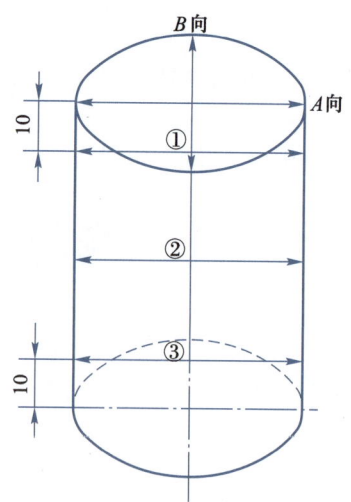

图 2-24　气缸直径测量部位

（8）计算气缸的最大磨损量、圆度和圆柱度。

气缸最大磨损量：最大测量直径与标准直径之差。

气缸圆度误差：截面①、②、③中圆度误差最大值。

　　截面圆度误差 =（该截面最大磨损缸径 - 该截面最小磨损缸径）/2

气缸圆柱度误差：截面①、②、③上最大与最小的直径差的一半。

（9）数值分析。若气缸磨损超过使用极限，应进行镗磨修理或镶套修理，必要时进行更换。

镗磨气缸是指用专用的镗缸机对气缸实施镗削加工后，再对镗削后的气缸进行珩磨。

无修理尺寸的气缸，或气缸虽有修理尺寸，但其磨损后的尺寸已接近或超过最后一级修理尺寸时，可用镶套法进行修理。

对无气缸套的气缸进行镶套前，应先加工承孔，承孔内径与气缸套外径采用过盈配合。对镶有干式气缸套的气缸体，应用压力机压出旧气缸套，并检查承孔与待换气缸套过盈量是否符合要求。干式气缸套与承孔过盈量一般为 0.03～0.08 mm。新气缸套应使用压力机压装，压装后气缸套上端平面应与气缸体上平面平齐。对装有湿式气缸套的气缸体，更换气缸套时，只需拆旧换新，不需对承孔进行加工。

三、气缸的磨损规律

气缸正常磨损时，由于气缸上部润滑较差，且气缸内燃烧的高压产生在活塞上止点附近，所以在气缸轴线方向上呈"上大下小"的不规则锥形磨损。某些情况下最大磨损可能发生在气缸中部，形成中间大的"腰鼓形"磨损。

由于活塞在上、下止点间运动时，其侧压力使活塞贴紧气缸的左右两侧，所以气缸在左右两侧方向上磨损严重，而沿曲轴轴线方向上的磨损较轻。

各气缸沿圆周方向的最大磨损部位随气缸结构、车型、使用条件的不同而不同，通常位于发动机两端的气缸因其冷却强度大，磨损量往往比中部的气缸略大。

▶ **任务工单**

"气缸磨损检测"操作工单

1. 准备工作	
（1）工量具及仪器设备准备	记录：
（2）维修手册准备	记录：
（3）被测气缸体准备	记录：
2. 操作过程	
要求：会查阅维修手册；能正确使用量具完成气缸圆度、圆柱度误差的测量和气缸最大磨损直径的测量；能根据测量结果提出维修方案	

续表

（1）校验量具	记录量具误差（不调整）：				
（2）检测部位	记录：				
（3）气缸圆度、圆柱度的检测	检测结果：				
^	测量部位	A 向 /mm	B 向 /mm	圆度误差	圆柱度误差
^	上				
^	中				
^	下				
（4）气缸最大磨损直径检测	检测结果：				

3. 维修结论

（1）查维修手册，该发动机气缸的标准直径是_____；维修标准是_____。
（2）根据检测结果，提出维修方案（确定气缸修理尺寸级别）

▶ **任务评价**

"气缸磨损检测"评分标准

序号	考核项目	配分	扣分标准（每项累计扣分不超过配分）
1	安全文明	否决	造成人身、设备重大事故，此任务计 0 分
2	安全文明生产	20 分	（1）不穿工作服，扣 1 分； （2）拆装前不检查发动机台架锁止情况，每次扣 3 分； （3）工量具与零件混放或摆放凌乱，每次每处扣 1 分； （4）工量具或零件随意摆放在地上，每次扣 1 分； （5）油、水洒落在地面或零部件表面或车漆表面未及时清理，每次扣 1 分； （6）完工后未清理工量具，每件扣 1 分； （7）完工后未清理场地，扣 2 分
3	工量具准备	5 分	（1）工量具每少准备 1 件扣 1 分 （2）工量具选择不当，每次扣 2 分
4	维修手册使用	10 分	每查错一个数据或漏查一个数据，扣 3 分，根据工单填写情况对照维修手册标准值评分

续表

序号	考核项目	配分	扣分标准（每项累计扣分不超过配分）
5	气缸圆度、圆柱度测量	30 分	（1）未清洁被测气缸扣 2 分，未清洁量具扣 2 分； （2）不按被测气缸标准直径选择测量杆，扣 3 分； （3）安装量缸表时未使用千分尺，扣 1 分，量缸表在千分尺上校零时未留预压量，扣 2 分； （4）测量部位每错 1 处扣 1 分； （5）不能找到气缸直径位置，扣 5 分； （6）测量数据每错 1 个扣 1 分； （7）圆度误差、圆柱度误差计算，每错一项扣 3 分
6	气缸最大磨损直径测量	30 分	（1）未清洁被测气缸扣 2 分，未清洁量具扣 2 分； （2）不按被测气缸标准直径选择测量杆扣 2 分； （3）安装量缸表时未使用千分尺，扣 1 分，量缸表在千分尺上校零时未留预压量，扣 3 分； （4）未能找到最大磨损直径，扣 10 分； （5）检测数据不正确，扣 5 分； （6）不能判断检测结果，扣 5 分
7	维修记录	5 分	（1）维修记录字迹潦草，扣 2 分； （2）填写不完整，每项扣 1 分
8	合计	100 分	

任务三

活塞连杆组的构造与拆装

▶ 任务目标

知识目标
- 掌握活塞连杆组的功用与组成；
- 熟悉活塞连杆组各零件间的相互连接关系及其拆装工艺。

能力目标
- 能够进行活塞连杆组的拆装；
- 能够进行活塞环间隙的检测。

▶ 任务描述

活塞连杆组是发动机的传动件，它把燃烧气体的压力传给曲轴，使曲轴旋转并输出动力。一旦发生故障，会出现金属敲击声，影响发动机的性能。

▶ 任务分析

作为维修技工，必须熟悉活塞连杆机构的基本知识，能正确进行拆装与检测。

▶ 知识链接

活塞连杆组主要由活塞、活塞环、活塞销、连杆等组成，如图 2-25 所示。

一、活塞

1. 活塞的功用和工作条件

（1）活塞的功用：承受燃气压力并将此力传递给连杆，与气缸盖共同组成燃烧室。

（2）活塞的工作条件：高温、高压、高速往复直线运动。活塞由于受到周期性变化的燃气压力和惯性力的作用，各个部分产生交变的拉伸、压缩和弯曲应力，使活塞易产生变形。

2. 活塞的材料及要求

（1）材料。活塞常用铝合金制造，质量小，导热性好，但是热膨胀系数大，高温下，强度和硬度下降很快。有的柴油机活塞采用高强铸铁或耐热钢制造。

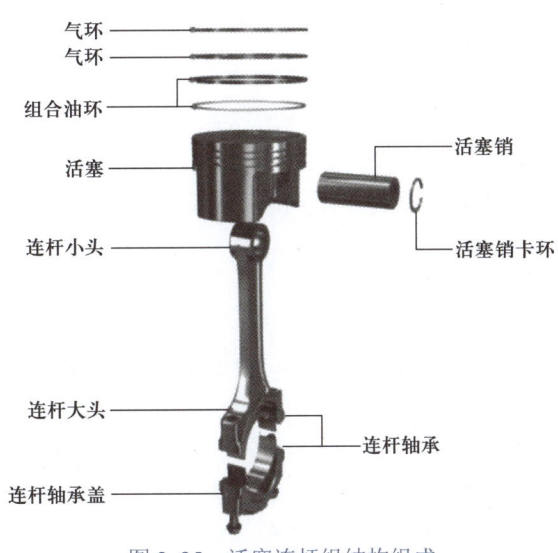

图 2-25 活塞连杆组结构组成

（2）要求。活塞的质量要小，可以减小惯性力；热膨胀系数要小，减小受热时的变形；导热性要好，防止活塞过热，发生损坏；耐磨性要好，防止在往复运动中大量磨损。

3. 活塞的结构

根据作用不同，活塞结构分为活塞顶部、活塞头部和活塞裙部（见图 2-26）。

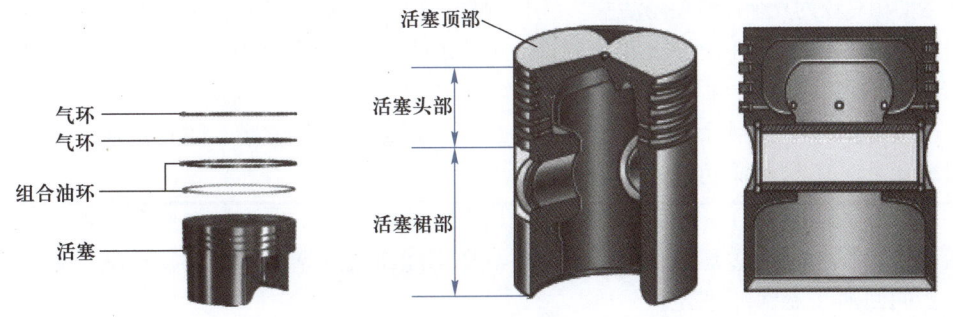

图 2-26 活塞结构示意图

（1）活塞顶部。活塞顶部指活塞的顶面，其承受气体压力，并组成燃烧室。活塞顶部分为各种不同形状，以满足不同的目的和要求，如图 2-27 所示。汽油机活塞顶部多数采用平顶，其优点是制造工艺简单，吸热面积小。为改善混合气形成、燃

(a) 平顶　　(b) 凸顶　　(c) 凹顶

图 2-27 活塞顶部的结构类型

烧或调解压缩比,有些汽油机采用凹顶活塞。二冲程汽油机常采用凸顶活塞以提高换气效率。

(2) 活塞头部。活塞头部是指活塞环槽以上部位,承受气体的压力,与活塞环一起实现气缸内气体的密封,将热量通过活塞环传给气缸壁。

(3) 活塞裙部。活塞裙部是指活塞环槽以下部位,在活塞运动的时候起导向作用并承受侧压力。

二、活塞环

微课
活塞环的认知与拆装

活塞环在高温、高压、高速和润滑极其困难的条件下工作,是发动机上使用寿命最短的零件。活塞环具有弹性好、强度高、耐磨损、耐热、冲击韧性好、导热性能好等特点。目前广泛采用的活塞环材料是合金铸铁,第一道活塞环甚至所有的活塞环,其外表面进行多孔镀铬来减缓磨损;其他的环多采用镀锡、磷化或硫化处理来提高磨合性。

活塞环按其作用可分为气环与油环两种。

1. 气环

气环的作用是保证活塞与气缸壁间的密封,防止高温、高压的燃气窜入曲轴箱以污染机油,同时将活塞顶部所吸收的大部分热量传给气缸壁。

气环的密封效果与气环数目有关,一般汽油机采用 2 道气环,柴油机多采用 3 道气环。发动机工作时,活塞、活塞环等机件都会发生热膨胀。而活塞环在气缸、活塞环槽内的运动相对较为复杂,既要与活塞一起在气缸内做上下运动、径向胀缩,还要在环槽内做微量的圆周运动,以保证气缸的密封性,并防止环卡死在气缸内或膨胀卡死在环槽中。

2. 油环

油环的作用是刮除气缸壁上多余的燃油,形成均匀的油膜,防止窜油,减小磨损。此外,还起到辅助封气作用。

一般活塞上装有 1～2 道油环。采用 2 道油环时,下面一道油环多安置在活塞裙部的下端。无论活塞下行还是上行,油环都能将气缸壁上多余的机油刮下来经活塞上的回油孔流回油底壳。

常见的油环有普通油环和组合油环两种(见图 2-28)。

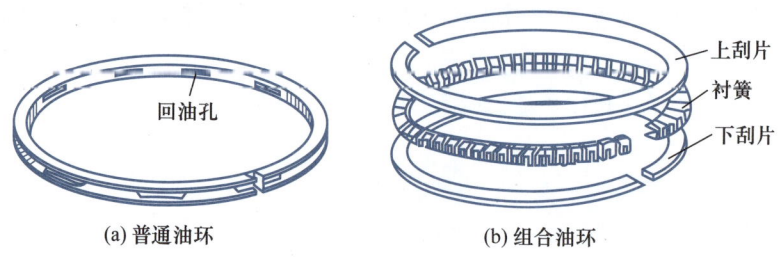

(a) 普通油环　　　(b) 组合油环

图 2-28　油环两种结构形式

普通油环强度低、易磨损,磨损后刮油效果不理想且寿命较短,现代汽车基本上不采用。组合油环一般由上刮片、衬簧、下刮片三层组成,优点是质量轻、刮油能力强、对气缸套变形适应性好、回油通路大等,在现代汽车上得到了广泛应用。

三、活塞销

活塞销的结构简单,基本上是一个厚壁空心圆柱,如图 2-29 所示。一般活塞销可分为全浮式和半浮式两类,全浮式是指活塞销能在连杆衬套和活塞销座中自由摆动,使活塞销磨损均匀;半浮式是指活塞销中部与连杆小头采用坚固螺栓连接,活塞销只能在两端销座内自由摆动,多用于轿车。

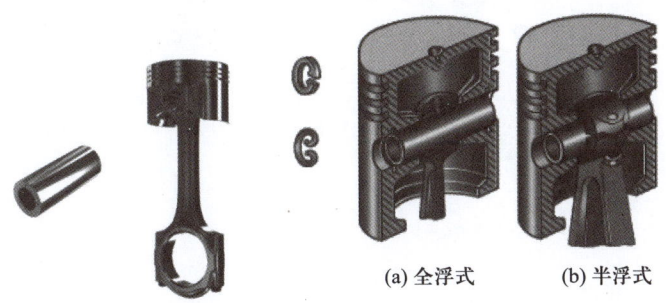

图 2-29 活塞销及其结构形式

四、连杆

连杆由连杆小头、杆身、连杆大头三部分组成,如图 2-30 所示。连杆小头与活塞销连接,同活塞一起往复运动;连杆大头与曲柄销连接,同曲轴一起做旋转运动。

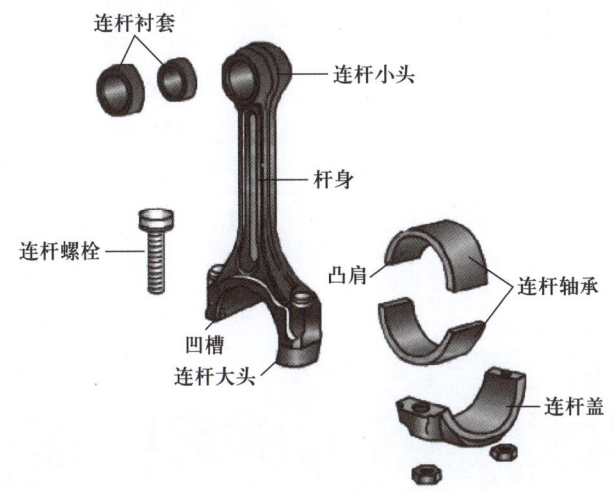

图 2-30 连杆组件

> **任务实施**

一、活塞连杆组的拆装

1. 活塞连杆组的拆卸

活塞连杆组的拆卸如图 2-31 所示。

实训
活塞连杆组的拆装

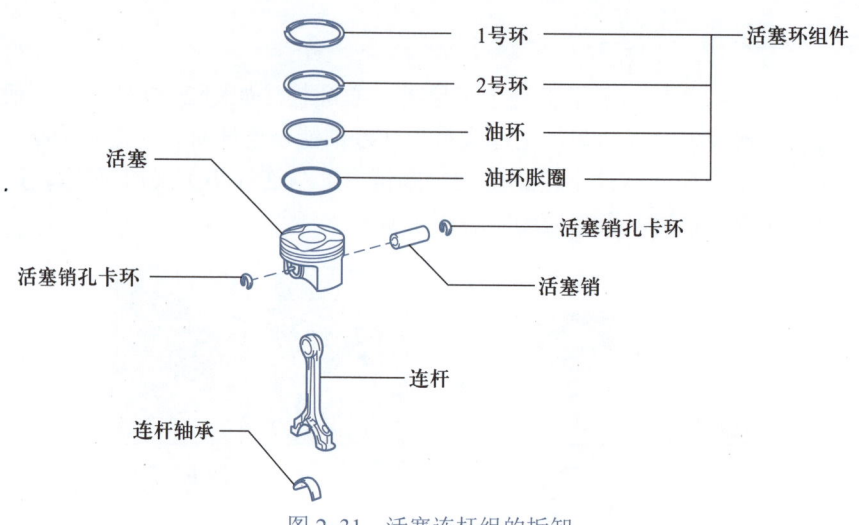

图 2-31　活塞连杆组的拆卸

（1）转动曲轴，将准备拆卸的连杆对应的活塞转到下止点。

（2）拆卸连杆螺母，取下连杆轴承盖，并按顺序放好。

（3）用橡胶锤或手锤木柄推出活塞连杆组（应事先刮去气缸上的台阶，以免损坏活塞环），注意不要硬撬、硬敲，以免损伤气缸。

（4）取出活塞连杆组后，应将连杆轴承盖、螺栓螺母按原位装回，并注意连杆的装配标记。标记应朝向带轮，活塞、连杆和连杆轴承盖上打上对应气缸号。

2. 活塞连杆组的装合

（1）将第一缸曲柄转到下止点位置，取第一缸的活塞连杆总成，在瓦片、活塞环处加注少许机油，转动各环，使机油进入环槽，检验各环开口是否处于规定位置。

（2）用夹具收紧各环，按活塞顶箭头方向将活塞连杆总成从气缸顶部放入气缸筒，用手引导连杆，使其对准曲轴轴颈，用手锤木柄将活塞推入，如图 2-32 所示。

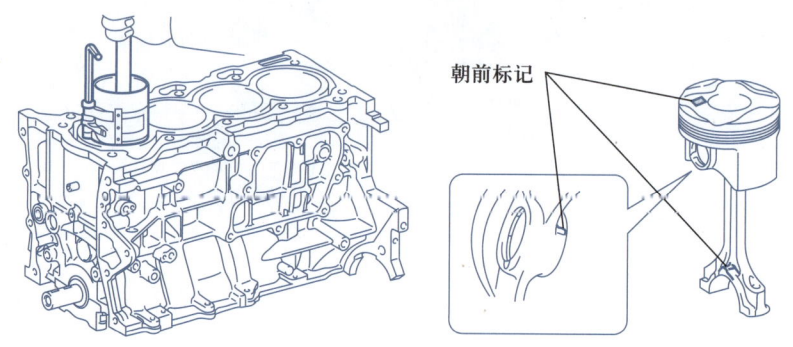

图 2-32　安装活塞连杆

（3）取第一缸的连杆轴承盖（带有轴瓦），使标记朝前装在连杆上，在连杆盖螺栓的螺纹上和螺栓头下部涂抹一薄层发动机机油，并按规定力矩交替拧紧连杆螺母，如图 2-33 所示。

（4）依同样方法，将其余各缸活塞连杆组件装入相应气缸。注意：连杆螺栓为预应力螺栓，在按规定力矩拧紧连杆螺母时，连杆螺栓在弹性变形范围内被拉长，螺栓和螺母之间有较大而稳定的摩擦力，所以螺母不需要防松装置。但在修理过程中一旦拆过连杆螺母，就必须更换。

（5）检查并确认曲轴转动顺畅，检查连杆轴向间隙是否符合要求。

3. 注意事项

（1）拆卸、安装活塞时一定要注意各缸记号，若无记号则应重做标记。

（2）活塞销挡圈开口要与活塞销孔上的缺口错开，三道环的开口要错开。

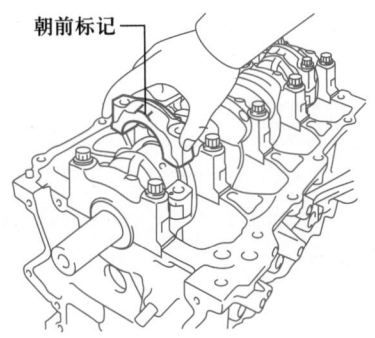

图 2-33　安装连杆螺栓盖

▶ 任务工单

"活塞连杆组拆装"操作工单

1. 准备工作	
（1）工量具及仪器设备准备	记录：
（2）维修手册准备	记录：
（3）固定发动机拆装台架准备	记录：

2. 操作过程

要求：会查阅维修手册；能正确使用工具完成活塞连杆组的拆装

（1）活塞连杆组的拆卸及分解	□ 翻转发动机气缸体，并锁紧 □ 拆卸连杆轴承盖 □ 推出活塞连杆组 □ 拆卸活塞环
（2）活塞连杆组的组合及安装	□ 安装活塞环 □ 调整活塞环开口位置 □ 压缩活塞环 □ 将活塞连杆组装入气缸 □ 安装连杆轴承盖 □ 按规定力矩拧紧连杆螺栓 □ 转动曲轴，检查安装状况

3. 维修标准

（1）活塞环开口调整位置为_____。

（2）连杆螺栓拧紧力矩为_____

任务评价

"活塞连杆组拆装"评分表

序号	考核项目	配分	扣分标准（每项累计扣分不超过配分）
1	安全文明	否决	造成人身、设备重大事故，此任务计 0 分
2	工具及设备的准备	5 分	未检查工具设备，扣 2 分；工具准备错误，扣 2 分；工具摆放不整齐，扣 1 分
3	活塞连杆组的拆卸	30 分	（1）未将缸体侧置或倒置，扣 1 分，未锁紧翻转架，扣 1 分； （2）未将待拆活塞连杆组转至下止点扣 1 分，未安装曲轴前端螺栓旋转曲轴扣 1 分，用扳手卡曲轴其他部位转动扣 1 分； （3）未检查连杆大头上配合标记扣 2 分，未做缸号标记扣 2 分； （4）未分次交替均匀松开连杆螺栓扣 2 分，未安装连杆螺栓保护套扣 2 分； （5）推出零件时未用手扶正连杆扣 1 分，活塞卡在气缸内扣 2 分，连杆钩住气缸下沿扣 2 分，轴瓦脱落扣 2 分，零件落地扣 2 分； （6）工具使用错误一次扣 2 分，零件未摆放在零件盆扣 2 分，未将活塞连杆组放好扣 2 分，活塞环拆卸时断裂扣 2 分
4	活塞连杆组的清洁	5 分	全部未清洁扣 5 分，未清洁活塞扣 1 分，未清洁连杆扣 1 分，未清洁轴瓦扣 1 分，轴瓦上下顺序错乱扣 2 分
5	活塞连杆组的安装	40 分	（1）活塞环装反扣 2 分，活塞环装错环槽扣 2 分，气环开口位置调整错误扣 2 分，油环开口位置调整错误扣 2 分，活塞环套压缩时转动扣 2 分； （2）未安装连杆螺栓保护套扣 1 分，活塞环未抹机油扣 2 分，活塞销未抹机油扣 1 分，轴瓦未抹机油扣 1 分； （3）活塞环套未拧紧扣 2 分，没有用橡胶锤敲平活塞环套扣 1 分，活塞推入气缸未成功一次扣 1 分，活塞装反扣 2 分，轴瓦掉落扣 2 分； （4）连杆大头没有对准轴颈扣 1 分，轴颈损伤扣 2 分，轴瓦与轴瓦盖上端面、轴瓦与连杆大头下端面没有平齐各扣 1 分，连杆轴承盖装反扣 2 分； （5）连杆螺栓未抹机油扣 2 分，未按维修手册要求拧紧连杆螺栓扣 2 分； （6）未检查安装状况扣 2 分，未转动曲轴扣 2 分； （7）工具使用错误 1 次扣 2 分
6	安全文明生产	20 分	（1）不穿工作服扣 1 分。 （2）拆装前不检查发动机台架锁止情况，每次扣 3 分。 （3）工量具与零件混放或摆放凌乱，每次每处扣 1 分。 （4）工量具或零件随意摆放在地上，每次扣 1 分。 （5）油、水洒落在地面或零部件表面或车漆表面未及时清理，每次扣 1 分。 （6）完工后未清理工量具，每件扣 1 分。 （7）完工后未清理场地，扣 2 分
7	合计	100 分	

二、活塞环间隙及检测

1. 活塞环的拆装

（1）用专用工具活塞环卡钳拆卸气环，如图 2-34（a）所示。注意：不要用力过度，以免折断活塞环；活塞环向上标记朝向活塞顶部。

（2）用手对油环进行拆卸，如图 2-34（b）所示，油环的拆卸顺序：上刮片、下刮片、衬簧；油环的安装顺序：衬簧、下刮片、上刮片。注意：不要用力过度，以免刮片变形。

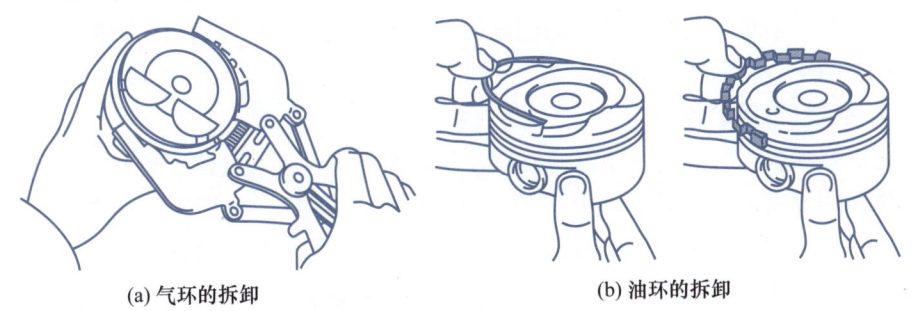

(a) 气环的拆卸　　(b) 油环的拆卸

图 2-34　活塞环的拆卸

为了减少气体的泄漏，活塞环装入气缸时，各道活塞环开口应互相错开。如有三道活塞环，各环应沿圆周成 120°夹角互相错开；如有四道活塞环，第一、二道互错 180°，第二、三道互错 90°，第三、四道互错 180°，从而获得较长、迷宫式的漏气路线，增加漏气阻力，减少漏气量。

2. 活塞环间隙

活塞环在发动机运转过程中会与高温气体接触发生热膨胀现象，而周期性的往复运动又使其出现径向胀缩变形。因此，为了保证正常的运转，活塞环在气缸内应具有以下间隙（见图 2-35）。

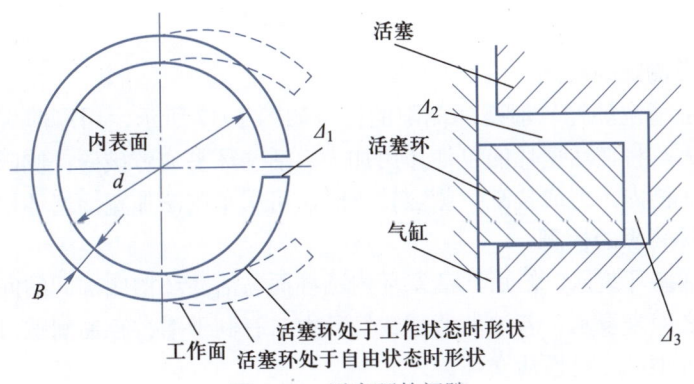

图 2-35　活塞环的间隙

d—活塞环内径；B—活塞环宽度；Δ_1—开口间隙；Δ_2—侧隙；Δ_3—背隙

（1）活塞环端隙。端隙又叫"开口间隙"，是指活塞环装入气缸时活塞环开口端的间隙，此间隙的大小反映了活塞环和气缸的磨损情况。一般第一道环稍大，第二、三道环稍小。组合环的刮片端隙可稍大。

（2）活塞环侧隙。侧隙又称边隙，是指活塞环装入活塞后，其侧面与活塞环槽之间的间隙，此间隙是保证活塞环正常工作，防止"卡死"，产生背压的条件。

（3）活塞环背隙。热态时，活塞环也要径向膨胀。但在弹性作用下，活塞环紧紧压在气缸壁上，活塞环只有收缩，活塞环的内圆柱面直径变小，可是活塞环槽底部直径因膨胀变大。所以，活塞环的内圆柱面就可能和活塞环槽底部接触而卡死。因而冷态时，活塞环与活塞环槽的配合应有背隙，背隙大小应适当。背隙大，则泵油多；背隙小，则活塞环会卡死。

3. 活塞环端隙的检测

将活塞环放入气缸内，使活塞倒置，将活塞环垂直推入气缸至维修手册测量位置，然后用厚薄规插入活塞环开口检查其间隙值，如图2-36所示。活塞环开口间隙过小，可用细平锉对开口处的一端进行锉削，只能锉一端，且环口应平整，边锉边量；活塞环开口间隙过大或有其他损坏，则必须更换。

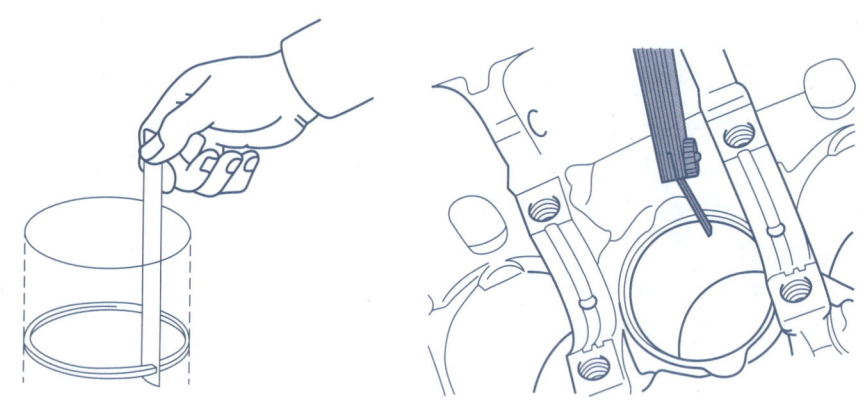

图2-36 活塞环端隙的检测

4. 活塞环侧隙的检测

检测前应清洗环槽，活塞环侧隙的检查如图2-37所示，用厚薄规进行多点测量。侧隙过大，将使活塞环的泵油作用加大，活塞环易疲劳破碎；侧隙过小，则会使卡环卡死在槽内，造成拉缸。侧隙较小时，可用车削法加宽活塞环槽。

5. 活塞环背隙的检测

背隙是活塞环装入气缸后，活塞环内圆柱面与活塞环槽底部间的间隙，通常以槽深和环宽之差来表示。若油环背隙较气环大，有利于增大存油间隙，便于减压卸油；若背隙过小，应更换活塞环。

项目二 曲柄连杆机构的构造与拆装 65

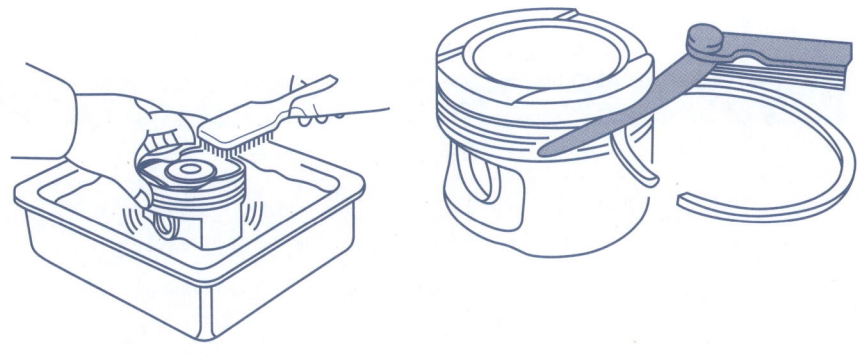

图 2-37 活塞环侧隙的检测

▶ **任务工单**

"活塞环间隙的检测"操作工单

1. 准备工作	
（1）工量具及仪器设备准备	记录：
（2）维修手册准备	记录：
（3）被测工件准备	记录：

2. 操作过程
要求：会查阅维修手册；能正确使用工量具完成活塞环间隙的测量；能根据检测结果提出维修方案

（1）校验量具	记录：		
（2）检测活塞环端隙、侧隙	检测结果：		
	活塞环	端隙	侧隙
	第一道气环		
	第二道气环		
	油环		
（3）简述活塞环背隙测量方法	记录测量步骤：		

3. 维修结论
（1）查维修手册，该发动机活塞环间隙的标准值如下。
端隙：第一环_____；第二环_____；油环_____；
侧隙：第一环_____；第二环_____；油环 _____。
（2）根据测量结果，提出维修方案

任务评价

"活塞环间隙的检测"评分表

序号	考核项目	配分	扣分标准（每项累计扣分不超过配分）
1	安全文明	否决	造成人身、设备重大事故，此任务计 0 分
2	安全文明生产	20 分	（1）不穿工作服，扣 1 分； （2）拆装前不检查发动机台架锁止情况，每次扣 3 分； （3）工量具与零件混放或摆放凌乱，每次每处扣 1 分； （4）工量具或零件随意摆放在地上，每次扣 1 分； （5）油、水洒落在地面或零部件表面或车漆表面未及时清理，每次扣 1 分； （6）完工后未清理工量具，每件扣 1 分； （7）完工后未清理场地，扣 2 分
3	工量具准备	5 分	（1）工量具每少准备 1 件，扣 1 分； （2）工量具选择不当，每次扣 2 分
4	维修手册使用	10 分	（1）每查错 1 个数据或漏查 1 个数据，扣 3 分； （2）根据工单填写情况对照维修手册标准值评分
5	活塞环的拆卸	10 分	（1）未使用活塞环拆装钳进行拆卸，每次扣 2 分； （2）拆卸顺序错误，每次扣 2 分； （3）活塞环拆装钳使用不正确，扣 2 分； （4）每少拆一道环，扣 2 分
6	活塞环端隙测量	20 分	（1）未清洁气缸，扣 1 分，未清洁被测活塞环，扣 1 分； （2）活塞环放入气缸中的位置错误，扣 5 分； （3）未清洁量具，扣 1 分，量具使用不正确，扣 2 分； （4）测量数据不正确，每个扣 2 分； （5）结果判断不正确，扣 4 分
7	活塞环侧隙测量	20 分	（1）未清洁被测零件，每个扣 1 分； （2）未能将活塞环放入活塞环槽正确位置，扣 5 分； （3）量具未清洁，扣 1 分，量具使用不正确，扣 2 分； （4）测量数据不正确，每个扣 2 分； （5）结果判断不正确，扣 4 分
8	活塞环背隙测量	10 分	简述测量方法并填入记录表中，每漏述一个步骤扣 2 分
9	维修记录	5 分	（1）维修记录字迹潦草，扣 2 分； （2）填写不完整，每项扣 1 分
10	合计	100 分	

任务四

曲轴飞轮组的构造与拆装

▶ **任务目标**

知识目标
- 掌握曲轴飞轮组的功用与组成;
- 熟悉曲轴飞轮组的拆装工艺。

能力目标
- 能够进行曲轴的拆装与检测;
- 能够进行飞轮的拆装与检测。

▶ **任务描述**

汽车发动机突然加速时发出沉重而有力的"咣、咣、咣"金属敲击声,严重时车体发生很大振动。

▶ **任务分析**

经过诊断,确认故障为曲轴主轴承异响,需要检测曲轴,对曲轴轴承进行更换。

▶ **知识链接**

曲轴飞轮组(见图2-38)主要由曲轴、飞轮、正时齿轮、扭转减振器和带轮等结构组成,不同的发动机曲轴飞轮组的零件和附件有所不同。

图 2-38　曲轴飞轮组

一、曲轴

1. 曲轴的功用和基本组成

曲轴的功用是承受连杆传来的力,并由此产生绕自身轴线的旋转力矩,该力矩通过飞轮输送给底盘,驱动汽车行驶。曲轴还用来驱动发动机的配气机构和冷却液泵、发电机、空气压缩机等附件。

曲轴的基本组成包括前端轴、主轴颈、连杆轴颈(曲柄销)、曲柄、平衡重和后端凸缘等,如图 2-39 所示。

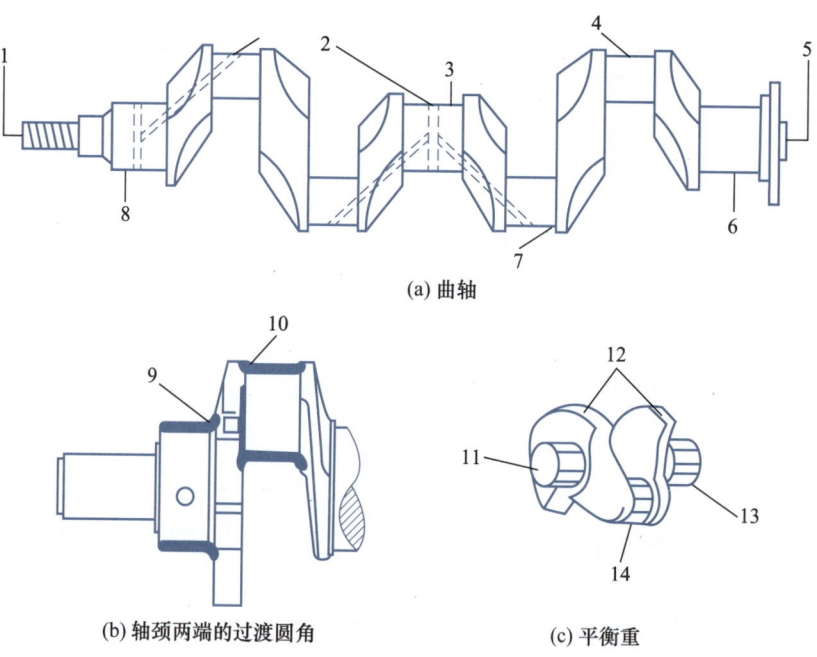

图 2-39 曲轴的基本组成

1—前端轴;2—机油道;3、6、8、11、13—主轴颈;4、14—连杆轴颈(曲柄销);
5—后端凸缘;7—曲柄;9—主轴颈圆角;10—连杆轴颈圆角;12—平衡重

曲轴上磨光的表面为轴颈。将曲轴支承在曲轴箱内旋转的轴颈为主轴颈,主轴颈的轴线都在同一直线上。偏离主轴颈轴线用以安装连杆的轴颈为连杆轴颈(或称曲柄销),连杆轴颈之间有一定夹角。连杆轴颈与主轴颈之间还加工有机油道。

将连杆轴颈和主轴颈连接到一起的部分称为曲柄,连杆轴颈和曲柄共同将连杆传来的力转变成曲轴的旋转力矩。轴颈与曲柄之间有过渡圆角,以增加强度。一个连杆轴颈和它两端的曲柄及相邻两个主轴颈构成一个曲拐。曲拐的数目取决于发动机的气缸数及其排列方式,直列发动机的曲拐数等于气缸数,而 V 型发动机的曲拐数为气缸数的一半。

主轴颈是曲轴的支承部分,通过主轴承支承在曲轴箱的主轴承座中。主轴承的数目不仅与发动机气缸数目有关,还取决于曲轴的支承方式。曲轴的支承方式一般有两种(见图 2-40),一种是全支承曲轴,另一种是非全支承曲轴。

(1)全支承曲轴。全支承曲轴的主轴颈比气缸数目多一个,即每一个连杆轴颈两边都有一个主轴颈。这种支承方式的强度和刚度都比较好,并且减轻了主轴承载荷,减小了磨损。柴油机和大部分汽油机多采用这种方式。

(2)非全支承曲轴。非全支承曲轴的主轴颈比气缸数目少或与气缸数目相等,主轴承载荷较大,但缩短了曲轴的总长度,使发动机的总体长度有所减小。

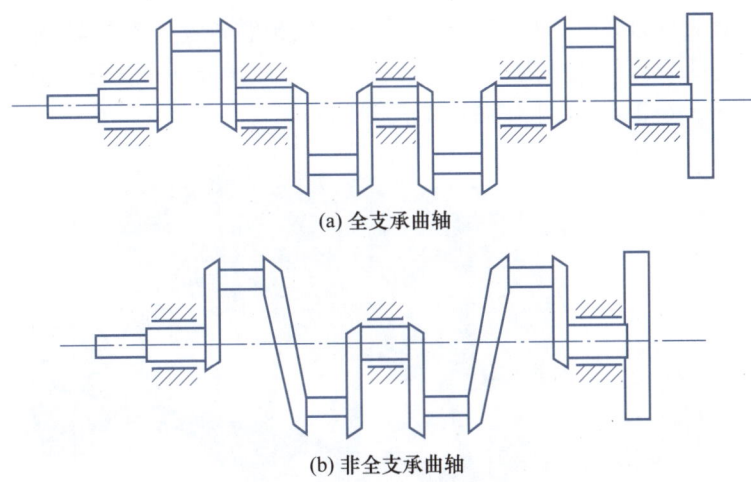

图 2-40 曲轴的支承方式

2. 连杆轴颈的布置

直列 4 缸发动机连杆轴颈夹角为 180°,连杆轴颈的布置如图 2-41 所示。

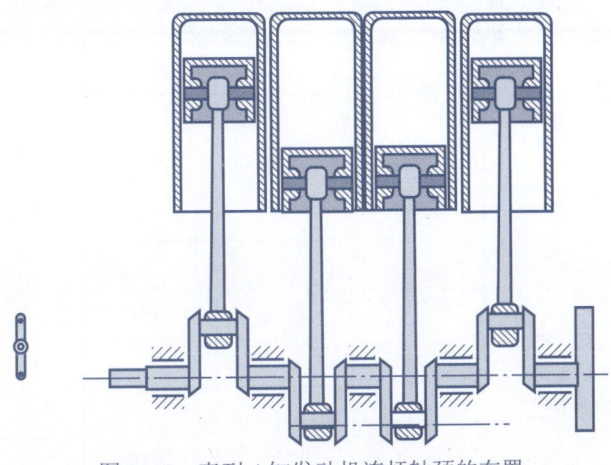

图 2-41 直列 4 缸发动机连杆轴颈的布置

4 缸发动机点火间隔角为 720°/4=180°,点火顺序一般为 1-3-4-2 或 1-2-4-3 两种,以点火顺序 1-3-4-2 为例,工作循环见表 2-1。

表 2-1　4 缸发动机工作循环（点火顺序 1-3-4-2）

曲轴转角（°）	第 1 缸	第 2 缸	第 3 缸	第 4 缸
0～180	做功	排气	压缩	进气
180～360	排气	进气	做功	压缩
360～540	进气	压缩	排气	做功
540～720	压缩	做功	进气	排气

四冲程直列 6 缸发动机的点火顺序和连杆轴颈的布置如图 2-42 所示。四冲程直列 6 缸发动机发火间隔角为 720°/6=120°，6 个曲拐分别布置在三个平面内，点火顺序是 1-5-3-6-2-4，其工作循环见表 2-2。

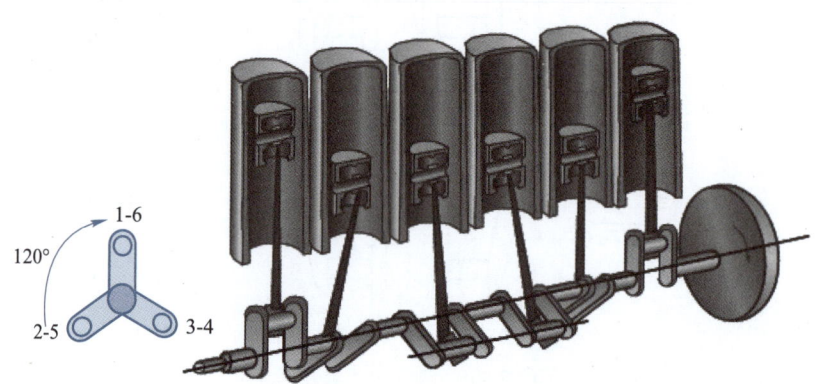

图 2-42　直列 6 缸发动机的发火顺序连杆轴颈的布置

表 2-2　四冲程直列 6 缸发动机工作循环（点火顺序 1-5-3-6-2-4）

曲轴转角（°）		第 1 缸	第 2 缸	第 3 缸	第 4 缸	第 5 缸	第 6 缸
0～180	0～60	做功	排气	进气	做功	压缩	进气
	60～120			压缩	排气		
	120～180		进气			做功	
180～360	180～240	排气					压缩
	240～300			做功	进气		
	300～360		压缩			排气	
360～540	360～420	进气					做功
	420～480			排气	压缩		
	480～540		做功			进气	
540～720	540～600	压缩		进气	做功		排气
	600～660						
	660～720		排气			压缩	

四冲程 V 型 6 缸发动机的点火间隔角仍为 120°，3 个曲拐互成 120°，工作顺序 R1-L3-R3-L2-R2-L1。面向发动机的冷却风扇，右列气缸用 R 表示，由前向后气缸号分别为 R1、R2、R3；左列气缸用 L 表示，气缸号分别为 L1、L2 和 L3，如图 2-43 所示。

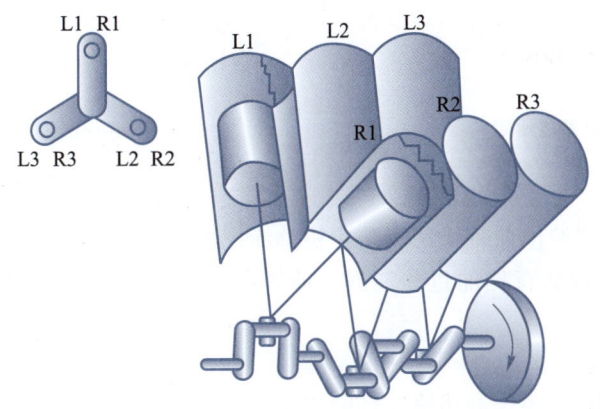

图 2-43　V6 发动机连杆轴颈的布置

3. 曲轴的轴向定位及密封

在汽车使用时，自动变速器的液力变矩器或离合器对曲轴产生轴向推力，或当汽车上下坡时，均可能使曲轴发生轴向窜动，而曲轴的轴向窜动会影响曲柄连杆机构各零件之间的相互配合位置，所以必须采用定位装置加以限制。

曲轴的轴向定位装置为安装在某一主轴颈（通常可布置在第一道、最后一道或中间主轴颈处）两侧的两个止推垫片，如图 2-44 所示。

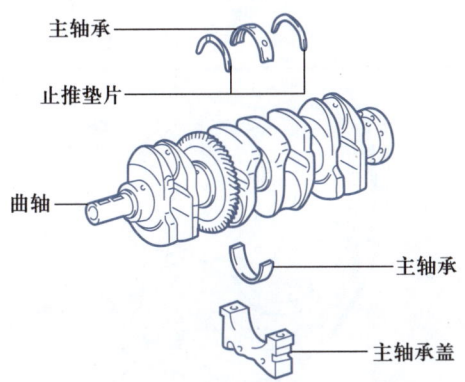

图 2-44　安装在曲轴中间轴颈的止推垫片

安装在曲轴前端第一道主轴颈两侧的止推垫片一般为整体式，安装在中间某一道主轴颈两侧的止推垫片一般为分开式。安装时，应将止推垫片有减磨合金层的一面朝向旋转面。有些发动机上，分开式止推垫片与主轴承制成一体，称为翻边轴承，如图 2-45 所示。

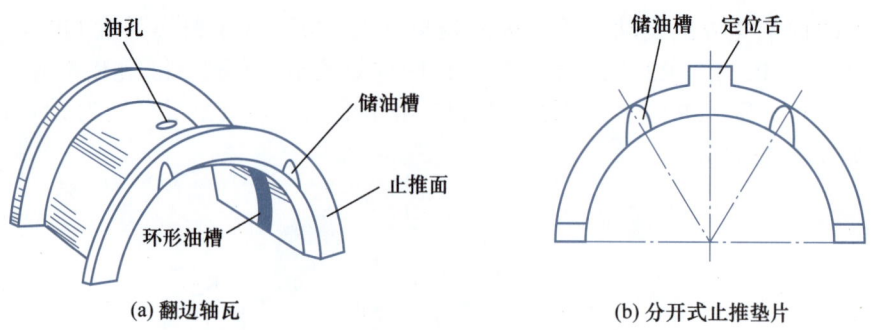

图 2-45 曲轴轴向定位装置

曲轴前后端都伸出曲轴箱,为防止机油流出曲轴箱,在曲轴前后端均设有密封装置。曲轴前端常装有挡油盘和油封,曲轴后端常用甩油盘、油封及回油螺纹装置等。

4. 扭转减振器

发动机工作时,经连杆传给曲轴的作用力呈周期性变化,所以使曲轴旋转的瞬时角速度也呈周期性变化。安装在曲轴后端的飞轮由于转动惯量较大,其瞬时角速度比较均匀。这样就造成曲轴相对于飞轮转动时快时慢,使曲轴产生扭转振动。为消除曲轴的扭转振动,在发动机曲轴前端多装有扭转减振器。

扭转减振器有橡胶式、摩擦式、硅油式等多种形式。图 2-46 所示为橡胶式扭转减振器,其工作原理是使曲轴扭转振动能量消耗于减振器内的摩擦运动,从而使振幅逐渐减小。

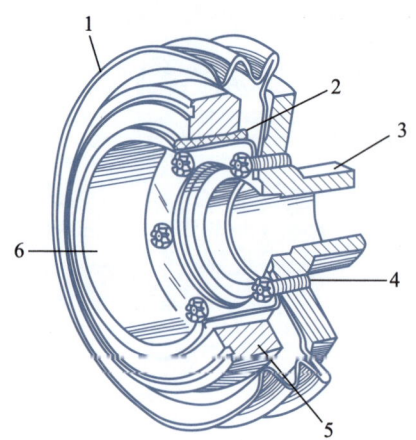

图 2-46 橡胶式扭转减振器
1—传动带轮;2—硫化橡胶层;3—传动带轮毂;4—紧固螺栓;5—惯性盘;6—减振器壳

二、飞轮

1. 飞轮的作用

对于四冲程发动机来说,每四个活塞行程做功一次,即只有做功行程做功,而排气、进气和压缩三个行程都要消耗功。因此，曲轴对外输出的转矩呈周期性变化，曲轴转速也不稳定。为了改善这种状况，在曲轴后端装有飞轮。

飞轮（见图 2-47）是一个转动惯量较大的金属圆盘，其作用如同一个能量存储器。在做功行程中发动机传输给曲轴的能量，除对外输出外，还有部分能量被飞轮吸收，从而使曲轴的转速不会升高很多。在排气、进气和压缩三个行程中，飞轮将其储存的能量释放出来补偿这三个行程所消耗的功，从而使曲轴转速不致降低太多。

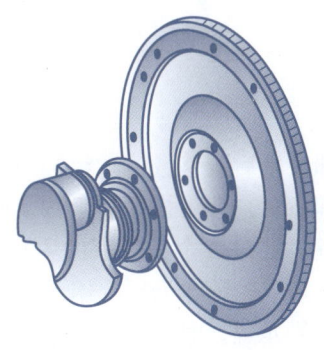

图 2-47　飞轮

此外，飞轮还有以下功用：飞轮的外缘压装有起动用的齿圈；飞轮是摩擦式离合器的主动件；在飞轮上一般刻有点火正时标记，用来校准点火正时或喷油正时以及调整气门间隙。各型号发动机的正时标记有不同的形式。飞轮通过螺栓与曲轴后端凸缘连接，一般用定位销或不对称螺栓孔来保证飞轮与曲轴的安装位置正确。

2. 飞轮的维修

飞轮的主要故障是工作面磨损、齿圈磨损或断齿。

装有手动变速器的汽车上，飞轮与离合器接触的一面会有沟槽磨损，磨损较轻时允许继续使用，磨损严重或槽纹较多时，应磨削飞轮工作面，必要时更换飞轮。注意：更换新的飞轮时应刻上正时标记，新飞轮与曲轴安装后应进行动平衡测试。

飞轮齿圈若有损坏，必须更换。更换飞轮齿圈时，可用铜冲将旧的飞轮齿圈从飞轮上拆下；安装新飞轮齿圈时，先将飞轮齿圈加热（不要超过 400℃），再用锤子将飞轮齿圈敲到飞轮上。注意：飞轮齿圈有倒角的一面应朝向曲轴。

微课

飞轮的构造与拆装

▶ **任务实施**

一、曲轴飞轮组的拆装

1. 曲轴飞轮组的拆卸

（1）用专用工具固定飞轮，从曲轴凸缘上按交叉松开的顺序拆下飞轮，如图 2-48 所示。

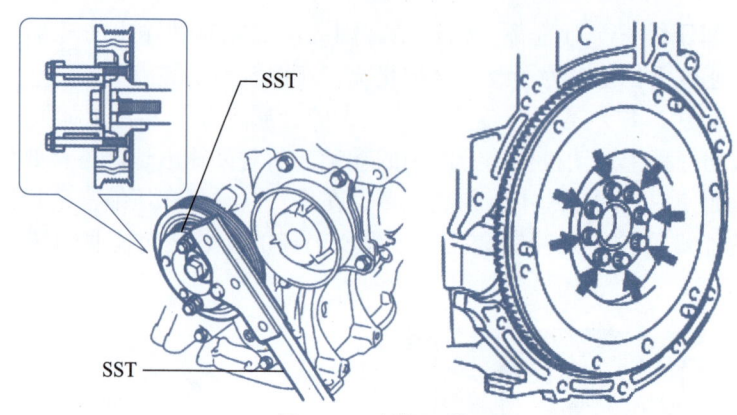

图 2-48 拆卸飞轮

（2）拆卸曲轴后隔垫、传动板和前隔垫，拆卸发动机后油封。

（3）拆卸曲轴。使用扭力扳手按从两端到中间、分次交叉的顺序拆下曲轴主轴承盖紧固螺栓，通过 2 个已拆下的主轴承盖螺栓拆下 5 个主轴承盖和 5 个下轴承，并将主轴承盖与下轴承作为一个组件保存，按正确的顺序摆放主轴承盖。注意：依次将螺栓插入轴承盖，如图 2-49 所示。轻轻地向上拉并向气缸体的前、后侧施加力，将轴承盖拉出，小心不要损坏轴承盖和气缸体的接触面。

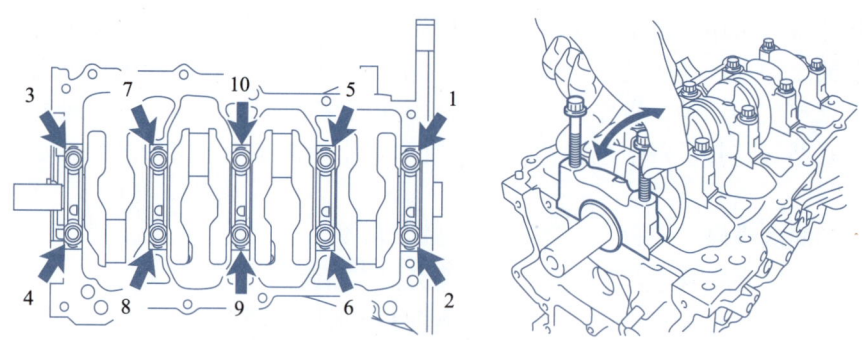

图 2-49 拆卸曲轴轴承盖

（4）拆卸曲轴上止推垫圈，拆卸曲轴轴承并按正确的顺序摆放，拆卸机油喷嘴分总成，如图 2-50 所示。

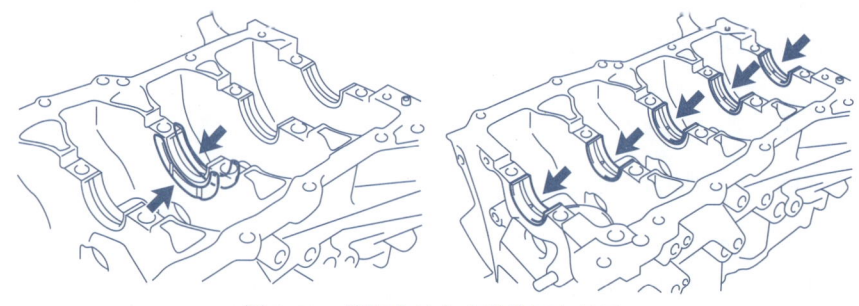

图 2-50 拆卸曲轴上止推垫圈与轴承

2. 曲轴飞轮组的安装

（1）将经过清洗和擦拭干净的曲轴、飞轮，选配及修配好的轴瓦、轴承盖等零件，依次摆放整齐，准备装配。

（2）安装曲轴轴承：安装上轴承到气缸体上，安装下轴承到轴承盖上。

（3）安装曲轴上止推垫圈：使机油槽向外，在曲轴上止推垫圈上涂抹发动机机油。

（4）安装曲轴步骤如下。

① 在上轴承上涂抹发动机机油，并将曲轴安装到气缸体上，在下轴承上涂抹发动机机油，检查数字标记，并将轴承盖安装到气缸体上。

② 在轴承盖螺栓的螺纹上和轴承盖螺栓下涂抹一薄层发动机机油，暂时安装10个主轴承盖螺栓。

③ 标记2个内轴承盖螺栓并以此为导向，用手插入主轴承盖，直到主轴承盖和气缸体间的间隙小于5 mm，用塑料锤轻轻敲击轴承盖，以确保正确安装，如图2-51所示。

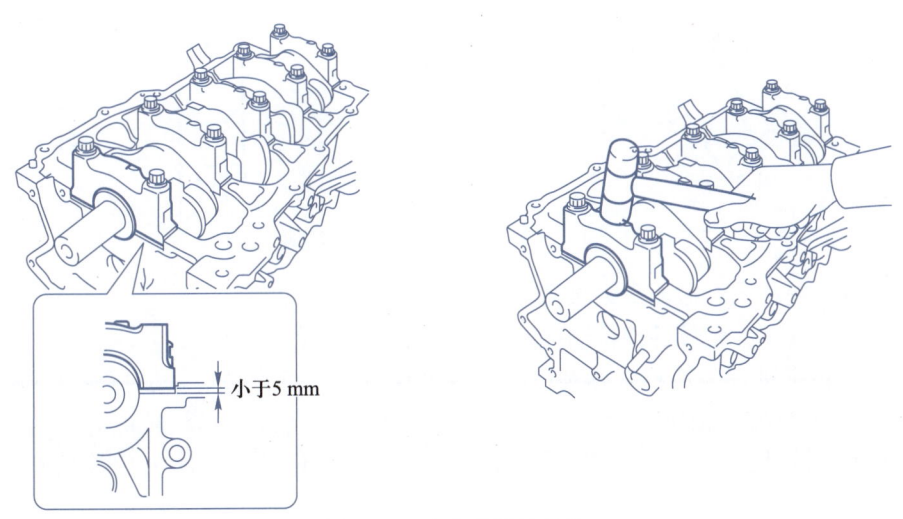

图2-51　安装曲轴轴承盖

④ 安装并均匀紧固10个主轴承盖螺栓，按规定力矩拧紧。

⑤ 检查并确认曲轴转动顺畅，检查曲轴轴向间隙。

（5）安装飞轮分总成，用专用工具固定住曲轴，均匀地安装和紧固飞轮螺栓，按规定力矩拧紧；检查曲轴转动情况，若转动费力，用橡胶锤轻敲主轴承盖，直至转动顺畅为止。

3. 注意事项

（1）各缸主轴承盖有装配标记，不同气缸的主轴承盖及轴瓦不能调换。

（2）曲轴法兰安装时要去除密封胶残余物，清洁密封表面并涂上新密封胶，且密封胶厚度不能超过3 mm，否则多余的密封胶将进入油底壳从而阻塞机油管路。

（3）飞轮螺栓拆卸后更换、安装时注意飞轮与曲轴的定位。

二、曲轴的检测

1. 曲轴轴颈磨损的检测

用外径千分尺来检测主轴颈及连杆轴颈的磨损量，从而计算轴颈的圆度和圆柱度，判定是否需要磨修及磨修的修理尺寸，检测方法如下。

（1）根据曲轴轴颈选用适当量程的外径千分尺、校正千分尺，清洁曲轴轴颈。

（2）每个轴颈选取两个截面，先在轴颈油孔两侧测量，然后旋转90°再测量，如图2-52所示。

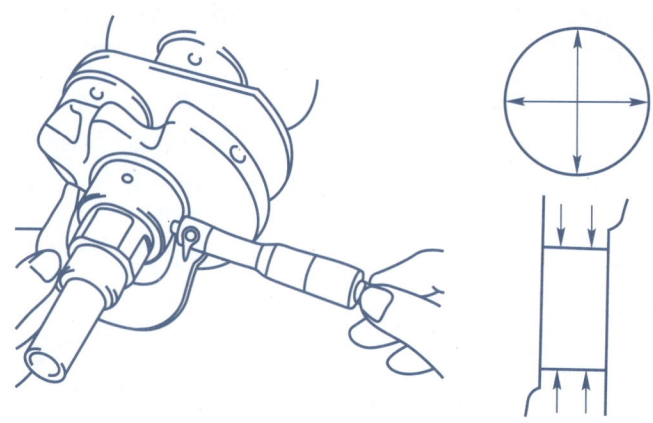

图2-52 曲轴轴颈磨损量的检测

圆度误差：同一截面最大直径与最小直径之差的1/2。

圆柱度误差：轴颈各部位测得的最大与最小直径差的1/2。

当曲轴主轴颈与连杆轴颈圆度、圆柱度误差大于标准值时，应按修理尺寸磨修，磨修在专用曲轴磨床上进行。除恢复轴颈尺寸及几何形状精度外，还应保证轴颈的同轴度、平行度、曲轴过渡圆半径及各连杆轴颈间的夹角等相互位置精度。

轴颈磨损规律：主轴颈和连杆轴颈的最大磨损部位相互对应，即各主轴颈的最大磨损靠近连杆轴颈一侧；而连杆轴颈的最大磨损部位在主轴颈一侧。

2. 曲轴轴向间隙的检测

允许曲轴轴向窜动的间隙称为曲轴的轴向间隙。

（1）检查前，按规定力矩拧紧全部轴承盖螺栓。

（2）把带磁力底座的百分表固定在发动机前面，将百分表杆部平行于曲轴中心线放置，指针抵在曲轴前端精加工面上。

（3）用撬棒前后撬动曲轴，观察百分表读数，其最大值与最小值之差即为曲轴轴向间隙，如图2-53所示。

查阅维修手册，如果轴向间隙大于最大值，则必要时更换连杆总成，如还有需要，则更换曲轴。

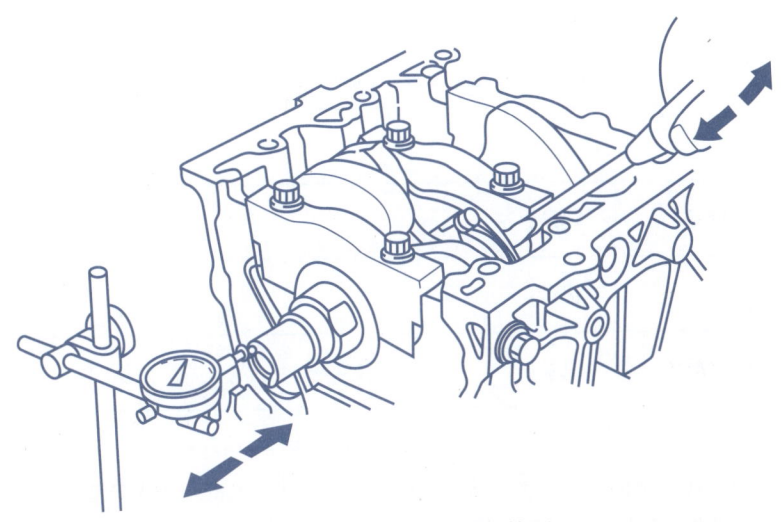

图 2-53 曲轴轴向间隙的检测

3. 曲轴主轴承径向间隙的检测

轴承与轴颈之间的间隙称为曲轴的径向间隙。

（1）清洁曲轴主轴颈、轴瓦和轴承盖，将曲轴安放到曲轴箱内。

（2）将与曲轴轴颈等长度的塑料厚薄规放在曲轴轴颈上，避开油孔的位置，在曲轴轴承上涂少量机油，如图 2-54 所示。

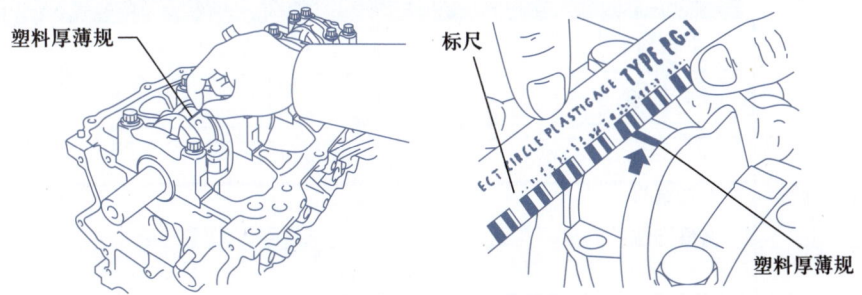

图 2-54 用塑料厚薄规测量径向间隙

（3）装上曲轴轴承和主轴承盖，按规定力矩拧紧。注意：塑料厚薄规应沿曲轴轴向放置，且不能放在承受曲轴质量的位置；测量时不可旋转曲轴。

（4）拆下曲轴主轴承盖，用被压扁的塑料厚薄规最宽部位与塑料厚薄规标尺对合比较，即可确定轴承径向间隙。

查阅维修手册，如果径向间隙大于最大值，应对相应轴承进行更换。如有必要，检查曲轴。超出磨损极限时，若塑料厚薄规被压厚度不均匀，说明曲轴轴颈有锥度。塑料厚薄规可溶于机油，若黏接在曲轴轴颈或轴承上，可用机油进行清理。注意：测量后拆下塑料厚薄规，如果更换轴承，则新轴承的编号应与各连杆盖的号一致。

> **任务工单**

"曲轴拆装与检测" 操作工单

1. 准备工作

（1）工量具及仪器设备准备	记录：
（2）维修手册准备	记录：
（3）固定发动机拆装台架准备	记录：

2. 操作过程

要求：会查阅维修手册；能正确使用工具进行曲轴的拆装；能正确使用量具完成曲轴轴颈磨损、曲轴轴向和径向间隙的测量，并根据测量结果提出维修方案

（1）拆卸曲轴	主轴承座拆卸顺序：					
（2）检查主轴颈和连杆轴颈	测量数据：					
	第（ ）道	第一截面（两个相互垂直方向）		第二截面（两个相互垂直方向）	圆度误差	圆柱度误差
	主轴颈					
	连杆轴颈					
（3）曲轴轴向间隙的检测与调整	检查结果： 调整方法：					
（4）曲轴主轴承径向间隙的检测与调整	检查结果： 调整方法：					

3. 维修结论

（1）查维修手册，该发动机曲轴径向间隙标准值为_____；磨损极限值为_____；根据测量结果，提出维修方案。

（2）查维修手册，该发动机曲轴轴向间隙标准值为_____；磨损极限值为_____；根据测量结果，提出维修方案

任务评价

"曲轴拆装与检测"评分标准

序号	考核项目	配分	扣分标准（每项累计扣分不超过配分）
1	安全文明	否决	造成人身、设备重大事故，此任务计0分
2	安全文明生产	20分	（1）不穿工作服，扣1分； （2）拆装前不检查发动机台架锁止情况，每次扣3分； （3）工量具与零件混放或摆放凌乱，每次每处扣1分； （4）油、水洒落在地面或零部件表面未及时清理，每次扣1分； （5）完工后未清理工量具，每件扣1分，未清理场地，扣2分
3	工量具准备	5分	（1）工量具每少准备1件，扣1分； （2）工量具选择不当，未校验量具，每次扣2分
4	维修手册使用	10分	每错查1个数据或漏查1个数据，扣3分
5	拆卸曲轴	10分	（1）未使用扭力扳手松开主轴承座盖螺栓，扣1分； （2）主轴承座盖拆卸顺序不正确，每个扣1分； （3）未查看或标记零件记号，每个扣1分； （4）零件摆放不整齐扣1分
6	检查主轴颈和连杆轴颈磨损情况	20分	（1）未选用千分尺测量该项目，不得分； （2）未清洁零件，扣1分；未清洁量具，扣1分； （3）未在圆周两个相互垂直的方向进行测量，每少测一个方向，扣2分； （4）未避开油孔位置测量，扣5分； （5）量具使用不正确，扣5分； （6）测量数据不正确，扣2分
7	检查曲轴轴向间隙	15分	（1）未能正确安装曲轴轴承，每个扣1分； （2）曲轴止推片安装方向错误，每片扣1分； （3）主轴承盖安装顺序不正确，扣2分； （4）主轴承盖螺栓未达规定扭力，扣1分； （5）磁性百分表安装不正确，扣2分； （6）百分表未顶在曲轴前端精加工面，扣2分； （7）检测数据不正确，扣2分，结果判断不正确，扣3分
8	检查曲轴主轴承径向间隙	15分	（1）未清洁轴颈表面，扣1分； （2）塑料厚薄规放置不正确，扣3分； （3）未按规定力矩拧紧主轴承盖螺栓，扣4分； （4）测量过程中曲轴发生转动，扣2分； （5）检测数据不正确，扣2分； （6）结果判断不正确，扣3分
9	维修记录	5分	（1）维修记录字迹潦草，扣2分； （2）填写不完整，每项扣1分
10	合计	100分	

项目小结

1. 曲柄连杆机构是将活塞的往复运动转换为曲轴的旋转运动。
2. 曲柄连杆机构在工作中主要承受气体作用力、惯性力、离心力和摩擦力。
3. 活塞往复运动是变速运动。
4. 气缸体由铸铁或铸造铝合金材料制造；气缸盖用合金铸铁或铝合金压铸制造。
5. 气缸排列形式有直列、V型和水平对置式。气缸套有的是干式，也有的是湿式。
6. 气缸垫安装时，应将卷边朝向易修整的接触面或硬平面。
7. 气缸磨损是沿活塞环运动区域，呈上大下小的不规则锥形磨损；圆周方向形成不规则的椭圆形磨损。
8. 圆度误差是指同一横截面上磨损的不均匀性，其数值为同一横截面上不同方向测得的最大与最小直径差值之半。
9. 圆柱度误差是指沿气缸轴线的轴向截面上磨损的不均匀性，其数值是被测气缸表面任意方向所测得的最大与最小直径差值之半。
10. 活塞裙部制成椭圆形的目的是当活塞受热变形时，与气缸仍可保持均匀的间隙。
11. 气环密封气缸以防止燃烧室内的气体泄漏到曲轴箱内；油环控制气缸壁上机油的数量，以防止多余的机油窜入燃烧室。
12. 活塞环都有端隙、侧隙和背隙。活塞和活塞环应按同一修理尺寸选配。
13. 活塞环的开口位置应交错布置，同时还应避开活塞的活塞销座和膨胀槽方向。
14. 曲轴上的各曲拐的布置，取决于气缸数、气缸排列形式以及各缸工作顺序。

练习与思考

一、填空题

1. 曲柄连杆机构由 _____ 、_____ 和 _____ 三部分组成。
2. 曲轴的基本组成包括有 _____ 、_____ 、_____ 、_____ 、_____ 及后端凸缘等。
3. 汽油机的燃烧室是由 _____ 和 _____ 上的相应凹坑组成。
4. 气缸垫用来保证 _____ 与气缸盖接合面间的密封，防止 _____ 。

二、是非题

1. 活塞头部由于受到高温、高压，故它的直径和厚度都较活塞裙部大和厚。（　　）

2. 连杆轴承盖都经过精密加工，故可以与连杆互换使用。（   ）
3. 在没有同级修理尺寸活塞环时，不可采用大一级活塞环锉削少许端面来代替。（   ）
4. 在拧紧气缸盖螺栓时，拧紧力矩过大或不均，有可能造成气缸体和气缸盖变形。（   ）
5. 气缸盖一般采用铸铁或铝合金（汽油机较多使用）材料铸造而成。（   ）

三、选择题
1. 活塞与气缸的配合间隙是指（   ）
   A. 气缸内径减活塞头部最大直径　　B. 气缸内径减活塞裙部最大直径
   C. 气缸内径减活塞头部最小直径　　D. 气缸内径减活塞裙部最小直径
2. 为防止气缸盖变形，气缸盖的紧固螺母扭紧顺序一般为（   ）
   A. 应据不同材料而定　　B. 从两端向中间
   C. 从中间向两端　　D. 无所谓
3. 以下说法与活塞工作条件不符的是（   ）
   A. 高温　　B. 易润滑
   C. 高压　　D. 高速
4. 发动机气缸磨损的检测，主要测量其（   ）
   A. 直线度和同轴度　　B. 平行度和平面度
   C. 垂直度和圆跳动　　D. 圆度和圆柱度
5. 测量气缸直径时，当量缸表指示到（   ）时，即表示测杆垂直于气缸轴线。
   A. 最大读数　　B. 最小读数
   C. 中间值读数　　D. 任意读数

四、简答题
1. 简述活塞环的测量方法。
2. 简述气缸磨损的检测方法。
3. 简述气缸盖的拆装及检测方法。

项目三

配气机构的构造与拆装

配气机构的作用是按照发动机每个气缸内所进行的工作循环和发火次序的要求，定时开启和关闭气缸的进、排气门，使可燃混合气（汽油机）或新鲜空气（柴油机）得以及时进入气缸，废气得以及时从气缸排出。

学习任务

- 任务一　配气机构的认知；
- 任务二　气门传动组的构造与拆装；
- 任务三　气门组的构造与拆装；
- 任务四　配气相位。

学习目标

知识目标
- 掌握配气机构的作用、组成和分类；
- 能描述配气机构的工作原理；
- 掌握配气机构主要部件的结构和原理；
- 掌握配气相位对发动机性能的影响。

能力目标
- 能够按照正确的拆装流程，拆装配气机构主要部件；
- 能够对配气机构主要部件进行检修。

素质目标
- 通过小组实训，提高与人合作的团队工作能力；
- 培养学生自主学习能力，以发动机新技术的理解能力，识别不同车型配气机构；
- 在配气机构零部件的拆装与检测过程中，要求学生精益求精、重视细节，培养学生"工匠精神"。

任务一

配气机构的认知

▶ 任务目标

知识目标
- 掌握配气机构的作用、组成和分类;
- 熟悉配气机构的工作原理。

能力目标
- 能够描述配气机构各零件间的相互连接关系;
- 能够针对具体车型描述配气机构的结构与工作原理。

▶ 任务描述

一辆丰田卡罗拉轿车已经行驶 40 000 km,气门室内出现有节奏的"嗒嗒嗒"金属敲击声。现需要拆检发动机配气机构,拆装之前需要了解其作用、结构和工作原理。

▶ 任务分析

配气机构控制发动机的进排气,主要零件可分为气门传动组、气门组。要拆检配气机构,须熟悉配气机构的基本知识,然后通过识别填写配气机构的部件来掌握其内部结构。

▶ 知识链接

一、配气机构的功用与分类

配气机构的功用是按照发动机的工作顺序和工作循环的要求,定时开启和关闭各缸的进、排气门,使新鲜可燃混合气或空气及时进入气缸,废气从气缸及时排出。

发动机配气机构形式多种多样,其主要区别在于气门布置形式和数量、凸轮轴布置形式和驱动方式。

微课
配气机构的认知

现代发动机一般采用顶置气门式配气机构,即气门安装在燃烧室的顶部。每个气缸一般安装 2～5 个气门,气门一般沿发动机纵向排成一列或两列,如图 3-1 所示。

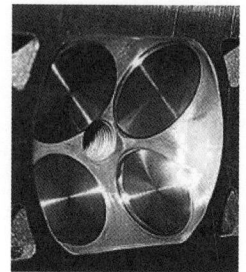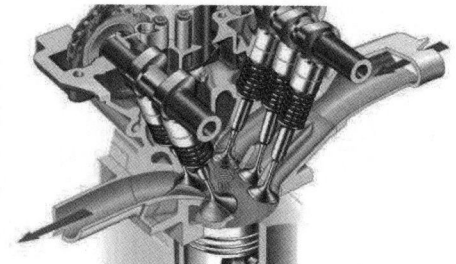

图 3-1　气门数目及排列方式示意图

凸轮轴的传动方式有齿轮传动、链传动和传动带传动三种,如图 3-2 所示。

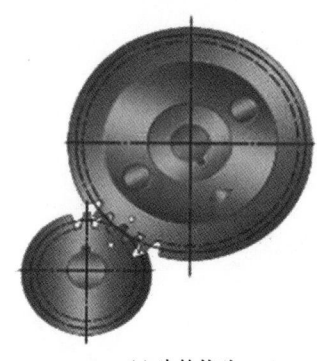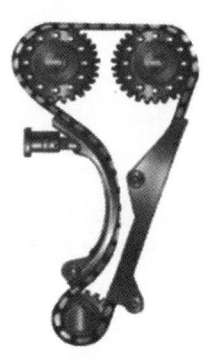

(a) 齿轮传动　　　　(b) 链传动　　　　(c) 传动带传动

图 3-2　凸轮轴的传动方式

配气机构通常按凸轮轴的安装位置分为下置凸轮轴式、中置凸轮轴式和顶置凸轮轴式。目前汽车发动机上大多采用顶置凸轮轴式配气机构。

1. 下置凸轮轴式配气机构

下置凸轮轴式配气机构特点是凸轮轴安装在气缸体下部的曲轴箱内,位置与曲轴靠近,用一对分别安装在凸轮轴和曲轴前端的正时齿轮驱动,传动装置比较简单,润滑方便,但凸轮轴远离气门,需用较长的推杆来传动,如图 3-3 所示,多用于载货汽车和大中型客车发动机。

2. 中置凸轮轴式配气机构

中置凸轮轴式配气机构的凸轮轴安装在气缸体上部的气缸一侧,如图 3-4 所示,其组成与下置凸轮轴式配气机构基本相同。

中置凸轮轴式配气机构推杆长度较短,甚至有些发动机省去了推杆,而由凸轮轴经过挺柱直接驱动摇臂,减轻了气门传动机构的往复运动质量。中置凸轮轴式配气机构中,凸轮轴离曲轴较远,一般采用链传动或传动带传动,有的也采用齿轮传动。

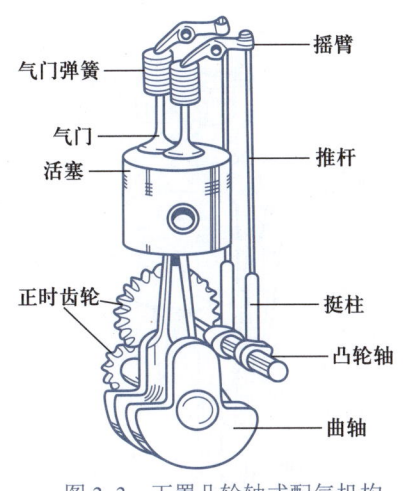
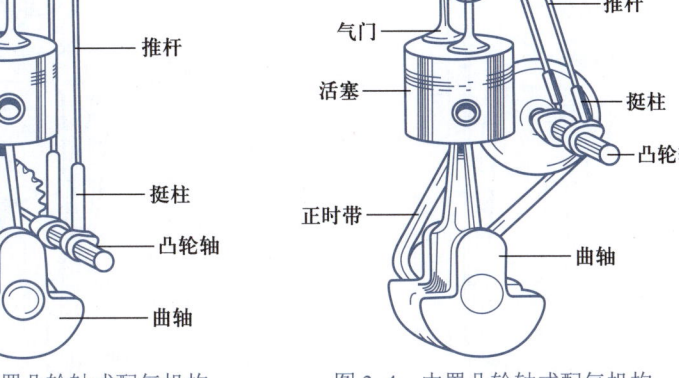

图3-3 下置凸轮轴式配气机构　　图3-4 中置凸轮轴式配气机构

3. 顶置凸轮轴式配气机构

顶置凸轮轴式配气机构的主要特点是凸轮轴安装在气缸盖上部，气门传动组不需推杆，用凸轮轴直接驱动摇臂或气门，不仅减少了配气机构零件，而且往复运动质量大大减轻，因此在轿车发动机上应用广泛。由于凸轮轴远离曲轴，一般都采用链传动或传动带传动。

顶置凸轮轴式配气机构根据凸轮轴数通常分为单顶置凸轮轴式（SOHC）和双顶置凸轮轴式（DOHC）两种。

（1）单顶置凸轮轴式配气机构：用一根安装在气缸盖上的凸轮轴，通过挺柱直接（无摇臂总成）或间接（有摇臂总成）驱动所有气缸的进气门和排气门。

单顶置凸轮轴、无摇臂总成、一列气门式配气机构的凸轮轴通过液力挺柱直接驱动气门开启，气门传动组不但没有推杆，也取消了摇臂总成，使配气机构更简单，这种结构形式在轿车发动机上应用越来越广泛。

单顶置凸轮轴、单摇臂总成、气门纵列式配气机构如图3-5所示。凸轮轴通过摇臂驱动气门开启，由于气门排成一列，所以驱动进、排气门的摇臂相对安装在一根摇臂轴上。

有些发动机的配气机构，进、排气门呈横向排成两列，采用单顶置凸轮轴、双摇臂轴的布置形式，如图3-6所示。

单顶置凸轮轴、浮动摇臂、一列气门式配气机构如图3-7所示。其特点是凸轮轴位于摇臂上方驱动摇臂，只有摇臂而无摇臂轴（浮动式摇臂），在摇臂上设有滚动轴承，以减轻凸轮和摇臂的磨损。液力挺栓安装在气缸盖上的挺柱导孔内，摇臂与挺柱采用球面接触，并作为摇臂摆转的支点。

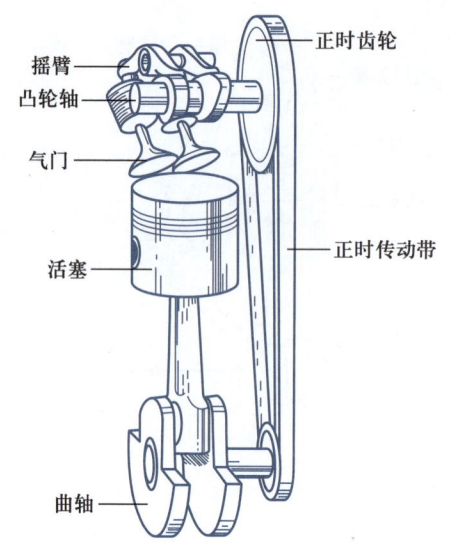
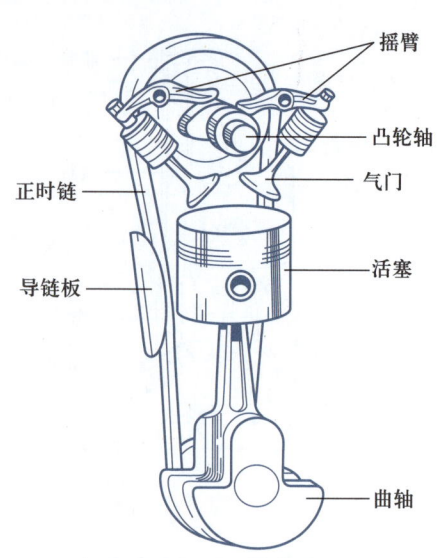

图 3-5　单顶置凸轮轴、单摇臂、气门纵列式　　图 3-6　单顶置凸轮轴、双摇臂轴、两列气门式

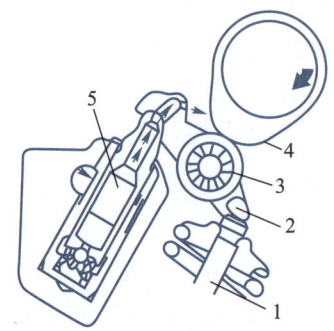

图 3-7　单顶置凸轮轴、浮动摇臂、一列气门式配气机构
1—气门；2—摇臂；3—滚动轴承；4—凸轮轴；5—液力挺柱

（2）双顶置凸轮轴式配气机构：其特点是用两根凸轮轴分别驱动排成两列的进气门和排气门，此结构形式多用于多气门发动机上，如图 3-8 所示。与单顶置凸轮轴式配气机构类似，双顶置凸轮轴式配气机构可通过凸轮轴直接驱动气门，也可通过摇臂直接驱动气门。

图 3-8　双顶置凸轮轴式配气机构

二、配气机构的组成

配气机构一般可分为气门组和气门传动组两大部分,如图 3-9 所示。

气门组包括气门及与之相关联的零件,主要包括气门、气门导管、气门座、气门弹簧座、气门锁片等零件。气门分为排气门和进气门两种,它的作用主要是控制发动机进气的吸入和废气的排出,一般为了保持足够的进气量,发动机进气门直径较大,排气门直径较小。气门弹簧的作用是克服在气门关闭过程中气门及传动件的惯性力,防止各传动件之间的惯性作用产生间隙,保证气门及时坐落并紧密接触,防止气门在发动机振动时发生跳动,破坏其密封性。

动画
配气机构的组成

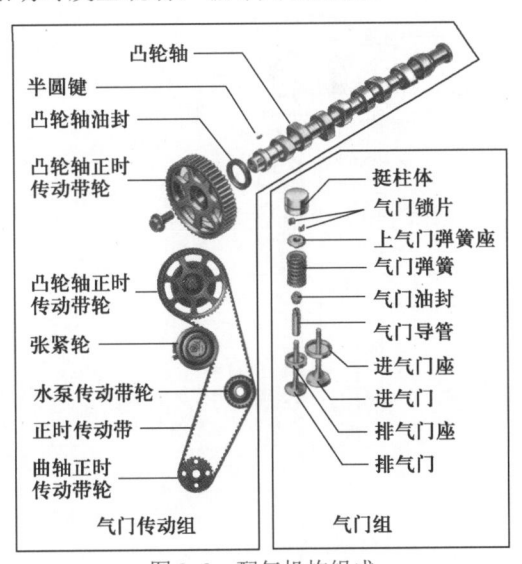

图 3-9 配气机构组成

气门传动组是从正时齿轮开始至推动气门动作的所有零件,其根据配气机构的形式而有所不同,它的功用是定时驱动气门使其开闭。气门传动组一般由正时传动带、张紧轮、凸轮轴和正时传动带轮等组成。

▶ **任务实施**

学习配气机构部件结构,辨认实物,并记忆部件名称。配气机构如图 3-10 所示。

图 3-10 配气机构

任务工单

"配气机构认知"操作工单

1. 准备工作

（1）工量具及仪器设备准备	记录：
（2）维修手册准备	记录：

2. 根据发动机配气机构的结构示意图，填写相应内容

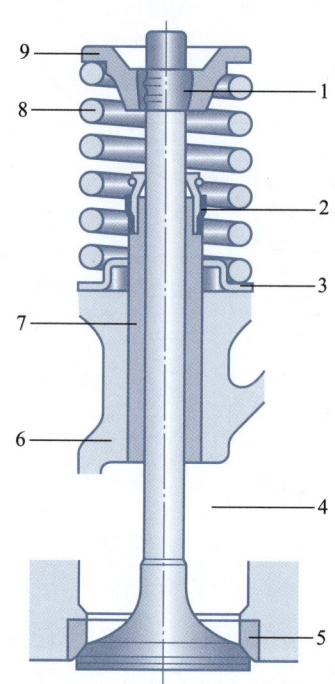

（1）填写图中各零件名称。

序号	名称	序号	名称	序号	名称
1		4		7	
2		5		8	
3		6		9	

（2）配气机构根据凸轮轴位置不同可以分为_____，现代汽车上广泛采用的是_____。

（3）DOHC 的含义是_____

3. 描述配气机构动力传递路线与工作原理

任务评价

"配气机构认知"评分标准

序号	考核项目	配分	扣分标准（每项累计扣分不超过配分）
1	安全文明	否决	造成人身、设备重大事故，此任务计0分
2	准备工作	10分	设备工量具每少准备1件扣1分；工量具选择不当，不会查阅维修手册，扣5分
3	配气机构结构的认知	40分	未能指出配气机构的主要部件名称，识别错误，每项扣5分
4	配气机构动力传递路线	20分	简述动力传递路线并填入任务工单中，每漏述一项扣5分
5	工单记录	10分	（1）工单记录字迹潦草，扣2分； （2）填写不完整，每项扣2分
6	6S管理	20分	（1）工作着装不规范，每次每处扣3分； （2）工量具与零件混放或摆放凌乱，每次每处扣2分； （3）工量具或零件随意摆放在地上，每次扣2分； （4）垃圾未分类回收，每次扣2分； （5）出现有安全隐患的不规范操作，每次扣3分； （6）完工后未清理场地，扣2分
7	合计	100分	

任务二

气门传动组的构造与拆装

▶ 任务目标

知识目标
- 掌握气门传动组的结构；
- 熟悉气门传动组各部件的检测方法。

能力目标
- 能够进行凸轮轴的拆装与检测；
- 能够进行正时链条的拆装与检测。

▶ 任务描述

一辆丰田卡罗拉轿车已经行驶 40 000 km，最近一段时间在气缸体侧总听到有节奏而较钝的"嗒嗒"声，中速时明显，高速时消失；单缸断火，声响依旧。经过诊断，确定为凸轮轴故障。

▶ 任务分析

作为汽车维修人员，需要根据维修手册，使用诊断仪，参考相关资料排除故障，恢复发动机动力性能，降低油耗，提出合理化使用建议，并最终检验合格后交付前台。

▶ 知识链接

一、凸轮轴

凸轮轴的构造如图 3-11 所示。凸轮和轴颈是凸轮轴的基本组成部分，凸轮用来驱动气门开启，并通过其轮廓形状控制气门开启和关闭的规律；轴颈则用来支承凸轮轴，凸轮轴的前端用来安装正时齿轮（正时链轮或正时传动带轮）。

每根凸轮轴上的凸轮数量因发动机结构形式而异，单顶置凸轮轴是一种在气缸盖内只设置一根凸轮轴的设计，一般应用于直列式气缸发动机。如直列 6 缸发动机，只装有一根凸轮轴，每个凸轮只驱动一个气门，每缸采用一进、一排两个气

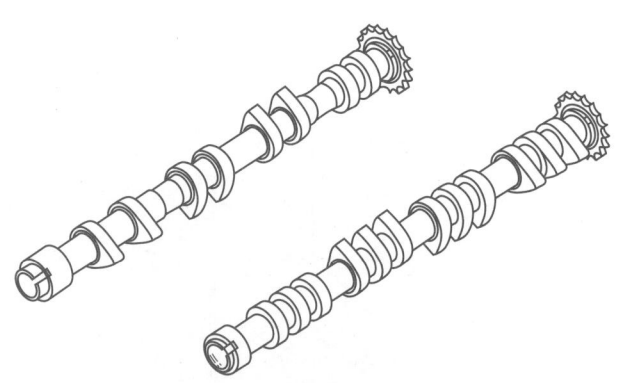

图 3-11 凸轮轴的构造

门，所以凸轮轴上有 12 个凸轮。双顶置凸轮轴是一种在气缸盖内配备两根凸轮轴的气门排列形式，两根凸轮轴分别控制进气门和排气门。凸轮可分为两类：驱动进气门的进气凸轮和驱动排气门的排气凸轮。凸轮的轮廓形状决定着气门的最大升程、气门开启和关闭时的运动规律及持续时间。凸轮的轮廓形状是由制造厂根据发动机工作需要设计的。

各缸的进气凸轮（或排气凸轮）称同名凸轮，同名凸轮的相对角位置与相应的配气相位对应。

二、挺柱

挺柱的功用是将来自凸轮的运动和作用力传给推杆或气门。挺柱常用的形式有普通挺柱和液力挺柱。

1. 普通挺柱

普通挺柱一般应用在下置凸轮轴式配气机构或中置凸轮轴式配气机构中，普通挺柱一般为筒式结构，在发动机工作时挺柱底部与凸轮接触，为使挺柱底部磨损均匀，挺柱底部的工作面制成球面。挺柱的下端设有油孔，以便将漏入挺柱内的机油排出到凸轮上进行润滑。普通挺柱内孔的底部也制成球面，它与推杆下端的球面接触，以降低磨损。

2. 液力挺柱

液力挺柱能自动保持配气机构无间隙传动，从而降低噪声和磨损，而且不需要调整气门间隙，在轿车发动机上应用非常广泛。

常见的液力挺柱结构如图 3-12 所示。工作过程：当凸轮由基圆部分与挺柱接触逐渐转到凸轮尖与挺柱接触时，机油通过缸盖油道、卸油孔进入挺柱的环形油槽，再由环形油槽中的一个油孔进入挺柱低压油腔，挺柱向下移动，柱塞随之下移，高压油腔的油压升高，使球阀紧压在柱塞座上，低压油腔与高压油腔完全隔离。由于机油的不可压缩性，液压缸和柱塞就如同一个刚性整体。随着凸轮轴的转动，气门逐渐被打开。在凸轮的回程中，在气门弹簧和凸轮的共同作用下，高压油腔依然关闭直至凸轮回程结束，当凸轮基圆再次与挺柱顶端相遇时，气缸盖主油道中的压力油经卸油孔、挺柱环槽中的进油孔进入挺柱低压油腔。气门在气门弹簧的作用下关闭。这时在高压油和柱塞回位补偿弹簧的作用下，柱塞向上移动，高压油

动画
液力挺柱

腔的压力下降，球阀打开，高、低压腔相通，高压油腔的油得到了补充，即起到了补偿气门间隙的作用。

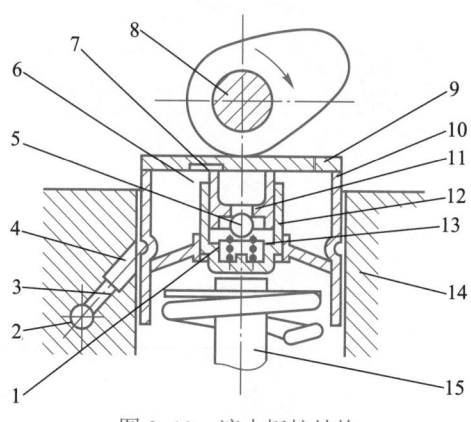

图 3-12 液力挺柱结构

1—高压油腔；2—缸盖油道；3—油量孔；4—卸油孔；5—球阀；6—低压油腔；7—环槽；8—凸轮轴；9—挺柱体；10—柱塞焊缝；11—柱塞；12—液压缸；13—补偿弹簧；14—缸盖；15—气门杆

三、摇臂

摇臂总成的功用是将气门传动组的推力改变方向并驱动气门开启。摇臂是一个两臂不等长的双臂杠杆，采用摇臂驱动气门开启的配气机构，虽然机构比较复杂，但可通过选择摇臂两端的长度，在气门升程一定时减小凸轮升程，同时气门间隙的调整也比较方便。气门间隙调节器的作用是在发动机运转时通过机油压力自动调节气门与凸轮轴的间隙，使气门间隙始终保持最佳状态，如图 3-13 所示。

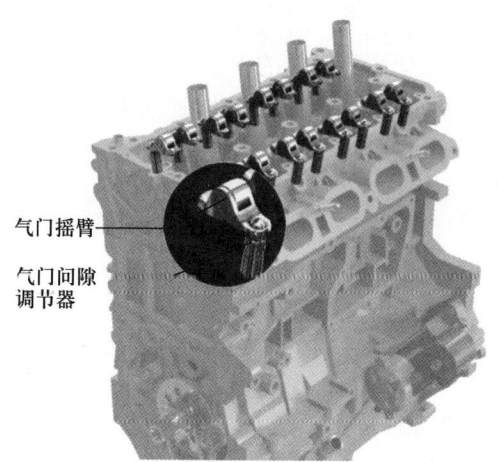

图 3-13 气门摇臂与气门间隙调节器

四、正时机构

凸轮轴是通过正时机构由曲轴来完成驱动的。驱动方式主要有齿轮传动、链传动和传动带传动三种，齿轮传动用于凸轮轴下置式和中置式配气机构，目前已被淘汰。随着技术的不断发展，正时链条传动和正时传动带传动成为主流。

正时机构（见图3-14）的作用是驱动发动机的配气机构，使发动机的进气门、排气门在适当的时间开启或关闭，保证发动机的气缸能够正常的进气、排气。

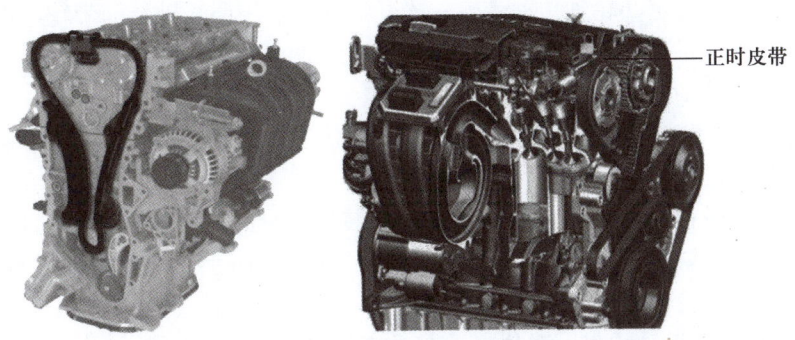

图3-14 正时机构

正时传动带内侧有许多橡胶齿，利用橡胶齿和相应旋转部件（凸轮轴、水泵等）顶端上的凹槽配合，使发动机曲轴能拉动其他运转部件，并保持所驱动部件同步运转。正时推动带工作时噪声小、传动阻力小、传动惯性也小，能够提高发动机的动力性及加速性能，且容易更换。但是，正时传动带属于橡胶部件，属于易耗品。随着发动机工作时间的增加，正时传动带及其附件都会发生磨损或老化。而且正时传动带一旦断裂，凸轮轴不会照着正时运转，此时极有可能导致气门与活塞撞击而造成严重毁损，所以凡是装有正时传动带的发动机，厂家都有严格要求，在规定的周期内定期更换正时传动带及附件，更换周期则随着发动机的结构不同而有所不同，一般在车辆行驶到60 000～100 000 km时更换。

与传动带传动相比，链条传动方式传动可靠、耐久性好且节省空间，整个系统由齿轮、链条和张紧装置等部件组成。其中，液压张紧器可自动调节张紧力，使链条张力始终如一，并且终身免维护，这使其与发动机同寿命，不但安全、可靠性得到了一定提升，还将降低发动机的使用、维护成本。但是，正时链条的成本要明显高于正时传动带，正时链条相比正时传动带还会对发动机动力性产生一定影响，链条转动噪声大、传动阻力大、传动惯性也大，从一定角度来说增加了油耗，性能也有所降低。当车辆行驶约100 000 km时，链条的传动噪声会加重，这是由于链条与传动链轮之间的磨损导致。如果要对其进行更换，在材料费和工时费方面都会全面超过正时传动带的更换。随着技术的进步，有些汽车上采用了齿形静音链条，其噪声甚至低于正时传动带。

▶ **任务实施**

一、凸轮轴的拆装与检测

1. 凸轮轴的拆卸

（1）拆除正时传动带上防护罩。

（2）转动曲轴使凸轮轴传动带轮上标记与扇形挡板上的箭头"OT"标记对齐，第一缸活塞处于上止点，如图 3-15 所示。

（3）松开半自动张紧轮，从凸轮轴传动带轮上拆下传动带。

（4）拆下气缸盖罩盖。

（5）用支架固定凸轮轴传动带轮，松开螺栓，拆下凸轮轴传动带轮，以免在拆卸凸轮轴时损坏霍尔传感器。

（6）从凸轮轴上拆下密封圈和半圆键。

（7）按对角线方位先拆下第 5、1 和 3 道轴承盖，然后对角交替松开第 2、4 道轴承盖。

2. 凸轮轴的安装

安装凸轮轴前，应更换凸轮轴油封。安装凸轮轴时，第一缸的凸轮必须朝上。安装轴承盖时，要保证孔的上、下部分对准，如图 3-16 所示。安装步骤如下。

（1）润滑凸轮轴轴承表面。

（2）将 2、4 道轴承盖以对角交叉方式按规定拧紧力矩拧紧。

（3）将第 3、1 和 5 道轴承盖同样按规定拧紧力矩拧紧。

（4）将半圆键安装到凸轮轴上。

（5）装上凸轮轴传动带轮，按规定拧紧力矩拧紧（使用支架固定凸轮轴）。

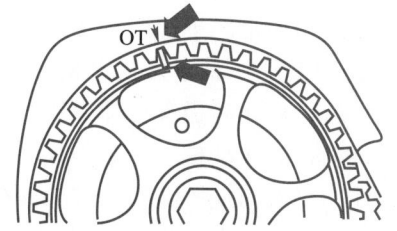

图 3-15　第一缸上止点位置对齐传动带轮标记

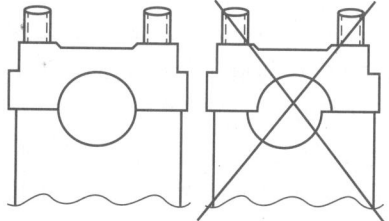

图 3-16　凸轮轴轴承盖安装位置

微课
凸轮轴的构造
与拆装

3. 注意事项

（1）换完新的液压挺杆后 30 min 内不要起动发动机，液压补偿元件必须沉下（否则气门将碰到活塞）。

（2）在对配气机构进行维修后，应小心地转动曲轴至少两圈，以防止发动机在起动时敲击气门。

4. 凸轮轴检测

（1）凸轮轴弯曲的检查与修理。

凸轮轴的弯曲变形是以凸轮轴中间轴颈对两端轴颈的径向圆跳动误差来衡量的。

① 将凸轮轴清洗擦干。

② 将凸轮轴支撑在检验平板的 V 形铁上（支承两端轴颈）。

③ V 形铁和百分表放置在平板上，使百分表触头与凸轮轴中间轴颈垂直接触，注意：百分表短指针预压 1～2 mm，锁紧磁性表座，固定百分表，如图 3-17 所示。

④ 缓慢转动凸轮轴一圈,百分表指针所指示的最大读数与最小读数之差,即为凸轮轴的径向圆跳动误差,径向圆跳动误差值的一半即为凸轮轴的弯曲度。

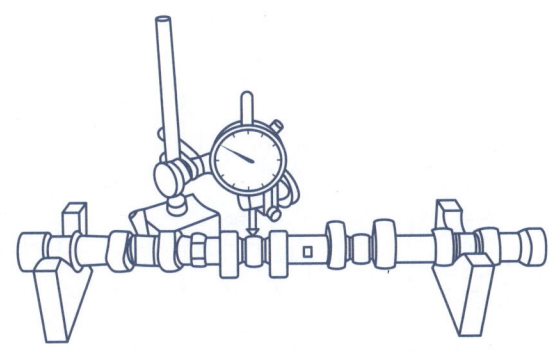

图 3-17　凸轮轴弯曲变形的检测

查阅发动机凸轮轴径向圆跳动最大误差,若超过极限值,可对凸轮轴进行冷压校正,必要时应更换。

(2) 凸轮轴轴颈磨损的检测。

使用千分尺测量轴颈直径,如图 3-18 所示。每道轴颈测量两个截面,每个截面在圆周两个相互垂直的方向分别测量,并计算凸轮轴轴颈圆度误差与圆柱度误差。

圆度误差:截面中圆度误差最大值。

　　截面圆度误差＝(该截面最大磨损直径－该截面最小磨损直径)/2

圆柱度误差:以所有截面上最大与最小直径差之半来表示。

如果轴颈不符合标准要求,更换凸轮轴。

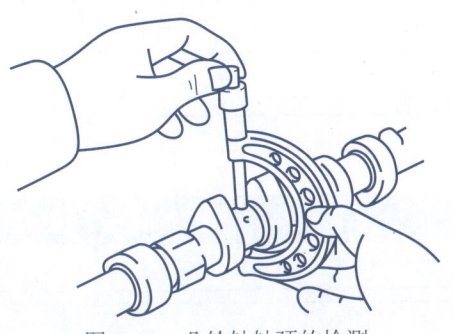

图 3-18　凸轮轴轴颈的检测

(3) 凸轮轴凸轮磨损的检测。

凸轮的常见故障有表面磨损、擦伤和麻点剥落等,以磨损最为常见。凸轮的磨损是不均匀的,一般凸轮的顶尖附近磨损较严重。凸轮磨损后,凸轮高度 H 减小,会使气门的最大升程减小,影响发动机工作时的进排气阻力。凸轮的磨损量可通过测量凸轮的高度或凸轮升程来检查。

① 先用千分尺测量凸轮高度 H,如图 3-19 (a)、(b) 所示。

② 将凸轮轴转动 90°,如图 3-19 (c) 所示,再在测量凸轮高度的垂直方向用

千分尺测量凸轮基圆直径 D。

③ 两次测得的数据之差即为凸轮的升程。凸轮高度或升程若超过允许极限，应更换凸轮轴。

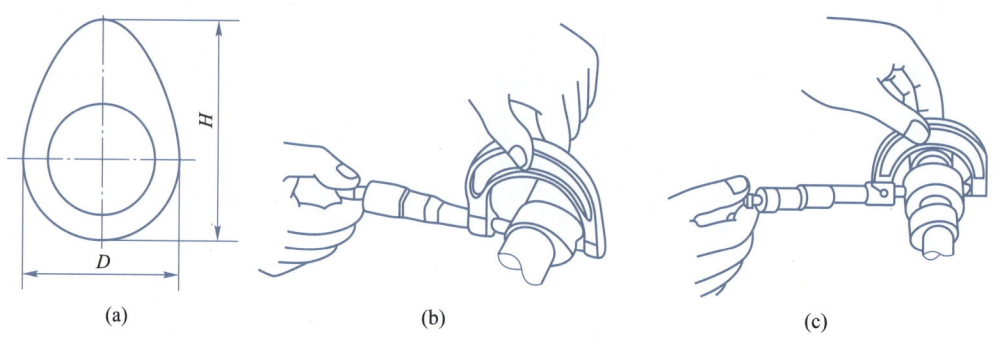

图 3-19　凸轮轴凸轮磨损的检测

▶ 任务工单

"凸轮轴零件检测"操作工单

1. 准备工作	
（1）工量具及仪器设备准备	记录：
（2）维修手册准备	记录：
（3）固定发动机拆装台架准备	记录：

2. 操作过程

　　要求：会查阅维修手册；能正确使用量具完成凸轮轴弯曲、轴颈磨损、凸轮磨损的测量，并根据测量结果提出维修方案

（1）检查凸轮轴弯曲变形	检测数据：弯曲值为_____			
（2）检查凸轮轴轴颈磨损	测量数据：			
	第（　）道	第一截面	第二截面	圆度误差	圆柱度误差
（3）检查凸轮磨损	检测数据：凸轮桃尖高度为_____			

3. 维修结论

（1）查维修手册，该发动机凸轮轴最大弯曲度为_____；根据测量结果，提出维修方案。

（2）查维修手册，该发动机凸轮轴轴颈标准直径：进气凸轮轴为_____，排气凸轮轴为_____；根据测量结果，提出维修方案。

（3）查维修手册，该发动机凸轮轴标准桃尖高度：进气凸轮轴为_____，排气凸轮轴为_____；最小桃尖高度：进气凸轮轴为_____，排气凸轮轴为_____。根据测量结果，提出维修方案。

任务评价

"凸轮轴零件检测"评分标准

序号	考核项目	配分	扣分标准（每项累计扣分不超过配分）
1	安全文明	否决	造成人身、设备重大事故，此任务计 0 分
2	安全文明生产	20 分	（1）不穿工作服，扣 1 分； （2）拆装前不检查发动机台架锁止情况，每次扣 3 分； （3）工量具与零件混放或摆放凌乱，每次每处扣 1 分，工量具或零件随意摆放在地上，每次扣 1 分； （4）油、水洒落在地面或零部件表面或车漆表面未及时清理，每次扣 1 分； （5）完工后未清理工量具，每件扣 1 分，未清理场地，扣 2 分
3	工量具准备	5 分	（1）工量具每少准备 1 件，扣 1 分； （2）工量具选择不当，每次扣 2 分； （3）未校验仪器，每次扣 2 分
4	维修手册使用	10 分	（1）每错查 1 个数据或漏查 1 个数据，扣 3 分； （2）根据工单填写情况对照维修手册标准值评分
5	检查凸轮轴弯曲度	20 分	（1）未清洁零件、量具各扣 1 分； （2）V 形铁支撑位置不正确，扣 4 分； （3）百分表安装错误，扣 4 分； （4）检测方法不正确，扣 5 分； （5）测量数据不正确，扣 5 分
6	检查凸轮轴轴颈磨损	20 分	（1）未选用千分尺测量该项目，不得分； （2）未清洁零件、量具，各扣 1 分； （3）未在圆周两个相互垂直的方向进行测量，每少测一个方向，扣 2 分； （4）量具使用不正确，扣 5 分； （5）测量数据不正确，每个扣 2 分
7	检查凸轮轴凸轮磨损	15 分	（1）未选用千分尺测量该项目，不得分； （2）测量位置不正确，扣 5 分； （3）量具使用不正确，扣 5 分； （4）检测数据不正确，扣 2 分； （5）结果判断不正确，扣 3 分
8	维修记录	5 分	（1）维修记录字迹潦草，扣 2 分； （2）填写不完整，每项扣 1 分
9	合计	100 分	

微课
正时链条的拆装与检测

二、正时链条的拆装与检测

以丰田 1ZR-FE 发动机为例进行正时链条的拆装与检测。

1. 正时链条的拆卸

(1) 将 1 号气缸设置到发动机上止点 (TDC) / 压缩。

① 转动曲轴传动带轮，直到其凹槽与正时链条盖上的正时标记 "0" 对准。

② 如图 3-20 所示，检查并确认凸轮轴正时齿轮和链轮上的各正时标记和位于 1 号和 2 号轴承盖上的各正时标记对准。如果没有对准，则转动曲轴 1 圈 (360°)，对准正时标记。

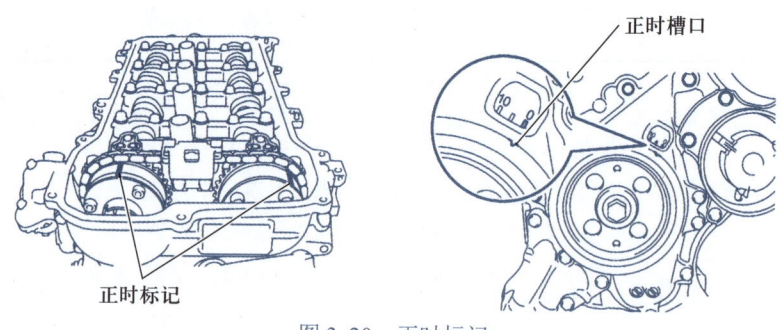

图 3-20　正时标记

(2) 拆卸曲轴传动带轮。

① 用 SST 固定曲轴传动带轮并松开曲轴传动带轮螺栓。注意：安装 SST 时要检查其安装位置，以防止 SST 安装螺栓接触正时链条盖分总成。

② 如图 3-21 所示，用 SST 拆卸曲轴传动带轮和传动带轮螺栓。

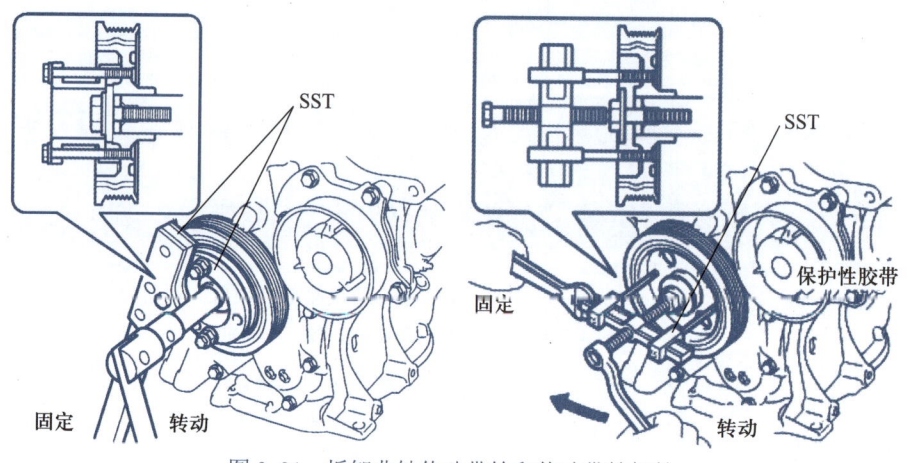

图 3-21　拆卸曲轴传动带轮和传动带轮螺栓

(3) 拆卸 1 号链条张紧器总成。

拆卸 2 个螺母、托架、张紧器 (见图 3-22) 和衬垫。注意：不要在不使用链条张紧器的情况下转动曲轴。

图 3-22 拆卸 1 号链条张紧器

(4) 拆卸正时链条盖分总成。

① 拆卸螺栓和传感器，如图 3-23（a）所示。

② 拆卸 4 个螺栓和机油滤清器支架，如图 3-23（b）所示。

③ 拆卸 2 个 O 形圈，如图 3-23（c）所示。

④ 拆卸 19 个螺栓，如图 3-23（d）所示。

⑤ 用螺钉旋具撬动正时链条盖和气缸盖或气缸体之间的部位，拆下正时链条盖。如图 3-23（e）所示。注意：不要损坏正时链条盖、气缸体和气缸盖的接触面。提示：使用螺钉旋具之前，在螺钉旋具头部缠上胶带。

⑥ 拆卸 3 个 O 形圈，如图 3-23（f）所示。

⑦ 拆卸 3 个螺栓和水泵，如图 3-23（g）所示。

⑧ 拆卸衬垫，如图 3-23（h）所示。

(5) 拆卸正时链条盖油封。

用刀切掉油封唇口，用头部缠有胶带的螺钉旋具撬出油封，如图 3-24 所示。

(6) 拆卸正时链条张紧器导板，如图 3-25 所示。

(7) 拆卸 1 号链条振动阻尼器，如图 3-26 所示。

(8) 拆卸链条分总成，如图 3-27 所示。

① 用扳手固定住凸轮轴的六角头部分，并逆时针旋转凸轮轴正时齿轮总成，以松开凸轮轴正时齿轮之间的链条。

(a) 拆卸螺栓和传感器

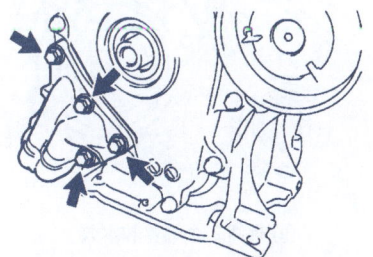
(b) 拆卸 4 个螺栓和机油滤清器支架

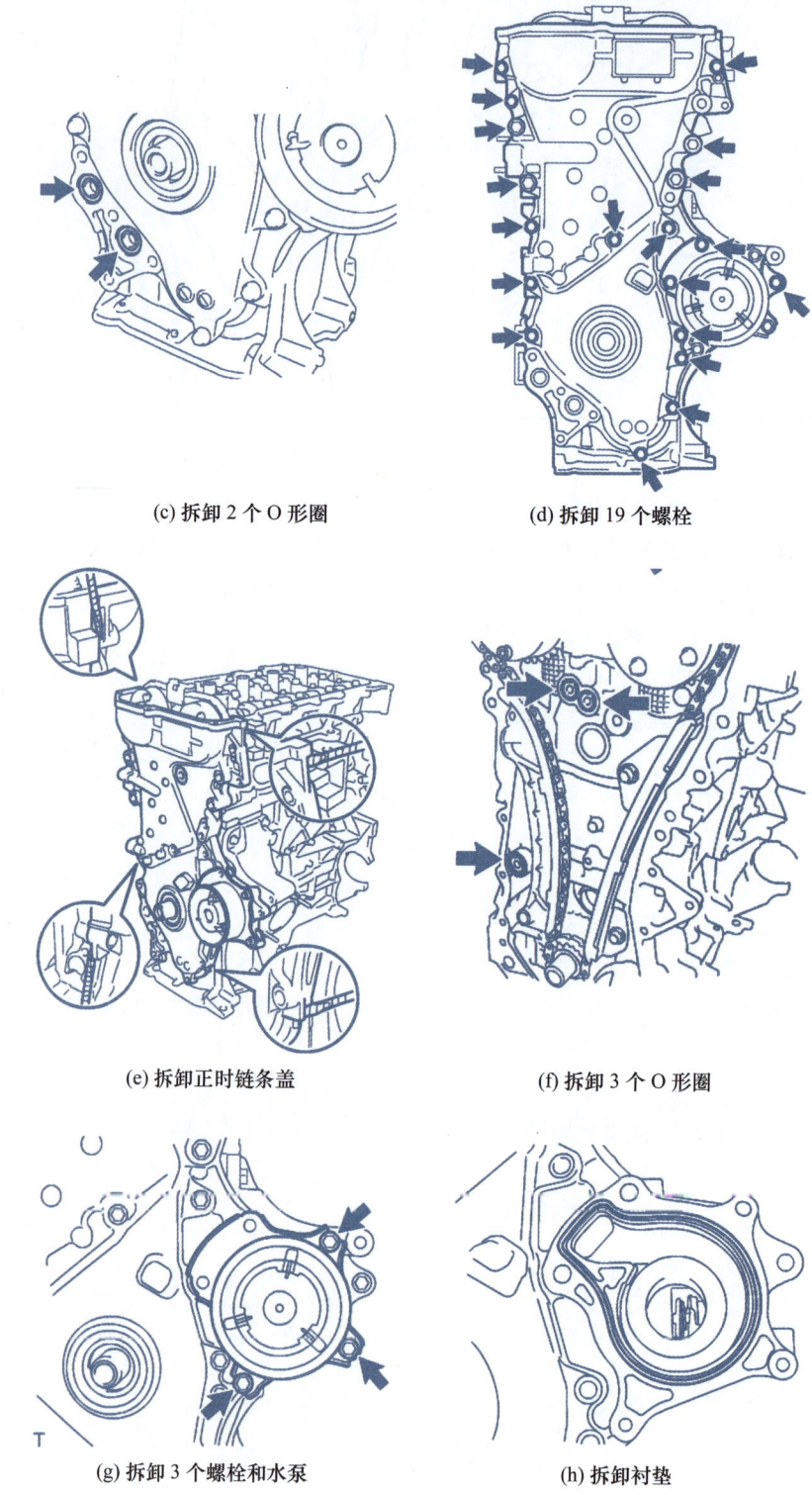

(c) 拆卸 2 个 O 形圈　　(d) 拆卸 19 个螺栓

(e) 拆卸正时链条盖　　(f) 拆卸 3 个 O 形圈

(g) 拆卸 3 个螺栓和水泵　　(h) 拆卸衬垫

图 3-23　拆卸正时链条盖分总成

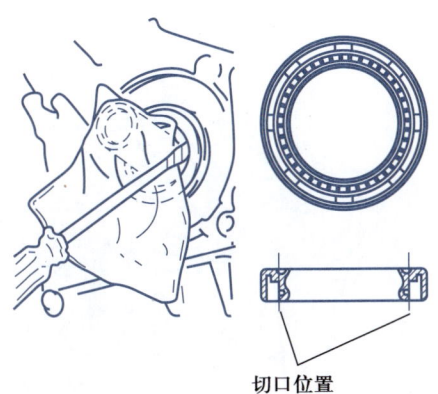

切口位置

图 3-24 拆卸正时链条盖油封

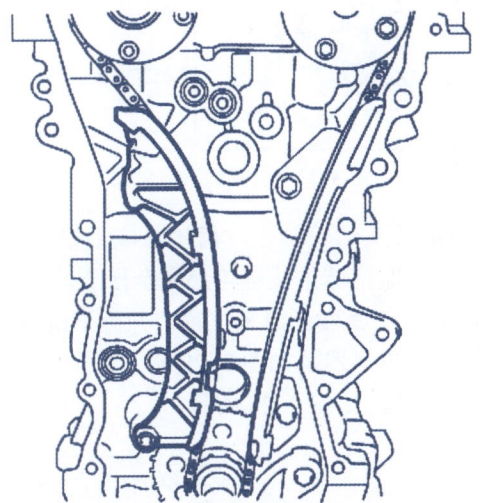

图 3-25 拆卸链条张紧器导板

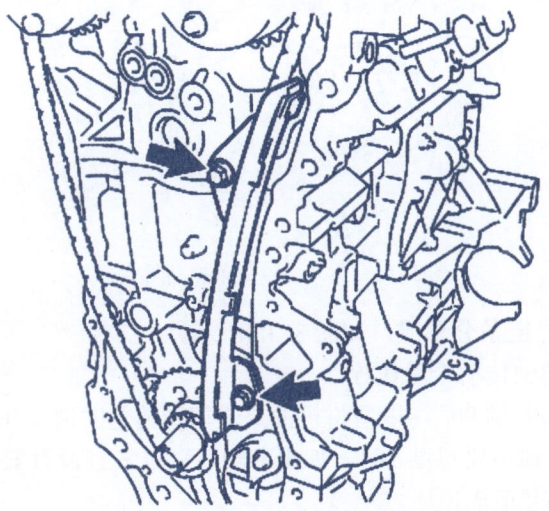

图 3-26 拆卸 1 号链条振动阻尼器

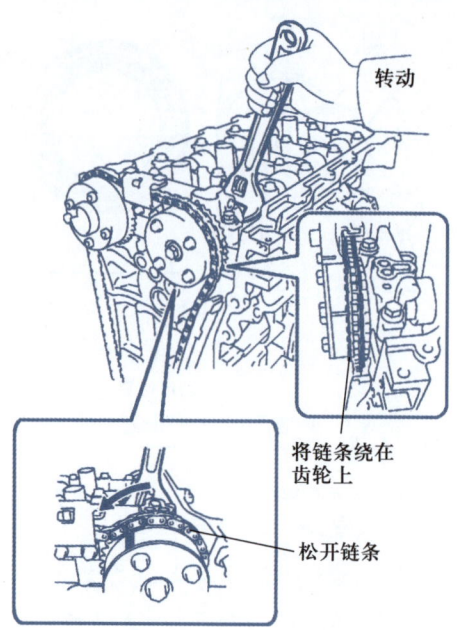

图 3-27 拆卸链条分总成

② 链条松开时,将链条从凸轮轴正时齿轮总成上松开,并将其放置在凸轮轴正时齿轮总成上。提示:确保将链条从链轮上完全松开。

③ 顺时针转动凸轮轴,使其回到原来位置,并拆下链条。

(9) 拆卸 2 号链条振动阻尼器,如图 3-28 所示。

(10) 拆卸曲轴正时链轮,如图 3-29 所示。

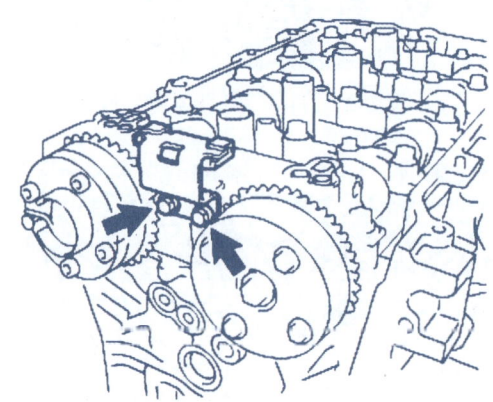

图 3-28 拆卸 2 号链条振动阻尼器

(11) 拆卸 2 号链条分总成,如图 3-30 所示。

① 暂时紧固曲轴传动带轮螺栓。

② 顺时针转动曲轴 90°,以便将机油泵驱动轴链轮的调节孔与机油泵槽对准。

注意:旋转曲轴不要超过 90°,如果曲轴转动过多且没有安装正时链条,气门可能会碰撞到活塞并造成损坏。

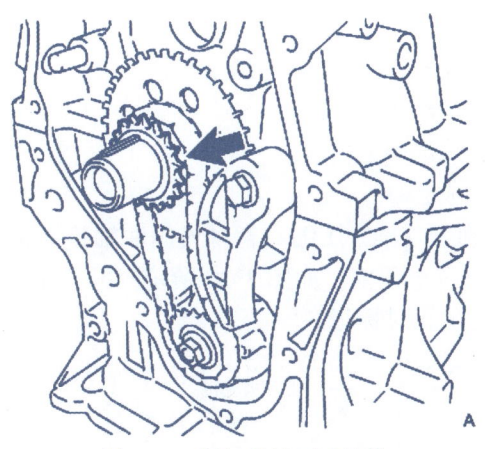

图 3-29 拆卸曲轴正时链轮

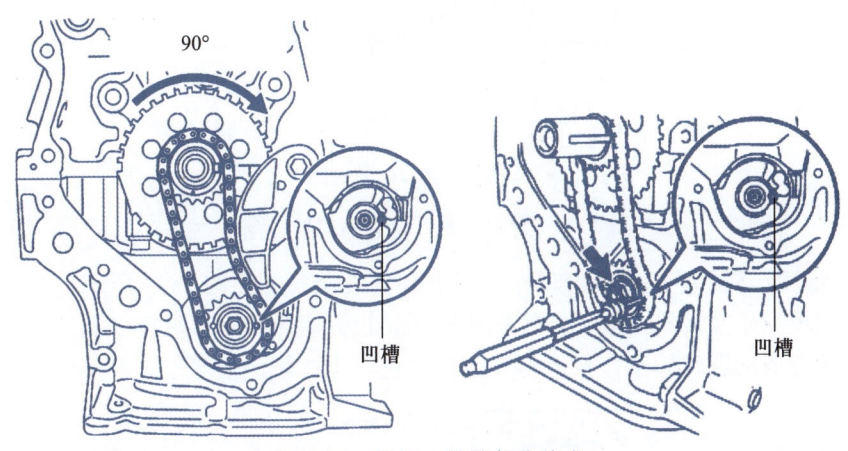

图 3-30 拆卸 2 号链条分总成

③ 拆下曲轴传动带轮螺栓。

④ 将一个直径为 3 mm 的杆插入机油泵驱动轴链轮的调节孔,以便将齿轮锁定就位,然后拆下螺母。

(12) 拆卸进排气凸轮轴正时齿轮总成,如图 3-31 所示。固定凸轮轴的六角头部分的同时,拆下凸缘螺栓,然后拆下凸轮轴正时齿轮总成。注意:拆下凸轮轴正时齿轮前,确保锁销已松开;不要拆下另外 4 个螺栓;将凸轮轴正时齿轮总成从凸轮轴上拆下时,要使其保持水平。

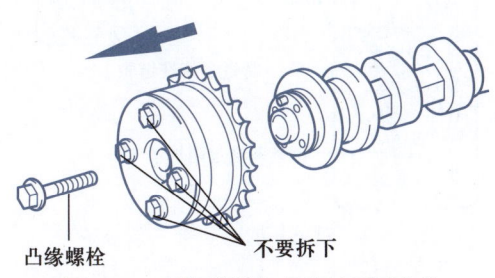

图 3-31 拆卸进排气凸轮轴正时齿轮

2. 正时链条的安装

（1）安装进排气凸轮轴正时齿轮总成。

（2）安装 1 号链条振动阻尼器。

（3）安装 2 号链条振动阻尼器。

（4）安装链条分总成。

① 检查 1 号气缸处于 TDC/ 压缩。暂时紧固曲轴传动带轮螺栓；逆时针转动曲轴，以使正时齿轮键位于顶部，如图 3-32 所示；拆下曲轴传动带轮螺栓；检查每个凸轮轴正时齿轮上的正时标记。

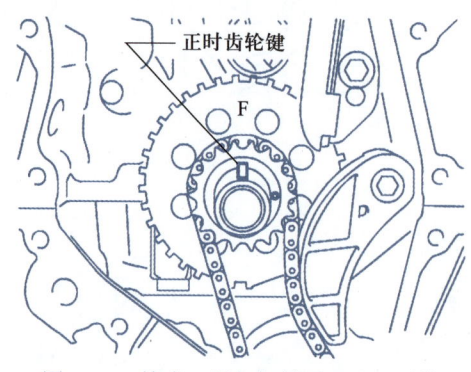

图 3-32　检查 1 号气缸处于 TDC/ 压缩

② 将标记板（橙色）和正时标记对准并安装链条，如图 3-33 所示。注意：确保使标记板位于发动机前侧；凸轮轴侧的标记板为橙色；不要使链条缠绕在凸轮轴正时齿轮总成的链轮周围，只可将其放置在链轮上；将链条穿过 1 号振动阻尼器。

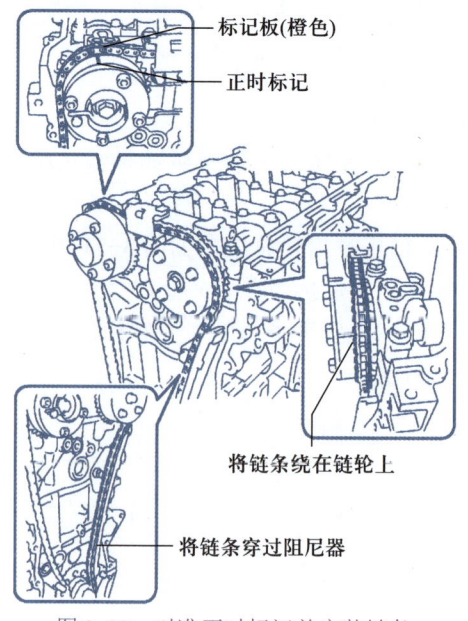

图 3-33　对准正时标记并安装链条

③ 将链条放在曲轴上,但不要使其缠绕在曲轴周围。

④ 用扳手固定住凸轮轴的六角头部分,并逆时针旋转凸轮轴正时齿轮总成,以使标记板(橙色)和正时标记对准,如图3-34所示。

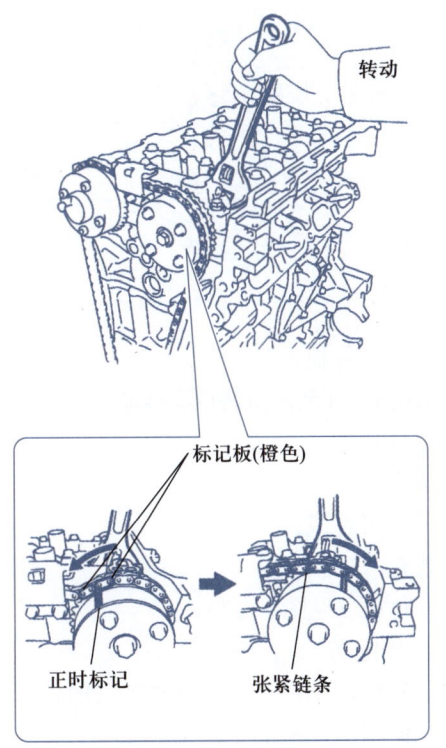

图3-34　将标记板(橙色)和正时标记对准

⑤ 用扳手固定住凸轮轴的六角头部分,并顺时针旋转凸轮轴正时齿轮总成。注意:为了张紧链条,缓慢地顺时针旋转凸轮轴正时齿轮总成,防止链条错位。

⑥ 将标记板(黄色)和正时标记对准,并将链条安装至曲轴正时齿轮,如图3-35所示。注意:曲轴侧的标记板为黄色。

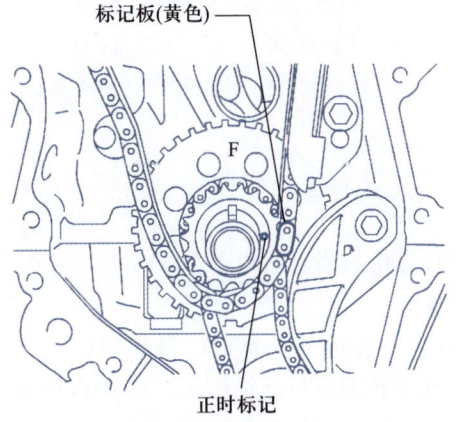

图3-35　将标记板(黄色)和正时标记对准

⑦ 在 1 号气缸处于 TDC/ 压缩时，重新检查每个正时标记，如图 3-36 所示。

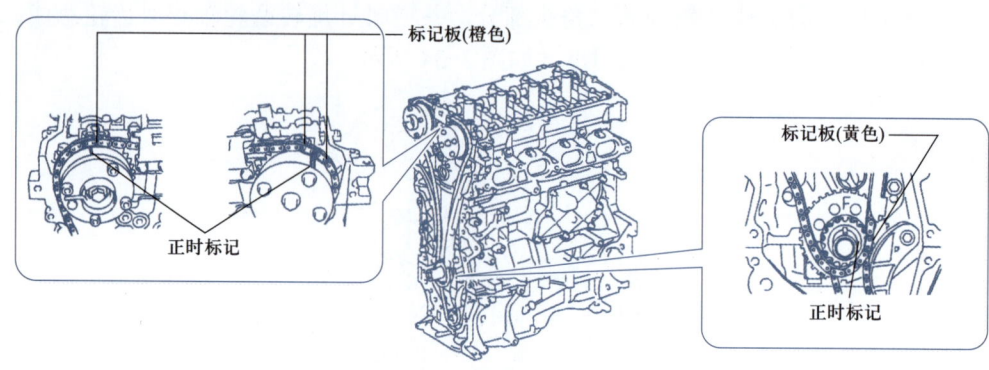

图 3-36 检查每个正时标记

（5）安装正时链条张紧器导板。
（6）安装正时链条盖油封，在新油封唇口涂抹通用润滑脂。注意：唇口远离异物。
（7）安装正时链条盖分总成。
（8）安装曲轴传动带轮。
（9）安装 1 号链条张紧器总成。

3. 正时链条装置的检查

（1）检查 1 号链条分总成（见图 3-37）。
① 用 147 N 的力拉 1 号链条。
② 用游标卡尺测量 15 个链节的长度。最大链条伸长率为 115.2 mm。注意：在任意 3 个位置进行测量，使用测量值的平均值。如果平均伸长率大于最大值，则更换链条。

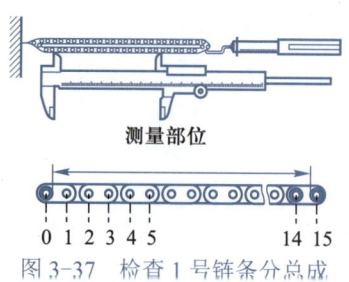

图 3-37 检查 1 号链条分总成

（2）检查 2 号链条分总成。
2 号链条分总成与 1 号链条分总成的检测方法相同，其最大链条伸长率为 102.1 mm。
（3）检查凸轮轴正时齿轮总成（见图 3-38）。
① 将链条绕在齿轮上。
② 用游标卡尺测量齿轮和链条的直径。最小齿轮直径（带链条）为 96.8 mm。注意：测量时，游标卡尺的卡钳应与链轮接触。如果直径小于最小值，则更换链条和齿轮。

（4）检查曲轴正时齿轮（见图 3-39）。

① 将链条绕在齿轮上。

② 用游标卡尺测量齿轮和链条的直径。最小齿轮直径（带链条）为 51.1 mm。注意：测量时，游标卡尺的卡钳应与链轮接触。如果直径小于最小值，则更换链条和齿轮。

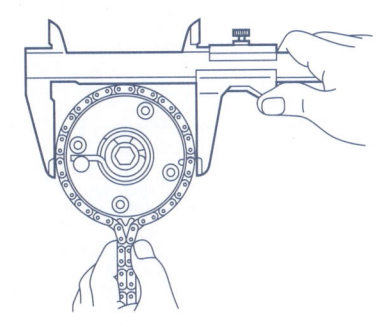
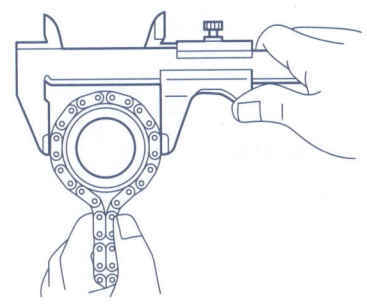

图 3-38　检查凸轮轴正时齿轮总成　　　图 3-39　检查曲轴正时齿轮

（5）检查链条张紧器导板（见图 3-40）。

用游标卡尺测量张紧器导板磨损量，最大磨损量为 1.0 mm。如果磨损量大于最大值，则更换链条张紧器导板。

（6）检查 1 号链条张紧器（见图 3-41）。

① 用手指提起棘轮爪，检查并确认柱塞移动平稳。

② 松开棘轮爪，检查并确认棘轮爪将柱塞锁止就位，用手指推时不发生移动。

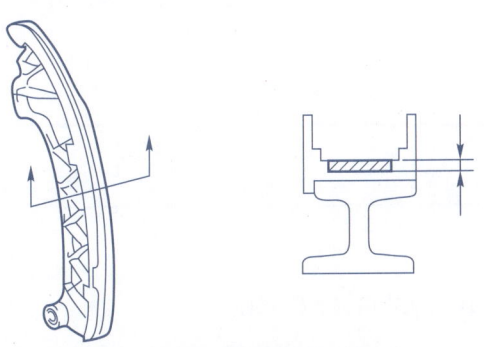

图 3-40　检查链条张紧器导板

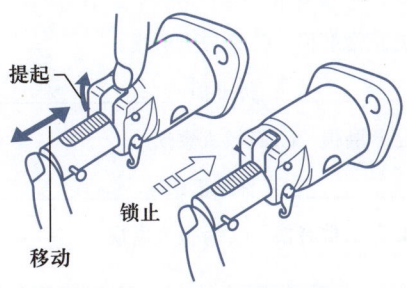

图 3-41　检查 1 号链条张紧器

> **任务工单**

"正时链条的拆装与检测" 操作工单

1. 准备工作

（1）工量具及仪器设备准备	记录：
（2）维修手册准备	记录：
（3）固定发动机拆装台架准备	记录：

2. 正时链条的拆卸

☐ 拆卸正时链条盖分总成

☐ 拆卸正时链条盖油封

☐ 拆卸正时链条张紧器导板

☐ 拆卸正时链条

☐ 拆卸凸轮轴链轮

☐ 拆卸曲轴正时链轮

3. 正时链条的安装

☐ 安装正时链条

☐ 安装正时链条张紧器导板

☐ 安装正时链条盖油封

☐ 安装正时链条盖分总成

4. 正时链条装置的检查

正时链条的工作状况：A. 良好　B. 有正常磨损　C. 损坏

正时链条的长度测量值：_____；标准值：_____

正时链条张紧器的工作状况：A. 良好　B. 有磨损　C. 有松旷

凸轮轴链轮工作状况：A. 良好　B. 有正常磨损　C. 有较大磨损

凸轮轴链轮直径测量值：_____；标准值：_____

曲轴链轮工作状况：A. 良好　B. 有正常磨损　C. 有较大磨损

曲轴链轮直径测量值：_____；标准值：_____

正时导链板的工作状况：A. 良好　B. 有正常磨损　C. 有较大磨损

任务评价

"正时链条的拆装与检测"评分标准

序号	考核项目	配分	扣分标准（每项累计扣分不超过配分）
1	安全文明	否决	造成人身、设备重大事故，此任务计0分
2	工具及设备的准备	5分	未准备工具设备，扣2分；工具准备错误，扣2分；工具摆放不整齐，扣1分
3	正时链条的拆卸	20分	（1）未检查正时标记，扣2分，未用工具旋转凸轮轴转动发动机，扣2分； （2）未拆卸张紧器，扣2分，强行取下张紧器，扣2分； （3）未锁紧正时链顶，扣2分，正时链顶柱塞弹出，扣2分； （4）零件摆放不规范，扣2分，拆装动作不规范，扣2分，工具使用错误一次，扣2分，零件落地，扣2分
4	正时链条装置的检查	30分	（1）未检查正时链条张紧器，扣1分，未检查柱塞状况，扣2分，未检查导链板磨损，扣1分； （2）未检查正时链条的长度，扣5分，检查不规范，扣2分，未检查曲轴、凸轮轴正时链条的磨损情况，每项扣2分，未检查曲轴、凸轮轴链条的直径，每项扣2分
5	正时链条的安装	25分	（1）未清洁零件，扣2分，曲轴正时记号没有对正，扣3分，凸轮轴正时记号没有对正，扣3分，不会对正时记号，扣5分； （2）安装过程不熟练，扣2分，不会安装正时链条张紧器导板，扣2分，不会旋转凸轮轴调整位置，扣2分； （3）不会安装正时链顶，扣3分，没有锁紧正时链顶，扣2分，安装完毕后没有旋转发动机使正时链顶正常弹出，扣5分； （4）零件摆放不规范，扣2分，拆装动作不规范，扣2分，工具使用错误一次，扣2分，零件落地，扣2分
6	安全生产	20分	（1）不穿工作服，扣1分； （2）拆装前不检查发动机台架锁止情况，每次扣3分； （3）工量具与零件混放或摆放凌乱，每次每处扣1分； （4）工量具或零件随意摆放在地上，每次扣1分； （5）油、水洒落在地面或零部件表面或车漆表面未及时清理，每次扣1分； （6）完工后未清理工量具，每件扣1分； （7）完工后未清理场地，扣2分
7	合计	100分	

任务三

气门组的构造与拆装

▶ **任务目标**

知识目标
- 掌握气门组的功用与组成;
- 熟悉气门组各零件间的相互连接关系及其拆装工艺;
- 熟悉气门组各部件的检测方法。

能力目标
- 能够进行气门组的拆装;
- 能够进行气门组零件的检测。

▶ **任务描述**

一辆轿车已经行驶 80 000 km,最近一段时间听到气门室内有节奏的"嗒嗒嗒"金属敲击声,无论怠速还是加速都比较清晰,不受断火和温度的影响。经过诊断,确定为气门故障。

▶ **任务分析**

作为维修技工,须使用诊断仪,参考相关资料排除故障,恢复发动机动力性能,降低油耗,提出合理化使用建议,并最终检验合格后交付前台。

▶ **知识链接**

气门组零件主要包括气门、气门座、气门导管和气门弹簧等,如图3-42所示。

1. 气门

气门分进气门和排气门,构造基本相同。气门由气门头部与气门杆组成,如图3-43所示,气门头部的作用是与气门座配合,对气缸进行密封;气门杆则与气门导管配合,对气门的运动起导向作用。

微课
气门的构造

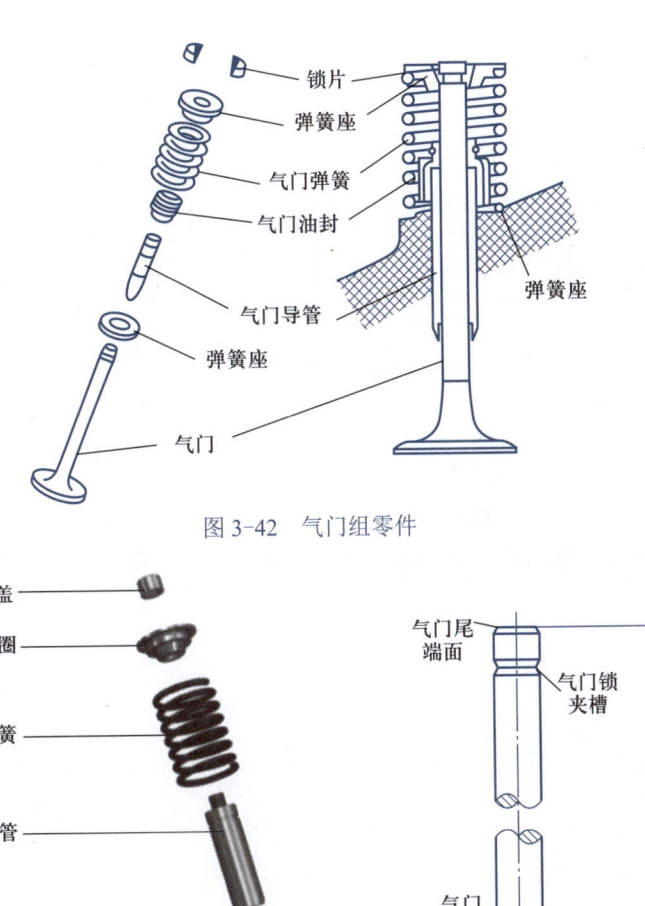

图 3-42 气门组零件

图 3-43 气门结构

由于气门是在高温、高压、散热困难、润滑差、受燃气中腐蚀介质的腐蚀等很差的条件下工作的,所以要求气门材料应有足够的刚度、强度,耐高温和耐磨损。通常进气门采用中碳合金钢(如镍钢、镍铬钢和铬钼钢等),排气门则采用耐热合金钢(如硅铬钢等)。另外,为了改善气门的导热性能,可在气门内部充注金属钠,如图 3-44 所示。钠在 970℃时为液态,液态钠可将气门头部的热量传给气门杆,冷却效果十分明显。奥迪 A6 轿车发动机排气门即采用充钠排气门。

气门头部形状有平顶、喇叭形顶和球面顶,如图 3-45 所示。平顶结构的气门具有结构简单、制造方便、受热面积小等优点,进、排气门均可采用。喇叭顶气门头部与气门杆的过渡部分具有一定的流线型,可以减少进气阻力,但其顶部受热面积大,故适用于进气门,而不宜用于排气门。球面顶适合于排气门,因为其强度高、排气阻力小,废气的清除效果好,但球面的受热面积大,质量和惯性力大,加工较复杂。

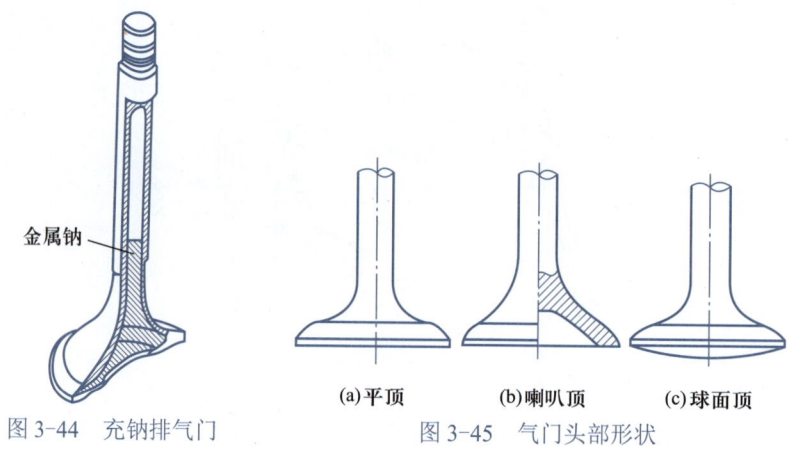

图 3-44　充钠排气门　　图 3-45　气门头部形状

气门头部与气门座接触的工作面称为气门密封锥面，该密封锥面与气门顶平面的夹角 α 称为气门锥角，如图 3-46 所示。气门锥角一般为 45°，有些发动机的进气门锥角为 30°。

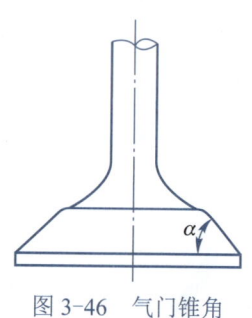

图 3-46　气门锥角

进气门与排气门的头部直径一般不等，进气门头部直径较大。

气门杆为圆柱形，在靠近尾部处加工有环形槽或锁销孔，以便用锁片或锁销固定气门弹簧座，固定方式如图 3-47 所示。锁片式由两个半圆形锥形锁片来固定气门弹簧座；锁销式则是锁销插入气门杆上的孔内，由于锁销长度大于气门弹簧座孔径，所以可使气门弹簧座固定。

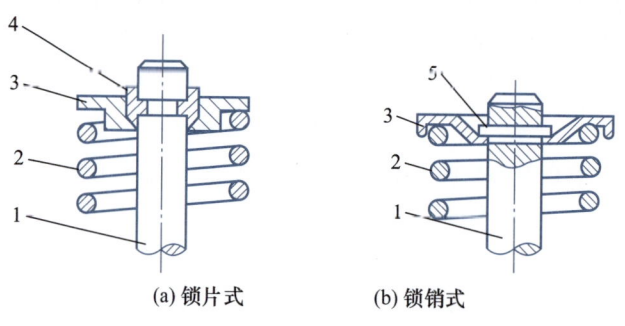

图 3-47　气门弹簧座的固定方式
1—气门杆；2—气门弹簧；3—气门弹簧座；4—锁片；5—锁销

2. 气门弹簧

气门弹簧的作用是使气门关闭并与气门座压紧，同时还可在气门开启或关闭过程中，使气门传动组零件紧密连接，防止因惯性力分离而产生异响。

气门弹簧为圆柱螺旋弹簧，弹簧两端磨平，装配后弹簧一端支承在气缸盖上，另一端靠气门弹簧座和锁片或锁销与气门杆定位。气门弹簧的类型如图 3-48 所示。等螺距弹簧是最简单的一种，但使用中容易因振动而折断。变螺距弹簧各圈之间的螺距不等，安装时其螺距较小的一端应朝向气缸盖。采用内、外两个气门弹簧时，两弹簧的旋向相反，以防止工作时一个弹簧卡入另一个弹簧中，一般内弹簧弹力要比外弹簧小。

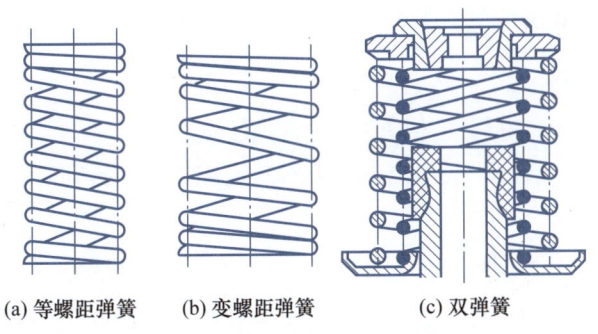

(a) 等螺距弹簧　　(b) 变螺距弹簧　　(c) 双弹簧

图 3-48　气门弹簧的类型

3. 气门导管

气门导管的功用是给气门的运动导向，并将气门杆所承受的热量传给气缸盖。如图 3-49 所示，气门导管为一空心管状结构，气门导管压装在气缸盖的导管孔中，其外圆柱面与导管孔的配合有一定的过盈量，以保证良好的传热性能并防止松脱。气门导管的下端伸入气道，为减小对气流造成的阻力，伸入气道的部分制成锥形。

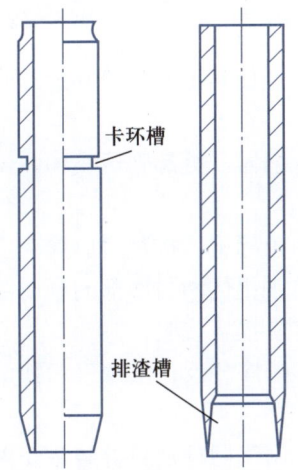

图 3-49　气门导管结构示意图

气门导管内孔与气门杆之间为间隙配合，为防止机油从气门杆与气门导管的间隙中漏入燃烧室，在气门导管的上端安装有气门油封。

4. 气门座

进、排气道口直接与气门密封锥面接触的部位称为气门座，其功用是与气门配合，使气缸密封。多数发动机的气门座单独制成座圈，然后压装到燃烧室内的进排气道口处，气门座圈与座孔有足够的过盈配合量，以防止发动机工作时气门座脱落。

▶ 任务实施

一、气门组的拆装

1. 气门组的拆卸

（1）用手拆卸气门挺杆，并按安装位置放于纸上。

注意：不要用钳子拆卸气门挺杆，会对其造成损坏；拆卸时将气门挺杆做好标记，装复时不能互换。

（2）设置气门弹簧压缩器，使其与气门和弹簧座底部在同一直线上，如图3-50所示。

微课
气门组的构造与拆装

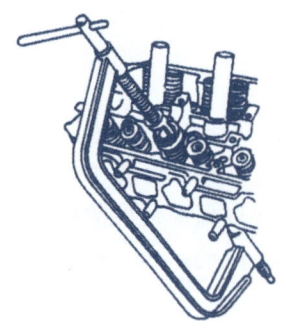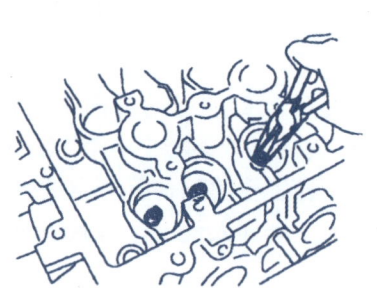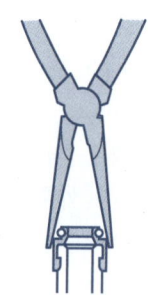

图3-50 设置气门弹簧压缩器

（3）上紧气门弹簧压缩器，使其压缩弹簧并拆卸两块气门锁片，锁片用尖嘴钳去除。

（4）慢慢松开气门弹簧压缩器，拆卸弹簧座和弹簧，然后将气门朝燃烧室的方向向外拉，拆卸气门。

（5）将拆下的气门做好相应标记，按顺序放置。

（6）使用气门杆油封拆装钳钳住油封底部的金属部分，然后拆卸油封，注意不要拉油封的橡胶部分，这样容易损坏橡胶。

气门组零件的装复与拆卸顺序相反，注意气门弹簧的安装方向。

2. 气门组的安装

（1）将气门油封涂上油，用气门杆油封拆装钳安入气门油封，应检查气门油封是否符合要求。

(2) 在气门杆上涂上机油后装入气门,注意区分进、排气门,不要装错;如若使用原车旧气门,应注意各缸气门不可互换。

(3) 装入气门弹簧,注意弹簧安装方向不要装错;安装前检查气门弹簧高度是否符合要求,气门弹簧是否有变形、裂纹和折断等损坏。

(4) 安装气门弹簧锁片:先装入气门弹簧座,用专用工具将气门弹簧压下,再装入气门锁片。

(5) 装上气门挺栓。

▶ **任务工单**

"气门组拆装" 操作工单

1. 准备工作

(1) 工量具及仪器设备准备	记录:
(2) 维修手册准备	记录:
(3) 固定发动机拆装台架	记录:

2. 操作过程

要求:会查阅维修手册;能正确使用工具拆装发动机气门组零件

拆卸进、排气门各 1 个	要领:
识别气门组零件	要领:
装配气门组零件	要领:

3. 整理工作场所

> 任务评价

"气门组拆装"评分标准

序号	考核项目	配分	扣分标准（每项累计扣分不超过配分）
1	安全文明	否决	造成人身、设备重大事故，此任务计 0 分
2	安全文明生产	20 分	（1）不穿工作服，扣 1 分； （2）工量具与零件混放或摆放凌乱，每次每处扣 1 分，工量具或零件随意摆放在地上，每次扣 1 分； （3）油、水洒落在地面或零部件表面或车漆表面未及时清理，每次扣 1 分； （4）完工后未清理工量具，每件扣 1 分； （5）完工后未清理场地，扣 2 分
3	工量具准备	5 分	（1）工量具每少准备 1 件，扣 1 分； （2）工量具选择不当，每次扣 2 分
4	维修手册使用	10 分	（1）每错查 1 个数据或漏查 1 个数据，扣 3 分； （2）根据工单填写情况对照维修手册标准值评分
5	拆卸进、排气门各 1 个	20 分	（1）未使用专用工具拆卸气门，扣 3 分； （2）工具使用不正确，扣 5 分； （3）未标记气门，每个扣 1 分； （4）零件未按顺序摆放整齐，扣 5 分； （5）未用专用工具拆卸气门杆油封，扣 5 分
6	气门组零件识别	10 分	不能识别零件，每个扣 2 分
7	装复气门组零件	30 分	（1）未用专用工具装入气门杆油封，扣 5 分； （2）气门装错位置，扣 5 分； （3）未使用专用工具压缩气门弹簧，扣 5 分； （4）气门弹簧安装方向错误，扣 5 分； （5）工具使用不正确，扣 5 分； （6）零件落地，每次扣 2 分
8	维修记录	5 分	（1）维修记录字迹潦草，扣 2 分； （2）填写不完整，每项扣 1 分
9	合计	100 分	

二、气门组零件检测

1. 气门的检测

(1) 外观检验。

气门有裂纹、破损或严重烧蚀时,应更换气门。

(2) 气门杆弯曲度检测。

① 清除气门积炭并将气门擦干净(见图 3-51);

② 将气门支承在距离为 100 mm 的两个 V 形块上(见图 3-52);用百分表触头测量气门杆中部的弯曲度,气门旋转一周时百分表上最大与最小读数之差的 1/2 为直线度误差。

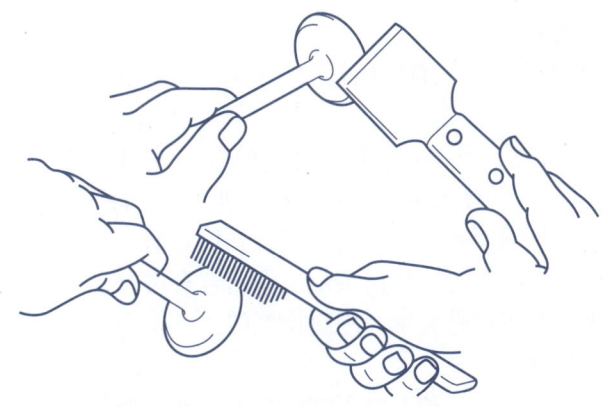

图 3-51　清除气门积炭

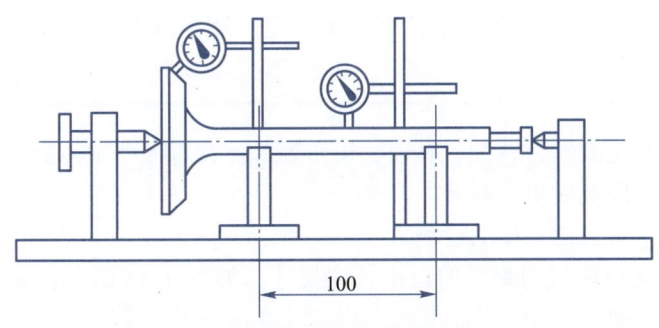

图 3-52　用外径千分尺测量气门杆弯曲度

直线度误差值超过最大值时应予以校正或更换,气门杆弯曲校正应在压床上进行冷压校正,方法是使弯曲拱面向上,用压床使其产生相反变形,校压量一般为实际弯曲变形量的 10 倍,保持 2 min。

③ 在气门头部工作锥面用百分表测量,气门头部转动一圈,百分表上最大读数与最小读数之差的 1/2 为倾斜度误差,其值超过限值时应予以更换。

(3) 气门杆磨损检测。

用外径千分尺进行测量,在气门杆上、中、下三个截面,每个截面取垂直两个方向进行测量,如图 3-53 所示,气门杆径向磨损量大于规定时应予更换。

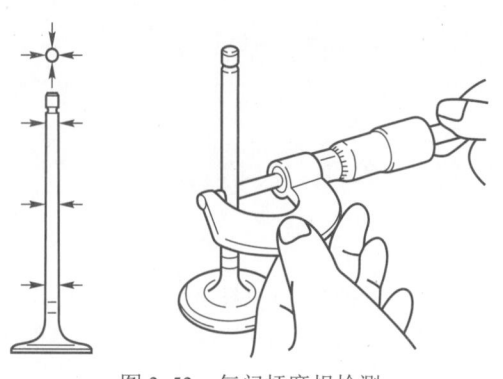
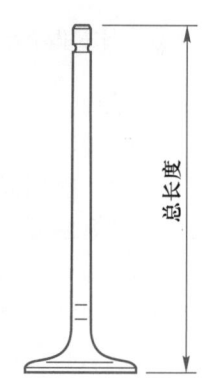

图 3-53　气门杆磨损检测　　　　图 3-54　用游标卡尺测量气门杆总长度

(4) 气门杆端面磨损检测。

① 用游标卡尺在平台上检查气门杆的总长度（见图 3-54），若总长度小于最小值时应予以更换。

② 气门杆端面出现不平、划痕时，会造成气门关闭不严。检测时，将气门杆放置在两 V 形块上，用百分表测量，把表触头抵在气门杆端面，对所指杆身摆差应不大于限值。气门杆端面磨损，可用气门磨光机修磨。

(5) 气门工作面磨损检验。气门头部工作面若有斑点、严重烧蚀等，可用气门磨光机修磨，磨光后若不符合要求，应更换气门。

2. 气门弹簧的检测

气门弹簧常见故障是由于长期受压缩，产生塑性变形而导致自由长度变短、弹力减弱、簧身歪斜，严重时可能会出现弹簧折断。对气门弹簧的检查主要是：观察有无裂纹或折断，测量弹簧自由长度和垂直度，测量弹簧弹力。气门弹簧不能维修，必要时只能更换。

(1) 外观检验。

弹簧表面有无裂纹、锈蚀、腐蚀、损伤等，弹簧有无严重的变形、折断、弹力变弱等。如有，应及时更换弹簧。

(2) 气门弹簧自由长度的检测。

用游标卡尺测量气门弹簧的自由长度尺寸，如图 3-55 所示。如果测得长度小于极限值，应更换。

(3) 气门弹簧偏斜量检测。

用直角尺、平板和厚薄规检查气门弹簧的偏斜量（垂直度），如图 3-56 所示。测量出的气门弹簧垂直度如超过极限值，应更换。

(4) 气门弹簧预紧力的检查。

在弹簧检验仪上进行气门弹簧预紧力检查。用检验仪对气门弹簧试加压力，在规定压力下的气门弹簧高度（或规定气门弹簧高度下的压力）应符合标准，否则应更换气门弹簧。

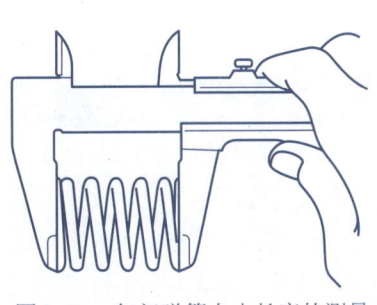
图 3-55 气门弹簧自由长度的测量

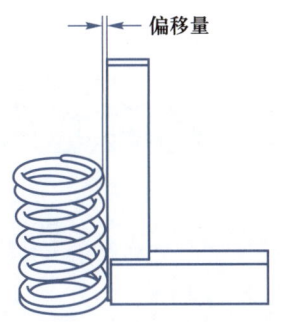
图 3-56 气门弹簧垂直度测量

任务工单

"气门组零件检测" 操作工单

1. 准备工作	
（1）工量具及仪器设备准备	记录：
（2）维修手册、被测工件准备	记录：

2. 操作过程

会查阅维修手册；能正确使用工量具完成气门组零件的测量；能根据检测结果提出维修方案

（1）校验量具	记录：			
（2）气门的检测	检测数据：			
	气门杆弯曲值	气门杆磨损情况		气门杆端面磨损情况
		截面	第一方向	第二方向	
		上			
		中			
		下			
（3）气门弹簧的检测	检测数据：			
	气门弹簧偏斜量		气门弹簧自由长度	

3. 维修结论

（1）查该发动机维修手册：气门最大弯曲度标准值为_____；进气门气门杆直径标准值为_____；排气门气门杆直径标准值为_____；进气门标准长度为_____；最小长度为_____；排气门标准长度为_____；最小长度为_____；气门弹簧偏斜量最大角度为_____；自由长度标准值为_____；

（2）根据测量结果，提出维修方案

任务评价

"气门组零件检测" 评分标准

序号	考核项目		配分	扣分标准（每项累计扣分不超过配分）
1	安全文明		否决	造成人身、设备重大事故，此任务计 0 分
2	安全文明生产		20 分	（1）不穿工作服，扣 1 分； （2）拆装前不检查发动机台架锁止情况，每次扣 3 分； （3）工量具与零件混放或摆放凌乱，每次每处扣 1 分，随意摆放在地上，每次扣 1 分； （4）油、水洒落在地面或零部件表面或车漆表面未及时清理，每次扣 1 分； （5）完工后未清理工量具，每件扣 1 分； （6）完工后未清理场地，扣 2 分
3	工量具准备		5 分	（1）工量具每少准备 1 件，扣 1 分； （2）工量具选择不当，每次扣 2 分； （3）未校验仪器，每次扣 2 分
4	维修手册使用		10 分	（1）每错查 1 个数据或漏查 1 个数据，扣 3 分； （2）根据工单填写情况对照维修手册标准值评分
5	气门的检测	气门杆弯曲检测	15 分	（1）量具使用不正确，每次扣 2 分； （2）V 形铁放置位置不正确，扣 4 分； （3）百分表安装不正确，扣 4 分； （4）测量数据不正确，扣 5 分
		气门杆磨损检测	15 分	（1）量具使用不正确，每次扣 2 分； （2）测量位置不正确，每次扣 2 分； （3）测量数据不正确，每次扣 2 分
		气门杆端部磨损检测	10 分	（1）量具使用不正确，每次扣 3 分； （2）测量位置不正确，每次扣 3 分； （3）测量数据不正确，每次扣 4 分
6	气门弹簧的检测		20 分	（1）量具使用错误，每次扣 2 分； （2）气门弹簧偏斜量检测方法不正确，扣 5 分； （3）气门弹簧偏斜量检测数据不正确，扣 5 分； （4）气门弹簧自由长度测量数据不正确，扣 5 分； （5）结果判断不正确，扣 3 分
7	维修记录		5 分	（1）维修记录字迹潦草，扣 2 分； （2）填写不完整，每项扣 1 分
8	合计		100 分	

任务四

配气相位

▶ 任务目标

知识目标
- 掌握配气相位的含义;
- 了解可变配气相位机构。

能力目标
- 熟悉配气相位的参数及对发动机的影响;
- 能够正确描述可变配气相位的结构和工作原理。

▶ 任务描述

在汽车尾部经常能看到厂家的特有技术,如 VVT-i、VTEC 等,作为维修技师需要了解其含义、结构与工作原理。

▶ 任务分析

配气相位对发动机性能有很大影响,这一套动作可以看作是人体吸气和呼气的过程,可变气门正时和升程技术可使发动机的"呼吸"更为顺畅自然,这些技术几乎已成为当今发动机的标准配置。因此应熟悉配气相位的基本知识,通过识别并填写气门开闭角、配气相位图来掌握其结构和工作原理。

▶ 知识链接

一、配气相位

以曲轴转角表示的进、排气门开闭时刻及其开启的持续时间称作配气正时或配气相位,如图 3-57 所示。

新鲜空气或可燃混合气被吸入气缸愈多,则发动机可能发出的功率愈大。发动机在换气过程中,若能够做到排气彻底、进气充分,则可以提高充气系数,增大发

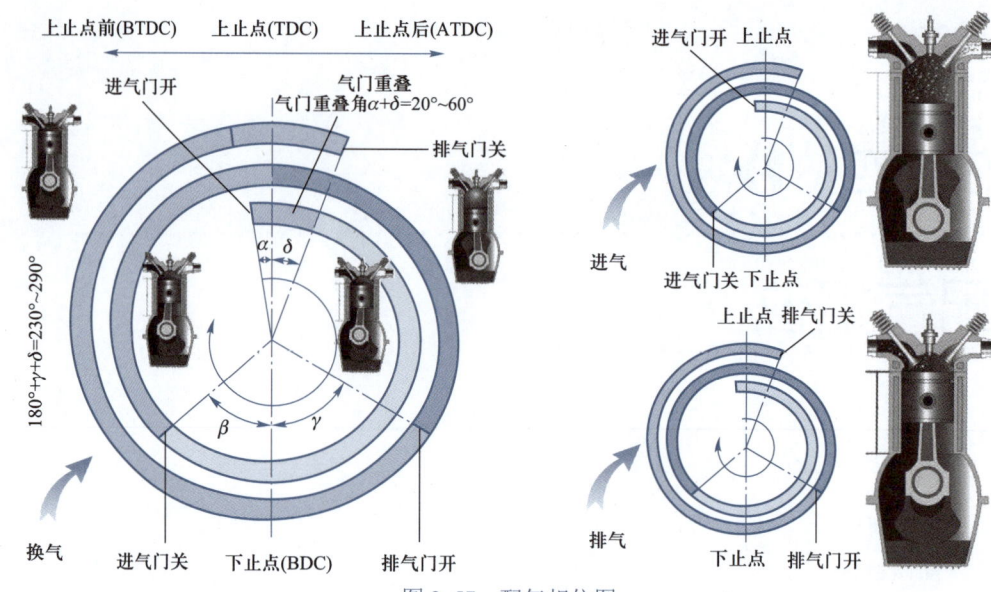

图 3-57 配气相位图

动机输出的功率。四冲程发动机的每一个工作行程曲轴要旋转 180°。由于现代发动机转速很高，一个行程经历的时间是很短的。如桑塔纳的四冲程发动机，在最大功率时的转速达到 5 600 r/min，一个行程的时间只有 0.005 4 s。在如此短的进气和排气行程中，很难达到进气充分、排气彻底。为改善换气行程，提高发动机性能，实际发动机的气门开启和关闭并不在上、下止点，而是适当提前或滞后，即气门开启过程都大于 180°曲轴转角。

1. 进气提前角

进气门在进气行程活塞到达上止点之前开启，谓之早开。从进气门开启到活塞到达上止点曲轴所转过的角度称为进气提前角，记作 α。一般 α 值为 10°～30°，进气门早开使得活塞到达上止点开始向下移动时，进气门已有一定开度，所以可较快地获得较大的进气通道截面，减少进气阻力。

2. 进气迟闭角

进气门在进气行程活塞到达下止点之后关闭，谓之晚关。从进气行程活塞到达下止点到进气门关闭曲轴转过的角度称为进气迟闭角，记作 β。一般 β 值为 30°～80°。活塞到达下止点时，气缸内的压力仍低于大气压力，且气流还有相当大的惯性，适当延迟关闭进气门，可利用压力差和气流惯性继续进气。整个进气过程持续的时间或进气持续角为 180°+α+β。

3. 排气提前角

排气门在做功行程结束之前，即在做功行程活塞到达下止点之前开启，称为排气门早开。从排气门开启到活塞到达下止点曲轴转过的角度称为排气提前角，记作 γ。一般 γ 值为 40°～80°。做功行程接近结束时，气缸内的压力约为

知识链接
配气相位

0.3～0.5 MPa，做功作用已经不大，此时提前打开排气门，高温废气迅速排出，减轻活塞上行排气时的阻力，减少排气时的功率损失。高温废气提早迅速排出，还可防止发动机过热。

4. 排气迟闭角

排气门在排气行程结束之后，即在排气行程活塞到达上止点之后关闭，谓之排气门晚关。从上止点到排气门关闭曲轴转过的角度称为排气迟闭角，记作 δ。一般 δ 值为 $10°\sim 30°$。活塞到达上止点时，气缸内的压力仍高于大气压，由于气流有一定的惯性，排气门适当延迟关闭可使废气排得更干净。整个排气过程持续时间或排气持续角为 $180°+\gamma+\delta$。

5. 气门叠开与气门叠开角

由于进气门早开和排气门晚关，致使活塞在上止点附近出现进、排气门同时开启的现象，称其为气门叠开，如图 3-58 所示。叠开期间的曲轴转角称为气门叠开角，它等于进气提前角与排气迟闭角之和，即 $\alpha+\delta$。

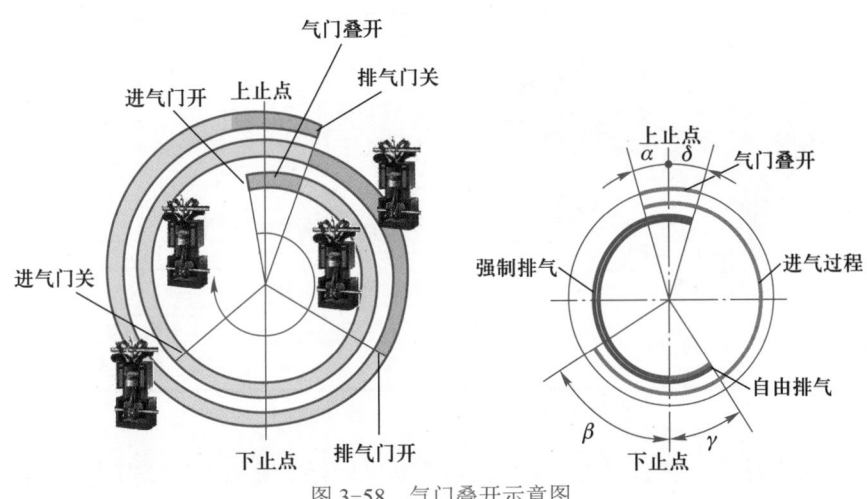

图 3-58　气门叠开示意图

合理的配气相位是根据发动机结构形式、转速等因素通过反复试验确定的，由凸轮的形状及配气机构保证。需要指出的是，传统发动机的配气相位，只有当发动机在某一特定转速下运转时才是最合适的。随着电子控制技术在汽车发动机的推广应用，配气相位随转速、负荷变化而自动调整的可变配气发动机也越来越普遍用于现代汽车上。

二、可变配气正时机构

采用可变配气正时机构可以改善发动机的性能。发动机转速不同，要求不同的配气正时。这是因为：当发动机转速改变时，由于进气流速和强制排气时期的废气流速也随之改变，因此在气门晚关期间，利用气流惯性增加进气和促进排气的效果将会不同。

比较有代表性的可变配气正时机构有可变配门正时及气门升程机构、可变气门正时机构和可变进气系统。汽车厂商常见可变配气正时机构如下。

1. 丰田 VVT-i

可变配气正时系统缩写为 VVT-i。丰田 VVT-i 系统用于控制进排气门凸轮轴调整凸轮轴转角，使配气正时满足有优化控制发动机工作状态的要求，从而提高发动机在所有转速范围内的动力性、经济性并降低尾气的排放。

丰田卡罗拉发动机 VVT-i 系统如图 3-59 所示，由 VVT-i 控制器、凸轮轴正时机油控制阀和传感器三部分组成。其中，传感器有曲轴位置传感器、节气门位置传感器和 VVT 传感器、冷却液温度传感器等。

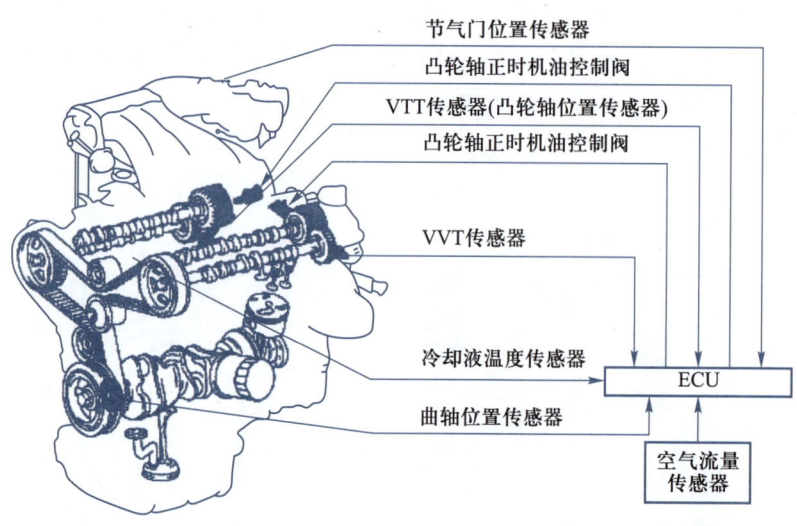

图 3-59　丰田 VVT-i 系统示意图

凸轮轴正时机油控制阀的作用是根据发动机运行工况的变化调节进排气门的开启和关闭的时间，使发动机功率增加，油耗降低。其由线圈、柱塞、滑阀、弹簧、壳体、O 形密封圈等组成，如图 3-60 所示。发动机凸轮轴机油控制阀是 VVT-i 控制系统的执行器，在发动机运转时电控单元根据发动机的运行工况控制机油控制阀来调节最佳气门正时。

发动机 ECU 根据节气门位置传感器、冷却液温度传感器、转速传感器、空气流量传感器等传来的信号，查找 MAP 图，解算出发动机各工况下所需气门正时角，即目标位置；同时，ECU 根据曲轴位置传感器和凸轮轴位置传感器传来的反馈信号计算得出凸轮轴的实际位置。EMS 将目标位置和实际位置进行比较，并根据 ECU 的控制策略，向凸轮轴正时机油控制阀发出动作信号，改变控制阀中阀芯的位置，从而改变油路中机油流向和流量大小，把提前、滞后、保持不变等信号以油压方式反馈至 VVT 相位器空腔内，实现相位器内部定子和外部转子之间的相

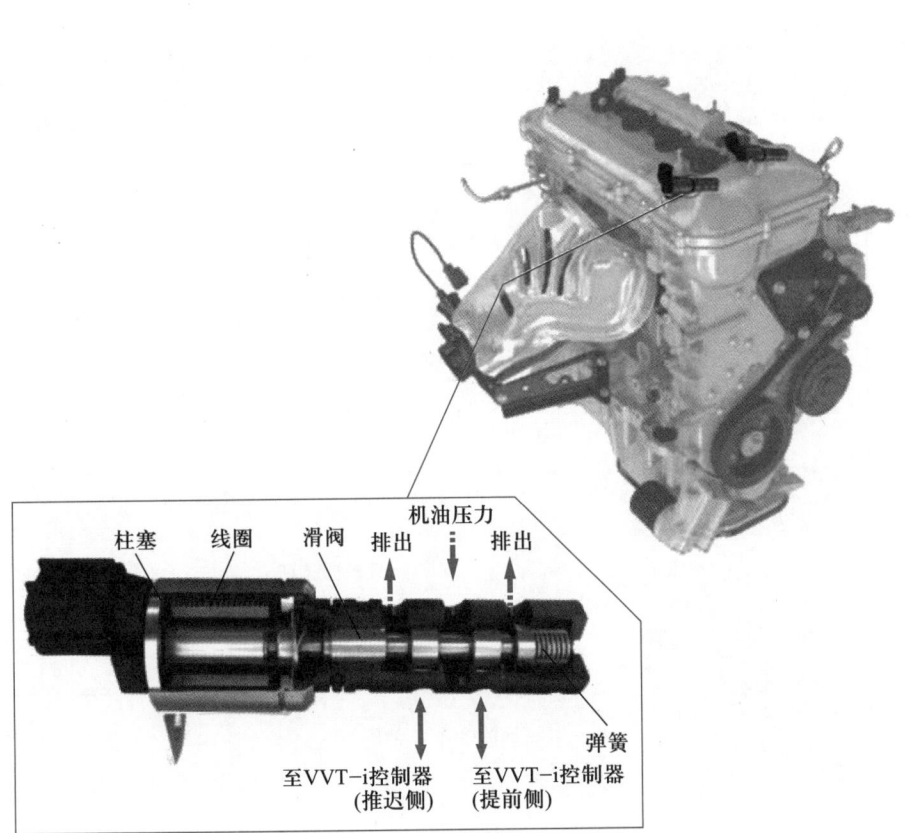

图 3-60 凸轮轴正时机油控制阀组成

对转动,来调节凸轮轴的正时角度,从而达到调整进气(排气)的量和气门开闭时间,如图 3-61 所示。

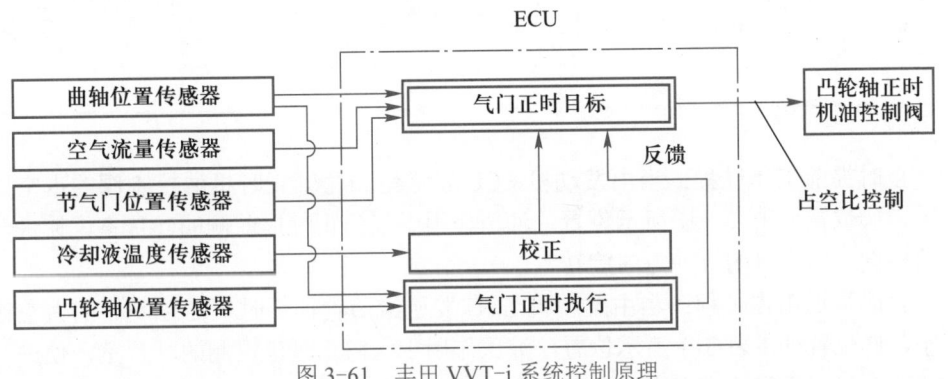

图 3-61 丰田 VVT-i 系统控制原理

丰田 VVT-i 系统具体工作过程见表 3-1。

表 3-1　丰田 VVT-i 系统的工作过程

	图示工作过程	凸轮轴正时机油控制阀的占空比
正时提前	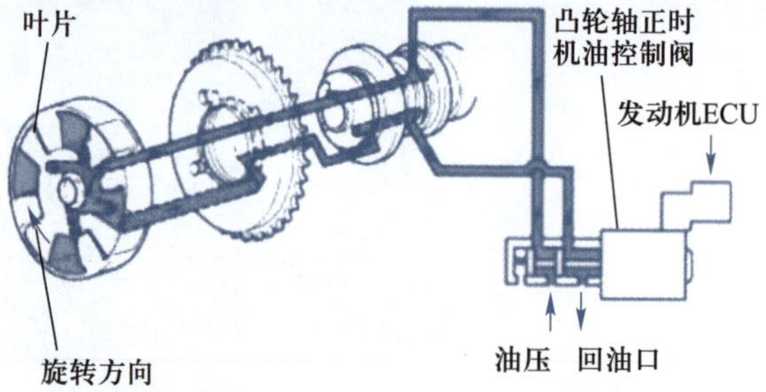	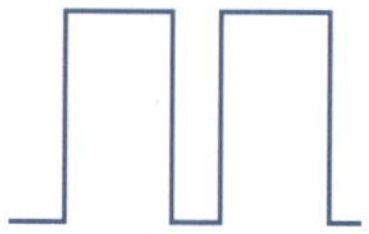
正时推迟	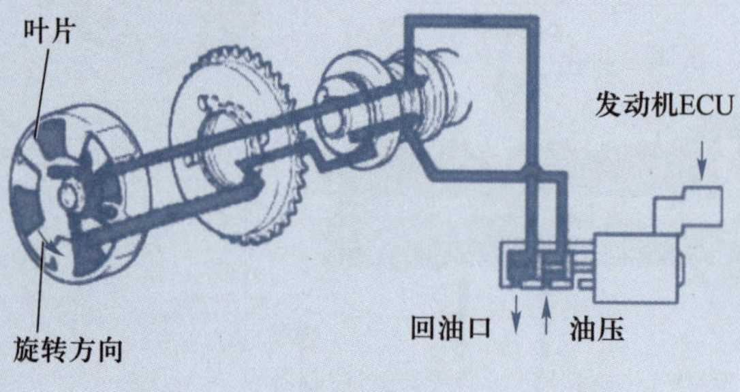	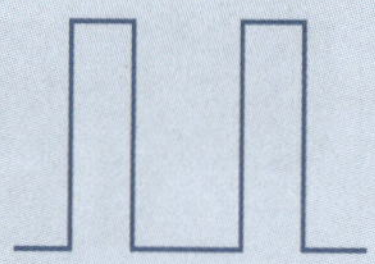
正时保持	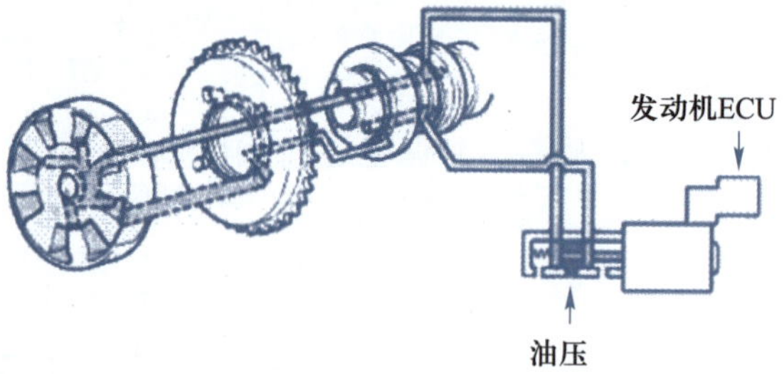	

正时提前工作过程：当由发动机 ECU 发送给凸轮轴正时机油控制阀的占空比变大，阀位置处于表 3-1 所示位置，油压作用于气门正时提前侧的叶片室，使进气凸轮轴向气门正时的提前方向旋转。

正时推迟工作过程：当由发动机 ECU 发送给凸轮轴正时机油控制阀的占空比变小，阀位置处于表 3-1 所示位置，油压作用于气门正时延迟侧的叶片室，使进气凸轮轴向气门正时的推迟方向旋转。

正时保持工作过程：发动机 ECU 根据各传感器的信息进行处理，并计算出气门正时角度，当达到目标气门正时以后，凸轮轴正时机油控制阀通过关闭油道来保持油压。表 3-1 所示是保持现在的气门正时的状态。

2. 本田 VTEC

本田雅阁的发动机装有 VTEC 机构,译为"可变气门正时及升程电子控制系统",其凸轮如图 3-62 所示。发动机每个气缸和常规的高速发动机一样,都配置有两个进气门和两个排气门,不过,它的两个进气门有主、次之分,即主进气门和次进气门。每个气门均由单独的凸轮通过摇臂来驱动。驱动主、次进气门的凸轮分别叫主、次凸轮。与主、次进气门接触的摇臂分别叫主、次摇臂。

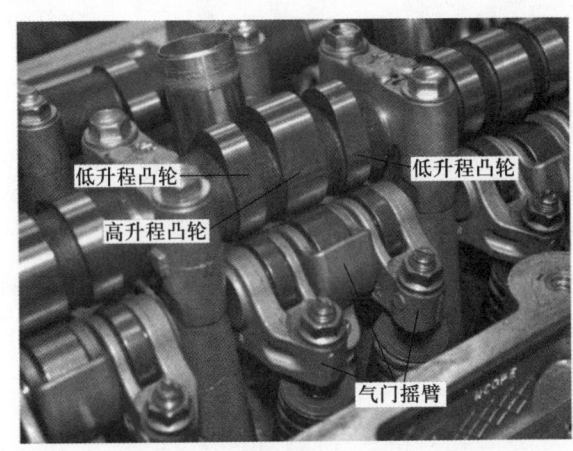

图 3-62　本田 VTEC 机构凸轮示意图

主、次摇臂之间有一个特殊的中间摇臂,它不与任何气门直接接触。三个摇臂并列在一起,均可在摇臂轴上转动。在主、次摇臂和中间摇臂相对应的凸轮轴上铸有三个不同升程的凸轮,分别为主凸轮、次凸轮和中间凸轮。其中,中间凸轮的升程最大,它是按照发动机双进、双排气门工作最佳输出功率的要求设计的;主凸轮升程小于中间凸轮,它是按发动机低速工作时单进气门开闭要求设计的;次凸轮的升程最小,最高处只是稍微高于基圆,其作用只是在发动机怠速运行时,通过次摇臂稍微打开次气门,以免燃油集聚在次进气门口。中间摇臂的一端和中间凸轮接触,另一端在低速时可自由活动。

三个摇臂在靠近气门一端均有一个油缸孔。油缸孔中都安置有靠油压控制的活塞,它们依次为正时活塞、主同步活塞、中间同步活塞和次同步活塞。

本田 VTEC 工作过程如图 3-63 所示。当发动机在中、低转速时,三根摇臂处于分离状态,普通凸轮推动主摇臂和副摇臂来控制两个进气门的开闭,气门升量较小。此时虽然中间凸轮也推动中间摇臂,但由于摇臂之间是分离的,所以两边的摇臂不受它控制,也不会影响气门的开闭状态。

随着转速提高,发动机 ECU 通过摇臂轴控制油路流向,指令电磁阀启动液压系统,推动摇臂内活塞,使三根摇臂锁成一体,一起由高角度凸轮驱动,这时气门的升程和开启时间都相应的增大了,使得单位时间内的进气量更大,发动机动力也更强。当发动机转速降到某一转速时,摇臂内的液压也随之降,活塞在回位弹簧作用下退回原位,三根摇臂分开。

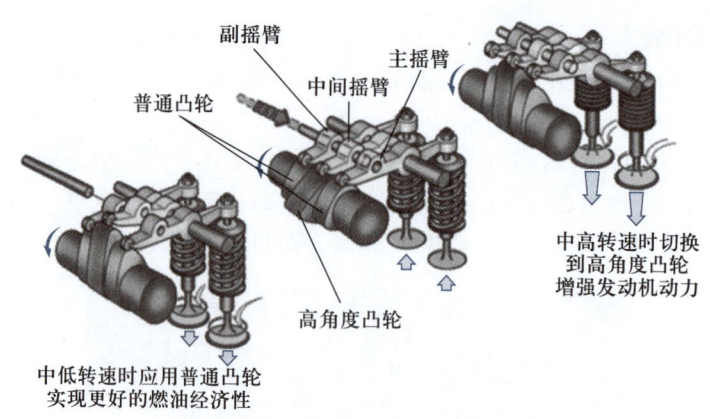

图 3-63　本田 VTEC 工作过程

3. 宝马公司的 VAVLETRONIC 装置

VAVLETRONIC（电子气门调节系统）是首先出现在市场上的全可变气门调节系统。VAVLETRONIC 通常由进气门可变气门行程控制和双 VANOS 构成。通过 VAVLETRONIC 可减小换气中产生的损失，与传统发动机相比，平均可减少损失约 10%。

VAVLETRONIC 是一种全可变气门行程控制装置，通过气门机构内的其他部件实现，主要有伺服电机、偏心轴、中间推杆和扭转弹簧等部件，如图 3-64 所示。

伺服电机布置在凸轮轴上方，用于调节偏心轴。伺服电机的蜗杆嵌入安装在偏心轴上的蜗轮内，进行调节后无须特别锁止偏心轴，因为蜗杆传动机构具有足够的自锁能力。

偏心轴扭转可使固定架上的中间推杆朝进气凸轮轴方向移动。但由于中间推杆也靠在进气凸轮轴上，因此滚子式气门压杆相对中间推杆的位置会发生变化。中间推杆的斜台朝排气凸轮轴方向移动。

凸轮轴旋转和凸轮向中间推杆移动使中间推杆上的斜台发挥作用。斜台推动滚子式气门压杆，从而使进气门继续向下移动，排气门因此继续开启。

中间推杆改变凸轮轴与滚子式气门压杆之间的传动比。在满负荷位置时，气门行程和持续开启时间达到最大值。在怠速位置时，气门行程和持续开启时间达到最小值。

▶ 任务实施

（1）结合发动机凸轮轴和气门的工作状态（见图 3-65），找出进气提前角、进气延迟角、排气提前角、排气延迟角、气门重叠角。

（2）观察发动机运行台架，解释可变配气正时系统（VVT-i）、可变气门正时及升程电子控制系统（VTEC）的作用、结构和工作原理，并完成工单。

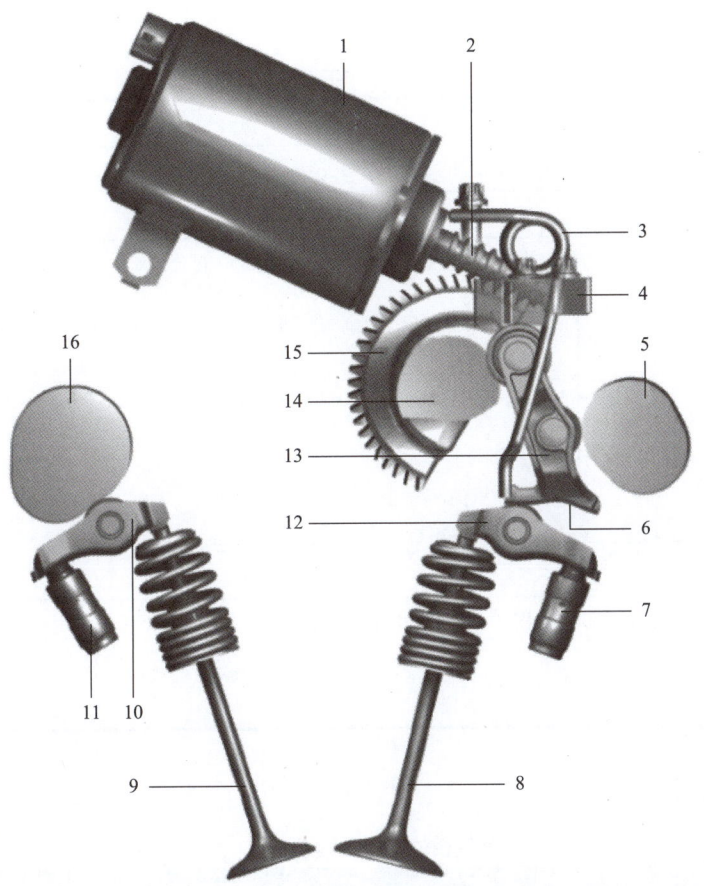

图 3-64 VAVLETRONIC 结构示意图

1—伺服电机；2—蜗杆；3—扭转弹簧；4—固定架；5—进气凸轮轴；6—斜台；7、11—HVA；8—进气门；9—排气门；10、12—滚子式气门压杆；13—中间推杆；14—偏心轴；15—蜗轮；16—排气凸轮轴

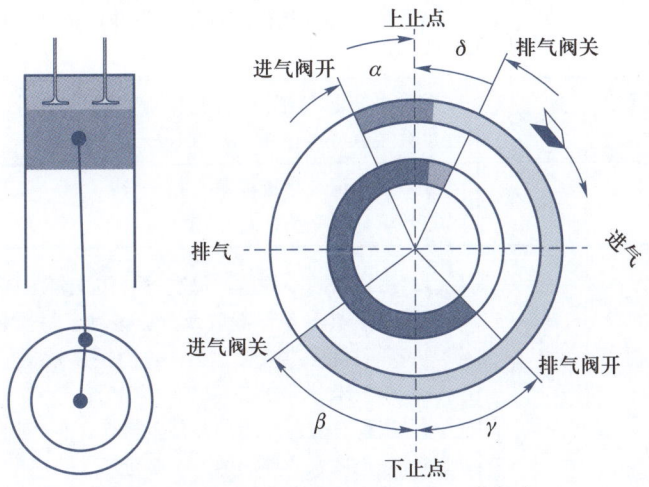

图 3-65 发动机凸轮轴和气门的工作状态

任务工单

"配气相位"操作工单

1.准备工作	
（1）工量具及仪器设备准备	记录：
（2）维修手册准备	记录：

2.绘制进气门与排气门的配气相位，并写出进气持续角与排气持续角的公式

进气持续角：_____；排气持续角：_____；

气门叠开角：_____

3.描述可变配气正时系统（VVT-i）与可变气门正时及升程电子控制系统（VTEC）的作用、结构和工作原理

任务评价

"配气相位"评分标准

序号	考核项目	配分	扣分标准（每项累计扣分不超过配分）
1	安全文明	否决	造成人身、设备重大事故，此任务计 0 分
2	准备工作	10 分	设备、工量具每少准备一件，扣 1 分，工量具选择不当，不会查阅维修手册，扣 5 分
3	配气相位的认知	30 分	未能指出配气相位的进排气门开启角度，识别错误每项扣 5 分
4	可变配气相位 VVT-i、VTEC 的认知	30 分	简述可变配气相位 VVT-i、VTEC 的作用、结构和工作原理，并填入任务工单，每漏述一项扣 5 分
5	工单记录	10 分	（1）工单记录字迹潦草，扣 2 分； （2）填写不完整，每项扣 2 分
6	6S 管理	20 分	（1）工作着装不规范，每次每处扣 3 分； （2）工量具与零件混放或摆放凌乱，每次每处扣 2 分，工量具或零件随意摆放在地上，每次扣 2 分； （3）垃圾未分类回收，每次扣 2 分； （4）出现有安全隐患的不规范操作，每次扣 3 分； （5）完工后未清理场地，扣 2 分
7	合计	100 分	

项目小结

1. 配气机构是按照发动机各缸的做功次序、各缸工作循环的要求和配气相位的要求，定时地开启和关闭各缸进、排气门，以便发动机进行进气、压缩、做功和排气等工作过程。

2. 配气机构由气门组和气门传动组组成。气门组由进排气门、气门导管、气门座、气门弹簧、气门弹簧座、气门锁片和气门油封等组成。气门传动组包括凸轮轴、挺柱（含液力挺柱）、正时传动带（或链条）、正时齿轮（或传动带轮、链轮）及中间轴齿轮、张紧轮等。

3. 液力挺柱有自动补偿气门间隙的功能，省去了定期检查和调整气门间隙的工作，消除了因存在气门间隙而产生的冲击，从而减轻了配气机构各接触面的磨损，降低了噪声。

4. 配气机构按气门的布置位置不同，可分为顶置式配气机构和侧置式配气机构两大类。顶置式配气机构按每缸气门的数量，可分为双气门式和多气门式；按凸轮轴的位置，可分为凸轮轴下置式、凸轮轴中置式和凸轮轴上（顶）置式；按曲轴和凸轮轴的传动方式，可分为齿轮传动式、链条传动式和传动带传动式。

5. 气门检查主要是检查弯曲度、气门杆的磨损程度、气门长度、进气门密封锥面母线长度等。

6. 凸轮轴的常见故障有凸轮磨损、轴颈磨损与擦伤、凸轮轴弯曲、键槽磨损或扭曲、轴向间隙增大、轴向同心度超标等。

练习与思考

一、填空题

1. 配气机构由 _____ 和 _____ 组成。
2. 气门由 _____ 和 _____ 两部分组成。
3. 在装配曲轴和凸轮轴时，必须将 _____ 对准以保证正确的 _____。
4. 气门叠开角是 _____ 和 _____ 之和。
5. 有些汽车近些年来采用可变气门技术，用来控制 _____ 与 _____，从而使发动机输出不同的功率。

二、是非题

1. 对于多缸发动机来说，各缸同名气门的结构和尺寸是完全相同的，所以可以互换使用。（　　）
2. 凸轮轴的轴向窜动可能会使配气相位发生变化。（　　）
3. 发动机在排气结束时，气缸内压力小于外界大气压。（　　）
4. 高速发动机为了提高充气和排气性能，往往采用增加进气提前角和排气迟

闭角的方法，以改善发动机性能。   （   ）
5. 由于曲轴一定是顺时针转动的，凸轮轴则一定是逆时针转动的。 （   ）
6. 因为采用了液力挺柱，所以气门间隙就不需要调整了。   （   ）

三、选择题

1. 曲轴与凸轮轴之间的传动比为（   ）。
   A. 2∶1　　　B. 1∶2　　　C. 1∶1　　　D. 4∶1
2. 设某发动机的进气提前角为 α，进气迟闭角为 β，排气提前角为 γ，排气迟闭角为 δ，则该发动机的进、排气门叠开角为（   ）。
   A. α+γ　　　B. γ+β　　　C. α+δ　　　D. β+δ
3. 配气相位的实质就是进排气门的（   ）。
   A. 早开早闭　B. 早开晚闭　C. 晚开早闭　D. 晚开晚闭
4. 气门的升程取决于（   ）。
   A. 凸轮的轮廓　　　　　　B. 凸轮轴的转速
   C. 配气相位　　　　　　　D. 气门间隙
5. 下面哪种凸轮轴布置形式最适合于高速发动机。（   ）
   A. 凸轮轴下置式　　　　　B. 凸轮轴上置式
   C. 凸轮轴中置式

四、简答题

1. 配气机构的作用是什么？
2. 配气机构常见异响种类及故障现象是什么？
3. 简述配气相位的含义，可变气门正时与可变气门升程的工作原理。

项目四

燃料供给系统的构造与拆装

燃料供给系统的任务是储存、输送、清洁燃油,并根据发动机的各种不同工况,将适量的燃油与空气混合,以供给气缸一定浓度和数量的可燃混合气。电控喷射式汽油发动机的燃料供给系统由空气供给系统、燃油供给系统和电子控制系统三大部分组成。

学习任务

- 任务一 汽油机燃料供给系统的构造与拆装;
- 任务二 进排气系统的构造与拆装;
- 任务三 燃料供给系统常见故障诊断与排除。

项目目标

知识目标
- 能描述燃料供给系统的作用和组成;
- 能描述燃料供给系统主要零部件的构造与工作原理;
- 能分析燃料供给系统主要零部件的检测方法。

能力目标
- 能够按照正确的拆装流程,拆装燃料供给系统主要部件;
- 能够对喷油器进行检测与清洗;
- 能够对燃料供给系统压力进行检测;
- 能够对燃料供给系统常见故障进行原因分析与诊断。

素质目标
- 弘扬工匠精神、创新精神。
- 燃料供给系统的拆装与检测过程中,注意防止污染,培养安全意识与环保意识。

任务一

汽油机燃料供给系统的构造与拆装

▶ **任务目标**

知识目标
- 掌握汽油机燃料供给系统的组成；
- 熟悉燃料供给系统主要部件的工作原理。

能力目标
- 认识汽油机燃料供给系统主要部件及安装位置；
- 能够按照正确的拆装流程，拆装燃油系统主要部件；
- 喷油器的检测与清洗。

▶ **任务描述**

一辆行驶近 100 000 km 的丰田花冠轿车，发动机运转不平稳，热车状态下有时冒黑烟，油耗过高。

▶ **任务分析**

对以上问题，首先了解汽油发动机燃料供给系统的组成和主要部件的结构及工作原理，并能对主要部件进行拆装与检测。

▶ **知识链接**

一、汽车燃料与空燃比

1. 汽油

汽油是现代汽车广泛使用的一种燃料，从石油中提炼而成，是一种碳氢化合物的复杂混合物。汽油常见标号有 92 号、95 号，其标号是根据汽油的辛烷值来区分的，标号越高，辛烷值越高，汽油抗爆性越好。注意：盲目使用高标号汽油，不仅会在行驶中产生加速无力的现象，而且其高抗爆性的优势无法发挥出来，还会造成金钱的浪费。

2. 柴油

柴油分为轻柴油和重柴油,汽车上使用的是轻柴油。柴油常见标号有 0 号、-20 号、-30 号等,其标号是根据柴油的凝点来区分的,凝点是指柴油失去流动性开始凝固时的温度。

3. 空燃比与过量空气系数

燃料与空气的混合物称为混合气。混合气中含燃料量的多少称为混合气浓度。可燃混合气的浓度常用空燃比 R 和过量空气系数 α 来表示。

(1) 空燃比 R。

$$R = 空气质量(kg) / 燃油质量(kg)$$

理论上,1 kg 汽油完全燃烧需 14.7 kg 空气。$R=14.7$ 的混合气称为理论混合气;$R<14.7$ 的混合气称为浓混合气;$R>14.7$ 的混合气称为稀混合气。

(2) 过量空气系数 α。

α= 燃烧 1 kg 燃料实际供给的空气质量 / 理论上完全燃烧时所需的空气质量

$\alpha=1$ 的混合气称为理论混合气;$\alpha<1$ 的混合气称为浓混合气;$\alpha>1$ 的混合气称为稀混合气。

4. 可燃混合气浓度对发动机性能的影响

可燃混合气浓度对发动机的燃烧过程及其动力性和经济性都有很大的影响。

(1) 理论混合气($\alpha=1$):理论上推算的完全燃烧的混合气浓度。但由于时间和空间条件的限制,汽油不能及时与空气绝对均匀的混合,实际上不可能完全燃烧。

(2) 经济混合气($\alpha=1.05\sim1.15$):经济性最好,动力性稍差。

(3) 功率混合气($\alpha=0.85\sim0.95$):动力性最好,经济性稍差。

(4) 燃烧极限($\alpha<0.4$ 或 $\alpha>1.4$):火焰在燃烧室内无法传播,导致发动机熄火。

发动机工况是发动机工作情况的简称,包括发动机的负荷和转速等情况。负荷的大小多用节气门开度的百分数表示,全负荷节气门全开为 100%,半开为中等负荷,其间有许多个工况。发动机有起动、怠速、中等负荷、全负荷和加速等五种典型工况。

二、汽油机燃料供给系统的组成

电控喷射式汽油发动机的燃料供给系统由燃油供给系统、空气供给系统和电子控制系统三大部分组成,如图 4-1 所示。

1. 燃油供给系统的组成和安装位置

燃油供给系统主要由燃油箱、燃油滤清器、电动燃油泵、燃油分配管、燃油压力调节器、燃油轨等组成,如图 4-2 所示。

燃油供给系统各零部件安装位置如图 4-3 所示。

2. 燃油供给系统各组成件的作用与结构

(1) 燃油箱。

燃油箱用来储存汽油或柴油,其储备里程一般为 300～600 km。普通汽油车只有一个汽油箱,越野汽车常有主、副两个汽油箱。油箱多为薄钢板冲压焊制,内部镀锌或镀锡,有的用耐油硬塑料铸制。

微课

汽油机燃料供给系统的构造

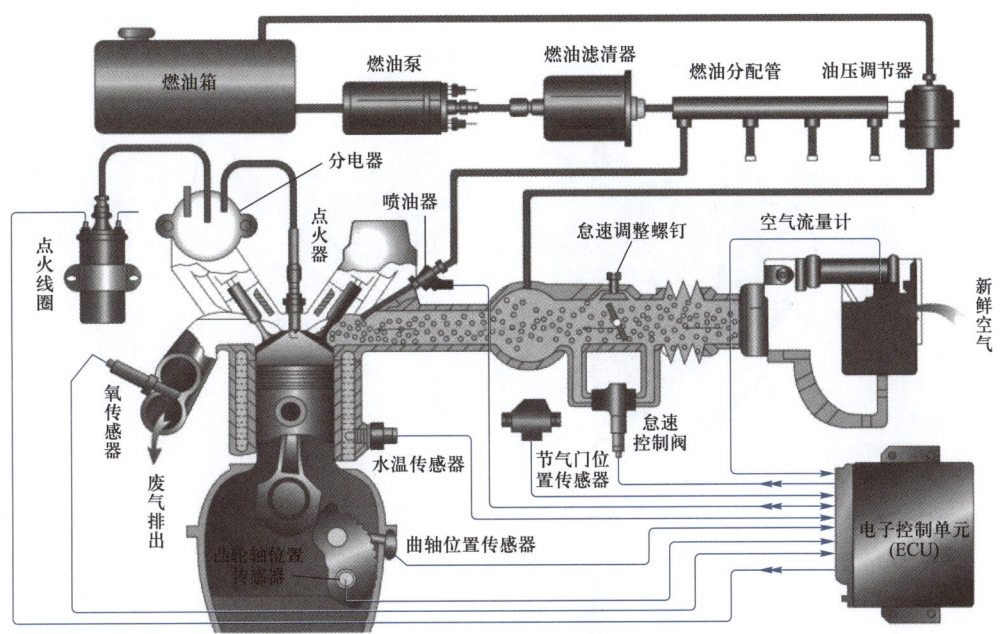

图 4-1 电控喷射式汽油发动机燃料供给系统

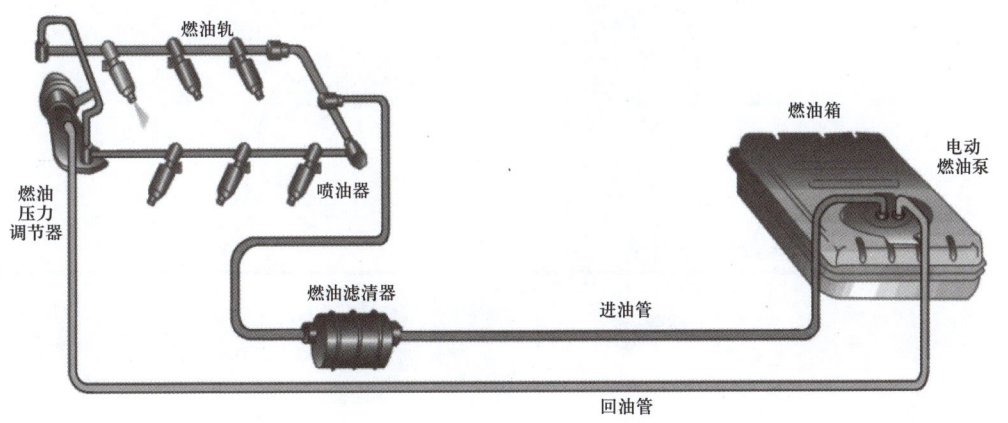

图 4-2 汽油机燃油供给系统组成

（2）电动燃油泵。

现代轿车上广泛采用电动燃油泵。按安装位置的不同，电动燃油泵可分为外装式和内装式两种，外装式电动燃油泵安装在油箱外，串联在输油管上；内装式电动燃油泵安装在油箱内部，浸泡在燃油中，不易产生气阻，不易泄漏且噪声小，应用广泛。

按结构不同，电动汽油泵可分为涡轮式、滚柱式、齿轮式和侧槽式等。应用较多的汽油泵是涡轮泵和滚柱泵。

① 涡轮泵。涡轮泵主要由泵油组件、永磁电动机、端盖和泵体等组成，如图 4-4 所示。

动画
电动燃油泵

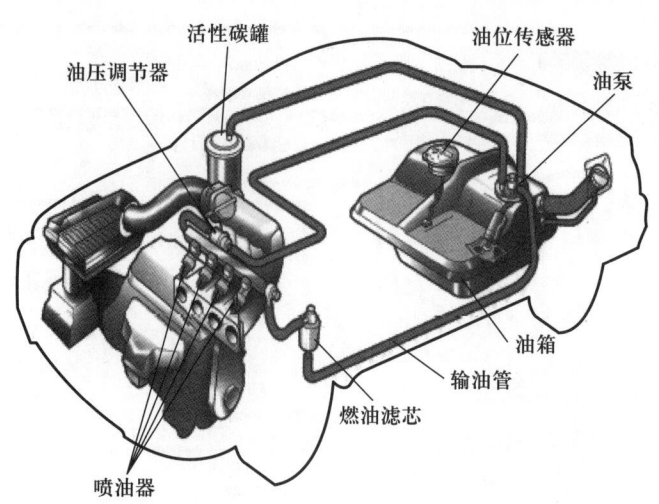

图 4-3　燃油供给系统各零部件安装位置

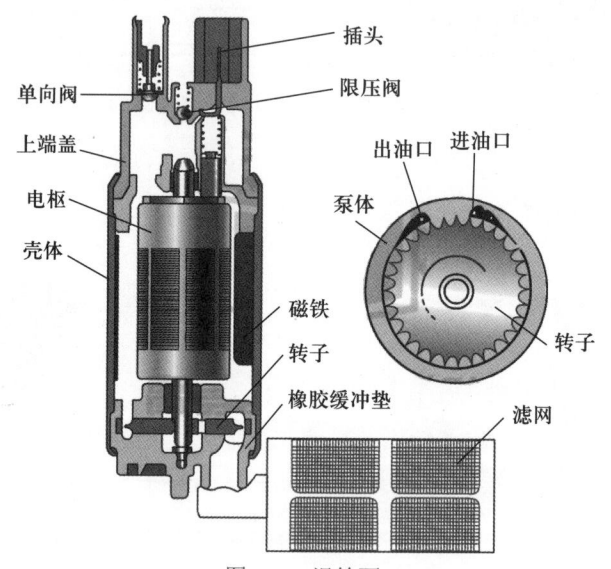

图 4-4　涡轮泵

　　涡轮泵电动机通电时，电动机驱动涡轮泵转子旋转，由于离心力作用，使叶轮周围小槽内的叶片贴紧泵体，将燃油从进油室带往出油室。由于进油室的燃油不断减少，形成一定的真空度，将燃油从进油口吸入；而出油室燃油不断增多，燃油压力升高，当达到一定值时，燃油顶开出油阀（单向阀）输出。

　　出油阀（单向阀）还可在燃油泵不工作时，阻止燃油倒流回油箱，这样可保留油路中有一定的残余压力，便于下次起动。

　　限压阀（安全阀）的作用是当燃油管路阻塞使系统中油压超过允许值时即开启泄压阀卸压，这样可避免损坏油管或燃油泵。

　　② 滚柱泵。滚柱泵的输油压力波动较大，在出油端必须安装脉动阻尼器，这使燃油泵的体积增大，所以一般都安装在油箱外面，即属外置式。

装有滚柱的转子呈偏心状，置于壳体内，由直流电动机驱动，当转子旋转时，位于转子槽内的滚柱在离心力的作用下，紧压在泵体内表面上，对周围起密封作用，在相邻两个滚柱之间形成工作腔，如图4-5所示。

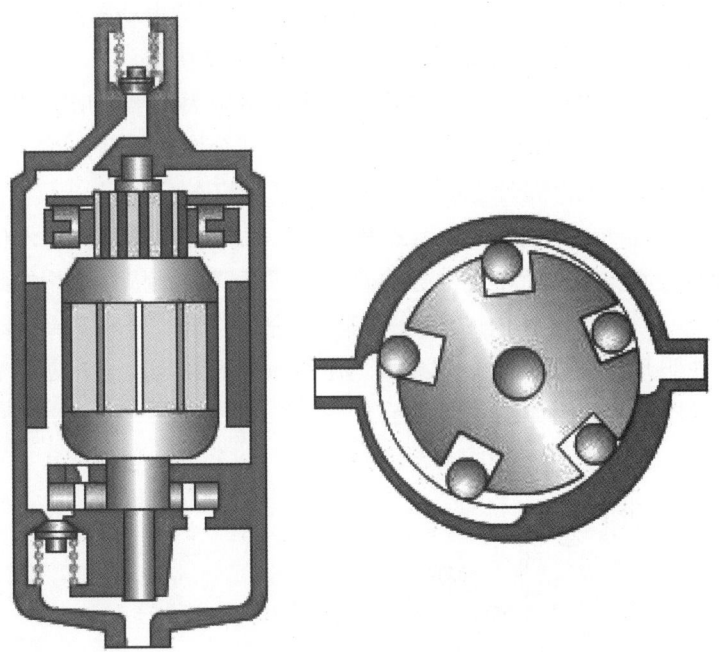

图4-5 滚柱泵

在燃油泵运转过程中，工作腔转过出油口后，其容积不断增大，形成一定的真空度，当转到与进油口连通时，将燃油吸入；而吸满燃油的工作腔转过进油口后，其容积又不断减小，使燃油压力提高，受压燃油流过电动机，从出油口输出。出油阀和泄压阀的作用与涡轮泵相同。

（3）燃油滤清器。

现代轿车发动机多采用一次性使用、不可拆式纸质滤芯的燃油滤清器，一般每行驶20 000～40 000 km或1～2年更换燃油滤清器。常见的燃油滤清器有三种形式：普通直进直出式滤清器、带有回油管路式滤清器、集成与油泵总成式滤清器。其实物图如图4-6所示。

(a) 普通直进直出式

(b) 带有回油管路式

(c) 集成与油泵总成式

图4-6 燃油滤清器实物图

动画
燃油压力
调节器

（4）燃油压力调节器。

燃油压力调节器的功用是保持燃油供给的压力与进气歧管压力之差为恒定值（通常为 250 kPa），保证喷油量只与喷油器开启时间有关，而与系统油压和进气歧管负压无关。燃油压力调节器位于燃油分配管的一端或与电动燃油泵一体安装于燃油箱内，主要由膜片、弹簧和回油阀等组成，如图 4-7 所示。

发动机工作时，由于电动燃油泵输送的燃油量远大于喷射所需的燃油量，故在油压作用下膜片移向弹簧室一侧，阀门打开，部分燃油流回油箱，燃油分配管内保持一定的油压，此时膜片上、下压力处于平衡状态。

当进气歧管内气体压力下降（真空度增大）时，膜片向上移动，使回油阀开度增大，回油量增加，从而使燃油分配管内油压下降，保持与变化的歧管压力差值恒定；反之，当进气歧管内的压力升高（真空度降低）时，膜片带动回油阀向下移动，回油阀开度减小，回油量减少，使燃油分配管内油压升高。节气门开度与燃油分配管压力的关系如图 4-8 所示。

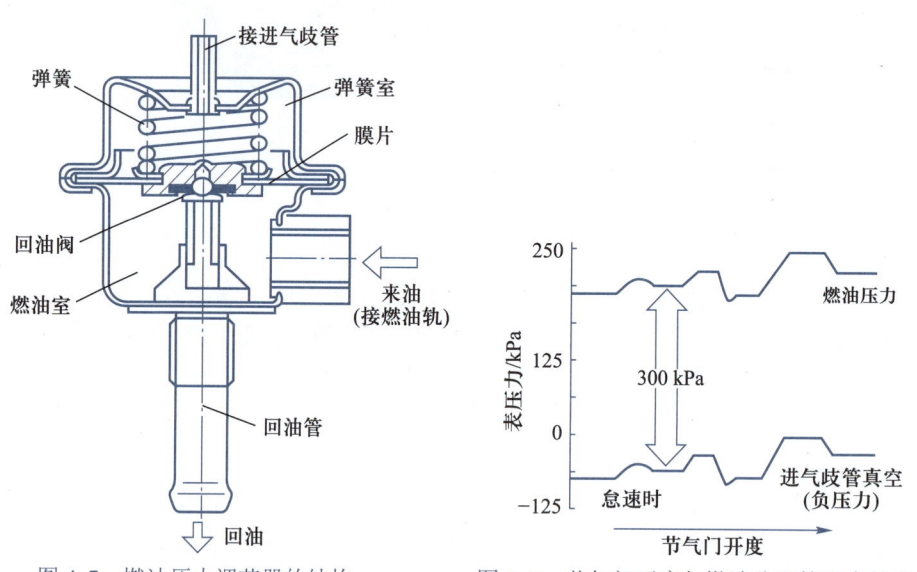

图 4-7　燃油压力调节器的结构　　　图 4-8　节气门开度与燃油分配管压力的关系

发动机停止工作时，燃油分配管内压力下降，回油阀在弹簧作用下逐渐关闭，使燃油泵单向阀与燃油压力调节器回油阀之间的油路内保持一定的压力。

（5）喷油器。

喷油器的功用是按照电子控制单元的指令将一定量的燃油适时地喷入进气道或进气管内，并与其中的空气混合形成可燃混合气。喷油器的通电、断电由电子控制单元控制。喷油器的结构如图 4-9 所示，当电子控制单元传送来电流信号时，电磁线圈通电，产生电磁力，把阀针吸起，燃油从针孔中喷出。

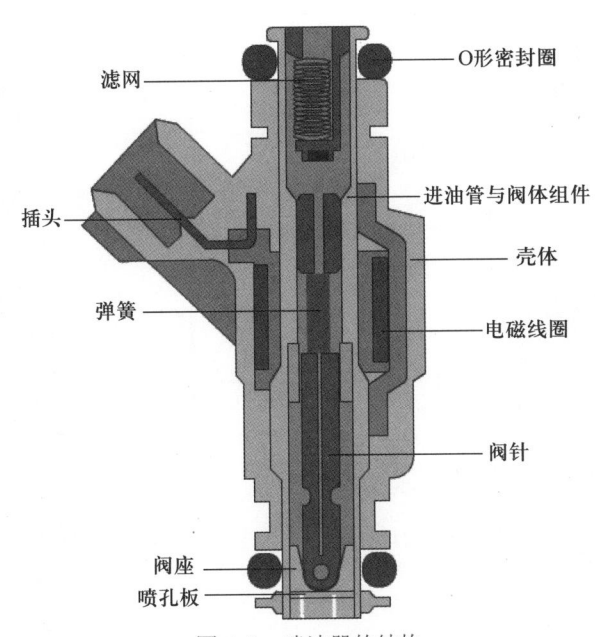

图 4-9 喷油器的结构

喷油器形式较多,按其结构特点可分轴针式喷油器和孔式喷油器。轴针式喷油器针阀的前端有一段轴针,喷油器关闭时轴针漏出喷孔。轴针式喷油器主要特点是喷孔不易堵塞,但燃油的雾化质量稍逊于孔式喷油器,且由于针阀的质量较大,因此动态响应较差;孔式喷油器针阀的前端没有轴针,针阀不漏出喷孔,喷孔数为1~4个,针阀头部为锥形或球形。孔式喷油器的特点是雾化质量较好,且针阀的质量仅为轴针式针阀的一半,故响应速度快,不足之处是喷孔易堵塞。

喷油器按电磁线圈的阻值分为低阻喷油器和高阻喷油器。低阻喷油器电磁线圈的匝数较少,电阻值为 2~3Ω,由于减少了电磁线圈的匝数,因此线圈的电感小,动态响应特性好;高阻喷油器的电阻值为 12~17Ω,只能采用电压驱动方式,故驱动电路简单,成本较低,响应特性较差。

三、汽油机电子控制系统

电子控制系统的作用是检测发动机的工作状况,精确控制燃油喷射量、喷射正时和点火时刻,主要由各种传感器、各种执行器件和发动机控制单元(ECU)组成,如图 4-10 所示。

四、燃油蒸发控制系统

燃油蒸发控制(EVAP)系统的作用是阻止油箱内的燃油蒸气泄漏到大气中污染环境,同时收集汽油蒸气并适时送入进气管内与空气混合后进入发动机燃烧,提高燃油的经济性。EVAP 系统可以采用不同的结构,但大致由活性炭罐、电磁阀、真空控制阀和管路等组成,如图 4-11 所示。

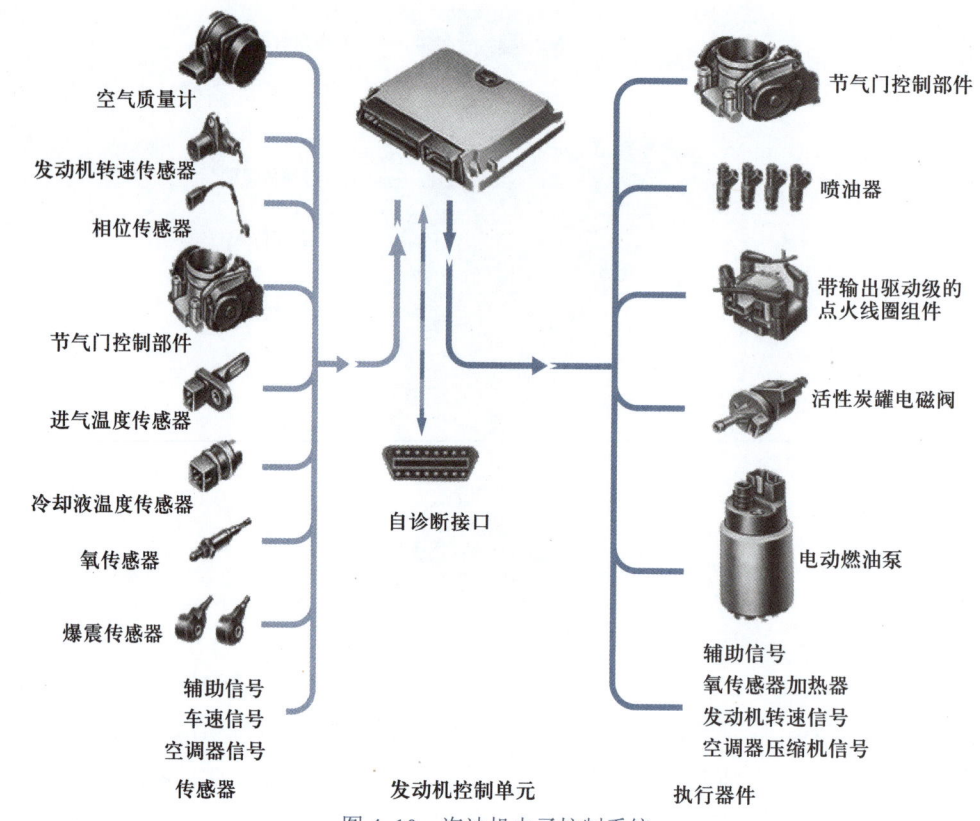

图 4-10 汽油机电子控制系统

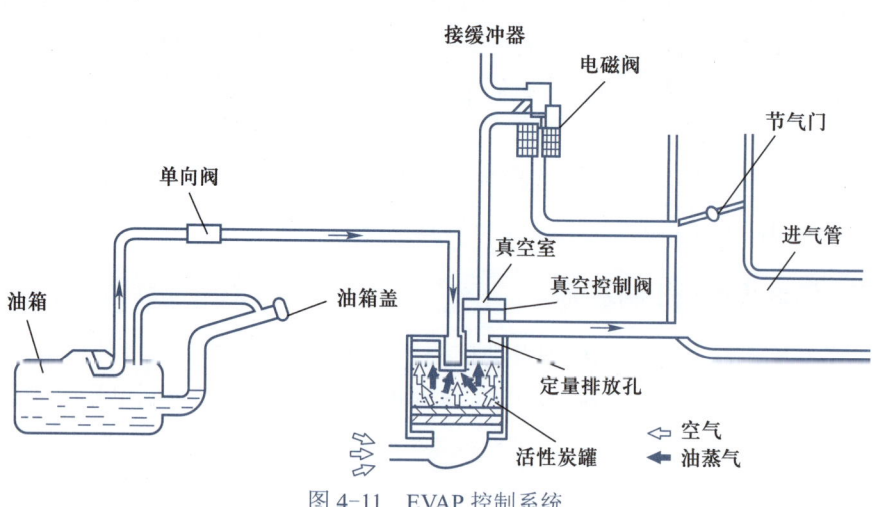

图 4-11 EVAP 控制系统

活性炭罐的功能是吸收、储存燃油蒸气。炭罐本身是一个抗油性的尼龙或塑料容器,里面装满了活性炭颗粒,活性炭具有吸附燃油蒸气的能力,并在真空吸力作用下可以释放燃油蒸气。

EVAP 系统具体工作过程:燃油箱的燃油蒸气通过单向阀进入活性炭罐的上

部，空气从活性炭罐下部进入清洁活性炭，在炭罐右上方有一定量排放小孔及受真空控制的排放控制阀，排放控制阀内部的真空度由炭罐电磁阀控制。

发动机工作时，ECU 根据发动机转速、温度、空气流量等信号，通过控制炭罐电磁阀的开闭来控制真空控制阀上部的真空度，从而控制真空控制阀的开度。当真空控制阀打开时，燃油蒸气通过真空控制阀被吸入进气歧管。

在部分电控 EVAP 系统中，活性炭罐上不设真空控制阀，而将受 ECU 控制的电磁阀直接安装在活性炭罐与进气管之间的吸气管上。图 4-12 所示为韩国现代轿车装用的 EVAP 系统。

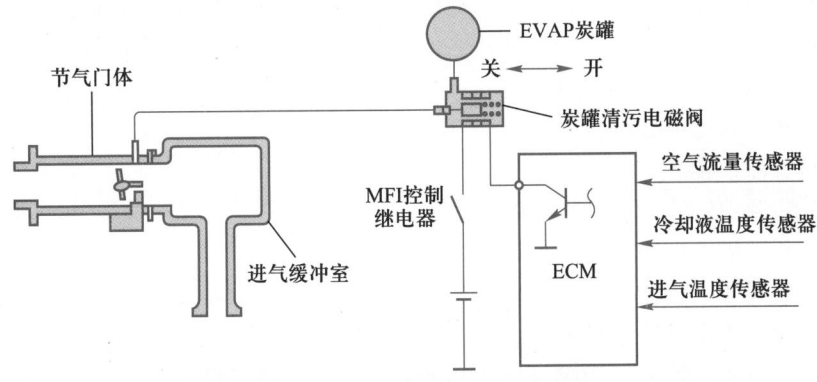

图 4-12　韩国现代轿车 EVAP 系统

▶ 任务实施

一、就车检查喷油器

1. 喷油器工作声音的测听

（1）发动机热车后使其怠速运转。

（2）用旋具或听诊器测听各缸喷油器工作的声音。

（3）在发动机运转时，应能听到喷油器有节奏的"嗒嗒"声，这是喷油器在电脉冲作用下的喷油器工作声（可用拔掉喷油器线束插头后，测听响声是否消失的方法，来确认是否为喷油器工作的声音）。若各缸喷油器工作声音清脆均匀，则说明各喷油器工作正常。

（4）若某缸喷油器的工作声音很小，则说明该喷油器工作不正常，可能是针阀卡滞，应做进一步的检查。

（5）如听不见某缸喷油器的工作声音，说明该喷油器不工作。对此，应检查喷油器控制线路或测量喷油器电磁线圈电阻。若控制线路及电磁线圈正常，则说明喷油器针阀完全卡死，应更换喷油器。

2. 断缸检查

（1）发动机热车后使其怠速运转。

（2）依次拔下各缸喷油器的线束插头，使喷油器停止喷油，进行断缸检查。

喷油器的检测

① 若拔下某缸喷油器线束插头后,发动机转速有明显下降,则说明该喷油器工作正常。

② 若拔下某缸喷油器线束插头后,发动机转速无明显下降,则说明该缸不工作或工作不良,可能是喷油器不工作,应做进一步的检查。

二、喷油器的拆装、清洗与检测

1. 喷油器的拆卸准备

(1) 做好安全防护工作,准备好工量具。

(2) 取下燃油泵继电器或熔丝,起动发动机,怠速运转直到失速。

(3) 发动机失速后,起动发动机大约 5 s,以确保燃油轨压力已经释放。

(4) 将点火开关转到 OFF 位置。

(5) 断开蓄电池接地电缆。

2. 拆卸喷油器

(1) 断开曲轴箱强制通风(PCV)管。

(2) 断开供油管接头。

(3) 断开 4 个喷油器电气接头。

(4) 拆下 2 个燃油轨螺栓和燃油轨。

(5) 拆下 4 个喷油器和燃油轨,喷油器拆卸后要使用抹布防护。

3. 清洗喷油器

(1) 检查喷油器清洗仪清洗液壶液面高度并添加清洗液。

(2) 接通电源。

(3) 安装待清洗喷油器。

(4) 测量喷油器阻抗。用万用表测量喷油器电磁线圈的电阻,低阻值的喷油器阻值为 $2\sim3\Omega$,高阻值的喷油器阻值为 $12\sim17\Omega$。如检测出超标的阻值,则应更换。

(5) 超声波清洗。把要检测的喷油器与脉冲输入信号线相连接,将超声波电源线与主机开关插座连接,然后把喷油器插在超声波清洗槽架上,清洗液加至规定高度(液面高度一般是清洗槽深度的二分之一),按下超声波清洗机开关,再按主机面板上的"手动"键,灯亮即可开始清洗,如图 4-13 所示。

(6) 检测喷油器的滴漏。停止喷射时,不能有燃油泄漏发生,规定 1 min 内,泄漏不能超过 1 滴(或按技术标准),否则更换,如图 4-14 所示。

(7) 检测喷油器的喷油角度和雾化状况。检测各喷油器雾化情况,不能有集束、喷歪现象。

(8) 检测喷油器的喷油量。单位时间内的喷油量应在规定值范围内,检测各缸喷油器喷油量的差别。相差越小,发动机运转越平稳;相差过大,则应更换。

(9) 检测喷油器喷油量的均匀度。

4. 预置燃油系统压力安装喷油器

(1) 安装 4 个喷油器和燃油轨。

(2) 安装 2 个燃油轨螺栓和燃油轨。

项目四 燃料供给系统的构造与拆装 147

图 4-13 清洗喷油器

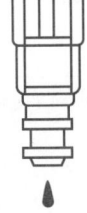
图 4-14 检测喷油器的滴漏

（3）连接 4 个喷油器电气接头。
（4）连接供油管接头。
（5）安装曲轴箱强制通风（PCV）管。

▶ 任务工单

"汽油机喷油器拆装、清洗与检测" 操作工单

车型：_____

1. 汽油机喷油器清洗维护
（1）根据汽车维护操作要求，按照标准流程进行车辆保养作业；
（2）根据修理手册和实际测量值填写以下操作记录；
（3）实际操作过程中，要边操作边向考核教师叙述操作内容和检查结果

操作记录：

2. 作业基本要求
（1）按规范作业，合理、快捷；
（2）作业完成后，将工具、车辆等恢复成考前状态；
（3）注意工作安全，强调"6S"管理；
（4）如果检查出不正常现象，记录在以下表格中（不必恢复）

3. 不正常现象（没有异常可以不填）

> 任务评价

"汽油机喷油器拆装、清洗与检测"评分标准

序号	检修项目	检修内容	配分	扣分标准
1	安全	—	否决	造成人身、设备重大事故,此题计0分
2	作业安全、"6S"管理	铺、收座椅护套、翼子板布等	5	每少铺、收一件,扣1分
		准备所需仪器设备	5	未准备,扣5分;准备有遗漏,扣2分
		工量具、场地清洁	5	未清洁,每次扣1分
3	喷油器拆卸准备	取下燃油泵电源熔丝或继电器	4	未做,扣4分
		起动发动机,怠速运转直到失速	4	未做,扣4分
		发动机失速后,起动发动机大约5 s,以确保燃油轨压力已经释放	4	未做,扣4分
		将点火开关转到OFF位置	4	未做,扣4分
		断开蓄电池接地电缆	4	未做,扣4分
4	拆卸喷油器	断开曲轴箱强制通风(PCV)管	2	未做,扣2分
		断开供油管接头	2	未正确处理漏油,扣2分
		断开4个喷油器电气接头	2	未做,扣2分
		拆下2个燃油轨螺栓和燃油轨	2	未做,扣2分
		拆下4个喷油器和燃油轨	2	喷油器拆卸后未使用抹布防护,扣2分
5	清洗喷油器	检查喷油器清洗仪清洗液壶液面高度并添加清洗液	4	未做,扣4分
		接通电源	4	未做,扣4分
		安装待清洗喷油器	4	未做,扣4分
		测量喷油器阻抗	4	未做,扣4分
		超声波清洗	4	未做,扣4分
		检测喷油器的滴漏	5	检测方法不正确,扣3分;结果不正确,扣2分
		检测喷油器的喷油角度和雾化状况	5	
		检测喷油器的喷油量	5	
		检测喷油器油量的均匀度	5	
6	安装喷油器	安装4个喷油器和燃油轨	2	安装不正确,扣2分
		安装2个燃油轨螺栓和燃油轨	2	安装不正确,扣2分
		连接4个喷油器电气接头	2	连接不正确,扣2分
		连接供油管接头	2	连接不正确,扣2分
		安装曲轴箱强制通风(PCV)管	2	安装不正确,扣2分
7	工单填写	确认检测步骤及检修结果填写	5	工单填写情况酌情扣分
8	合计		100	

任务二

进排气系统的构造与拆装

▶ 任务目标

知识目标
- 掌握进排气系统的组成；
- 熟悉进排气系统主要部件的工作原理。

能力目标
- 认识进排气系统主要部件及安装位置；
- 能够按照正确的拆装流程，拆装进排气系统主要部件；
- 能够进行进排气歧管的拆装与检测；
- 能够进行节气门体的拆装与清洗。

▶ 任务描述

一辆行驶近 30 000 km 的丰田花冠轿车到汽车 4S 店进行维护保养，项目包含空气滤清器的检查、节气门体的清洗等项目。

▶ 任务分析

对以上维护保养项目，首先要了解进排气系统组成和主要部件的结构及工作原理，并能对主要部件进行拆装与检测。

▶ 知识链接

对于汽油机，空气经空气滤清器过滤后，流过空气流量传感器，由进气道进入进气歧管，与喷油嘴喷出的汽油混合形成可燃混合气，经进气门进入气缸。对于柴油机，空气经空气滤清器过滤后，进入进气歧管，经进气门进入气缸。排气系统的功用是尽可能多地把燃烧后的废气排出气缸。

一、进气系统

进气系统的功用是尽可能多、尽可能均匀地向各缸供给可燃混合气或纯空气。

进气系统主要包括空气滤清器、空气流量传感器、节气门、进气歧管、进气预热装置等部件。

1. 空气滤清器

微课
空气滤清器的检查与更换

空气滤清器内装有一个滤芯，在外部空气进入发动机时，可从空气中除去尘土和其他颗粒，以减少气缸、活塞和活塞环的磨损，延长发动机的使用寿命。

目前，汽车发动机广泛采用纸质干式空气滤清器，它属于过滤式。这种滤清器具有结构简单、质量轻、成本低、使用方便、过滤效果好的优点。纸质干式空气滤清器过滤效果可达 99.5% 以上，其结构如图 4-15 所示。

图 4-15　纸质干式空气滤清器

空气滤清器长期使用会产生堵塞，对进气产生额外阻力，使发动机充气量和动力性降低。因此滤芯必须定期清洗或更换，可将它取出用手轻拍或用压缩空气吹去积灰。切忌接触油质，以免加大过滤阻力。

2. 节气门

动画
节气门工作原理

节气门是控制空气进入发动机的一道可控阀门，气体进入进气管后会和汽油混合成可燃混合气，从而燃烧做功。它上接空气滤清器，下接发动机缸体，被称为汽车发动机的咽喉。

节气门按照其控制方式不同，可分为机械节气门和电子节气门。电子节气门的节气门在整个调整范围内都是由直流电动机控制。机械节气门是当驾驶人踏下加速踏板时，通过节气门拉索对节气门进行机械定位。现代汽车普遍采用电子节气门。

电子节气门一方面执行来自发动机 ECU 的指令，调节节气门开度来控制发动机的进气量，从而实现控制发动机的负荷输出，同时可以输出反映节气门开度位置的信号，供控制系统监控节气门工作状况。

电子节气门由节气门体、控制电机和节气门位置传感器等构成，如图 4-16 所示。来自发动机 ECU 的指令使驱动电机动作，通过传动机构使节气门板转动，保证发动机工作所需的节气门开度。电子节气门配合发动机控制系统工作，可以实现发动机怠速控制、车辆巡航控制、车身电子稳定控制（ESP）等功能。

3. 进气歧管

进气歧管（见图 4-17）的作用是将可燃混合气或洁净空气尽可能均匀地分配到各个气缸，为此进气歧管内气体流道的长度应尽可能相等。为了减小气体流动阻力，提高进气能力，进气歧管的内壁应该光滑。

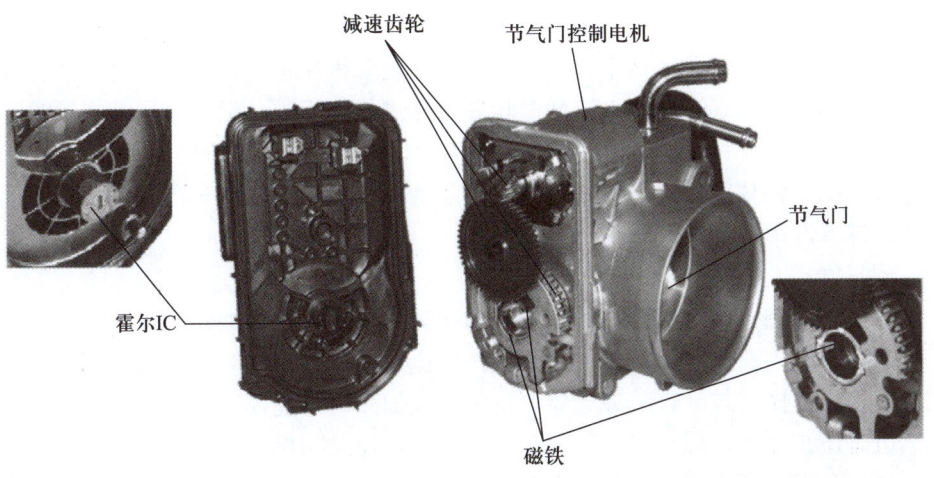

图 4-16　电子节气门

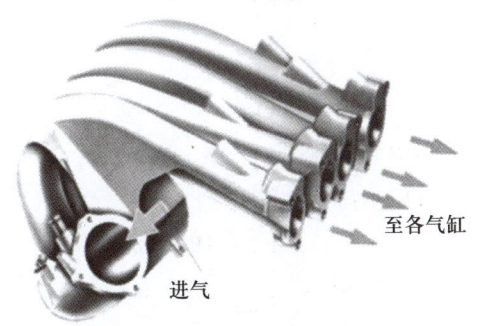

图 4-17　进气歧管

货车和客车的进、排气歧管大部分采用铸铁制成，也有少量采用铝合金制造的；现代轿车的进、排气歧管大部分采用铝合金制造，也有少量采用铸铁和硬质塑料制造的。进、排气歧管在结合面处装上石棉衬垫，以防止漏气。

有些汽车上装配有可变进气歧管，如图 4-18 所示。可变进气歧管充分利用进气波动效应和尽量缩小发动机在高、低速运转时进气速度的差别，从而达到改善发动机经济性及动力性，特别是改善中、低速和中、小负荷时的经济性和动力性的目的。要求发动机在高转速、大负荷时使用粗短的进气歧管；而在中、低转速和中、小负荷时使用细长的进气歧管。可变进气歧管在所有转速下可以使发动机转矩平均提高 5%。

动画
可变进气歧管

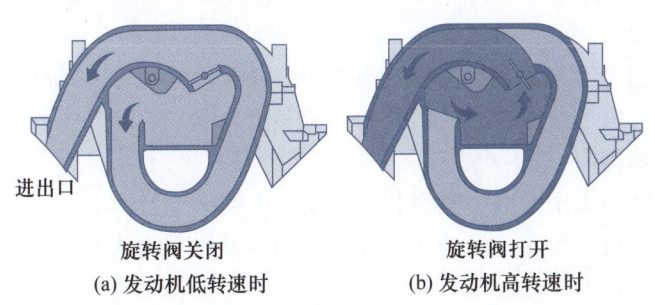

图 4-18　可变进气歧管

4. 进气预热装置

汽车在寒冷的冬季条件下，由于气温低，发动机在进气行程时，可燃混合气中的燃油不容易进入气缸，许多汽油微粒黏附在进气歧管内；活塞在压缩终了时，空气（或可燃混合气）的温度较低，发动机着火困难；加之低温时机油黏度大，起动阻力大。由于种种原因，造成发动机低温起动困难。为保证汽车在低温条件下迅速起动，许多汽车发动机采用进气预热装置。

预热方式主要有以下三种。

（1）利用陶瓷加热器：在进气歧管内装有陶瓷热敏电阻加热器。

（2）利用高温排气加热：使发动机排气流过进气管底部对进气进行加热，也有的发动机将进排气歧管合装成一体。这种方式加热快，能缩短冷机运转时间。缺点是热机时还在加热，减少了进入气缸的空气量，使发动机功率下降。

（3）利用循环冷却液加热：进气歧管内设有水套，并与冷却系统连通，让冷却液在进气歧管水套内循环。这种形式比废气加热时间长，但热机时，发动机的性能好。

二、排气系统

发动机在排气行程期间，气缸中的废气经排气门进入排气歧管，再由排气歧管进入排气管、催化转换器和消声器，最后由排气尾管排到大气中。排气系统主要包括排气歧管、排气消声器、三元催化转换器等，如图4-19所示。

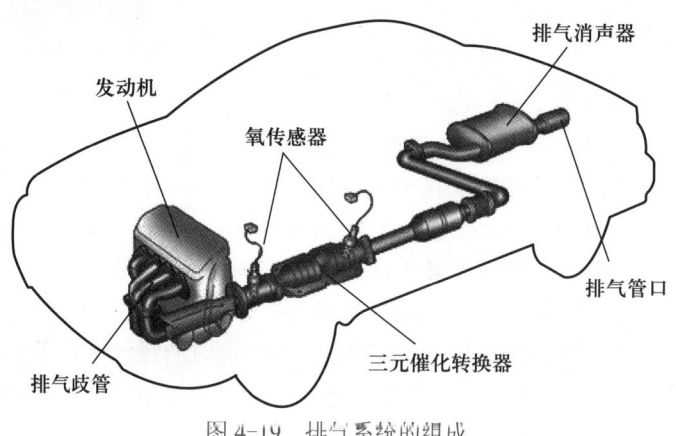

图4-19 排气系统的组成

1. 排气歧管

排气歧管的作用是将各缸的排气集中起来导入排气总管，每缸都带有分排气歧管管路，这样可以尽量减少排气阻力，避免各缸之间产生相互干扰。

2. 排气消声器

排气消声器的作用是减少噪声和消除废气中的火焰及火星。消声器的基本原理是消耗废气的能量，平衡气流的压力波动。消声器有吸收式和反射式两种基本消声方式。吸收式消声器，通过废气在玻璃纤维、钢纤维和石棉等吸声材料上的摩擦而减少能量，反射式消声器则通过多次反射、碰撞、膨胀及冷却而降低废气的压力，减轻振动。

3. 三元催化转换器

三元催化转换器是安装在汽车排气系统中最重要的机外净化装置，它可将汽车尾气排出的 CO、HC 和 NO_x 等有害气体通过氧化和还原作用转变为无害的二氧化碳、水和氮气。由于这种催化转换器可同时将废气中的三种主要有害物质转化为无害物质，故称三元催化转换器。

动画
三元催化转换器

三元催化转换器主要由壳体、垫片和涂敷催化剂的载体构成，如图 4-20 所示。载体是承载催化剂的物体，它提供很大的比表面积，使催化剂与有害气体充分接触。

(a) 壳体　　　　　　(b) 涂敷催化剂的载体　　　　　　(c) 垫片

图 4-20　三元催化转换器结构

三、废气再循环系统

废气再循环（EGR）系统是把发动机排出的部分 CO_2 回送到进气歧管，并与新鲜混合气体一起再次进入气缸内燃烧，由于废气中含有大量的 CO_2，而 CO_2 不能燃烧却吸收大量的热，使气缸中混合气体的燃烧温度降低，从而减少了 NO_x 的生成量。

在新鲜的混合气体中掺入废气后，混合气体的热值降低，致使发动机的有效功率下降。为了做到既能减少 NO_x 的排放，又能保持发动机的动力性，应根据发动机运转的工况对再循环的废气量加以控制。

根据控制形式不同，常用的废气再循环系统分为开环控制和闭环控制。ECU 控制的开环控制 EGR 系统如图 4-21 所示，ECU 根据发动机冷却液温度、节气门开度、转速和起动等信号控制 EGR 电磁阀的通电和断电。ECU 不给 EGR 电磁阀通电时，控制 EGR 阀的真空通道接通，EGR 阀开启，进行废气再循环；ECU 给 EGR 电磁阀通电时，控制 EGR 阀的真空通道被切断，EGR 阀关闭，停止废气再循环。

ECU 控制的闭环控制 EGR 系统如图 4-22 所示，与开环控制 EGR 系统相比，在 EGR 阀的基础上设置了一个 EGR 阀开度传感器。

ECU 以 EGR 阀开度传感器作为反馈信号，根据其反馈信号修正 EGR 阀的开度，从而实现闭环控制，其控制精度更高。

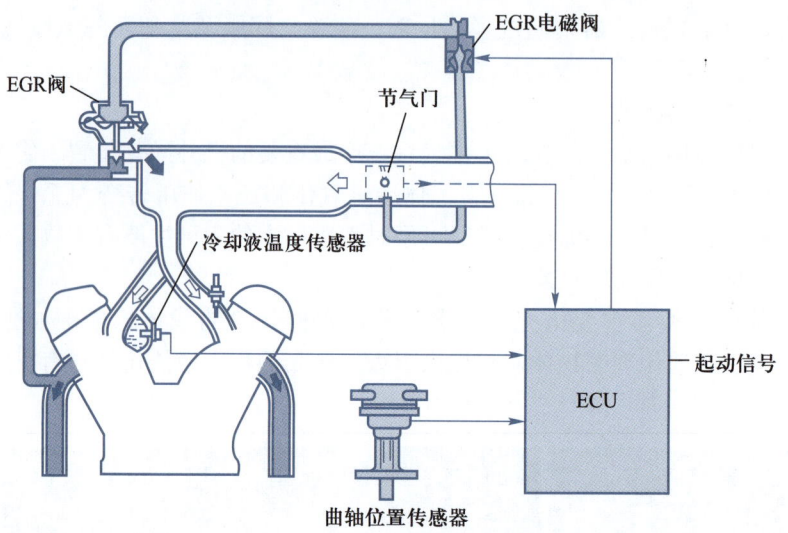

图 4-21　开环控制的 EGR 系统

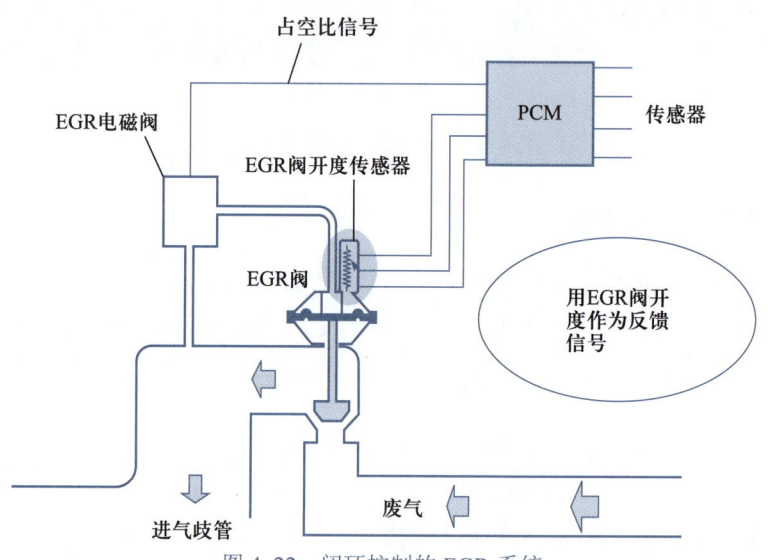

图 4-22　闭环控制的 EGR 系统

四、发动机增压系统

涡轮增压系统能将更多的燃料与空气的混合气体压入气缸，使气缸内燃料的燃烧更剧烈，使发动机输出更强的动力。

涡轮增压系统如图 4-23 所示，涡轮增压系统的涡轮位于发动机排气管路上，被发动机排出的废气推动旋转，并带动与其同轴的压气机泵轮工作。泵轮位于发动机的进气管路上，它转动时使进气管路内的空气压力升高。新鲜空气经压气机增压后进入气缸，因此气缸的进气量提高。

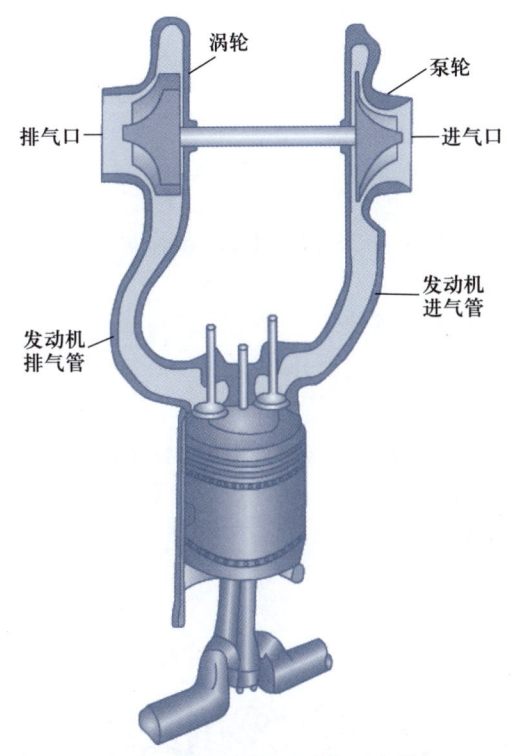

图 4-23 涡轮增压系统示意图

若进气增压压力过大,发动机的零件就会承受不了爆燃力,损坏发动机,影响发动机寿命。涡轮增压系统采用膜片执行器感知进气侧增压压力情况,再控制旁通阀的开启,如图 4-24 所示。

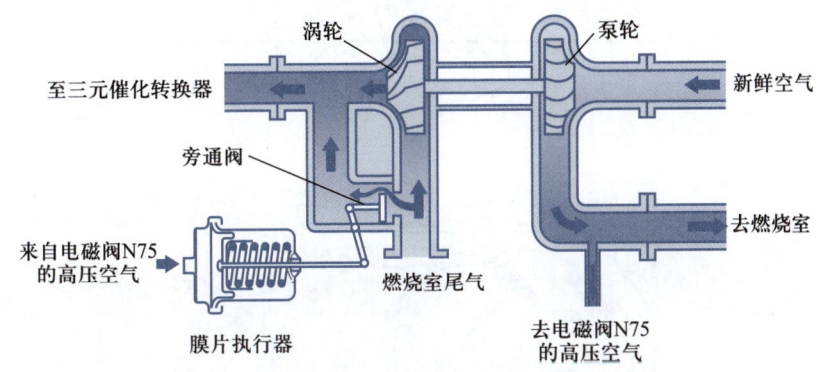

图 4-24 涡轮增压系统原理

当电磁阀 N75 断电时,膜片执行器的左室与低压空气端连通。当电磁阀 N75 通电时,膜片执行器的左室与高压空气端连通。

控制模块根据空气流量、发动机转速、增压压力等传感器的信号,对增压压力控制电磁阀 N75 的通断进行控制,当实际进气压力低于理论值时,旁通阀关小;当实际进气压力高于理论值时,旁通阀开大。

微课
进气歧管的
认知与拆装

> 任务实施

一、进、排气歧管拆装与检查

1. 进、排气歧管的拆卸

进、排气歧管的拆卸如图 4-25 和图 4-26 所示。

（1）拆下线束卡夹支架。
（2）拆下 2 个螺栓并断开气管。
（3）将通风软管从进气歧管上断开。
（4）断开 2 根水旁通软管。
（5）拆下 4 个螺栓和 2 个螺母，并拆下进气歧管和进气歧管撑条。
（6）将衬垫从进气歧管上拆下。
（7）拆卸排气歧管隔热罩。
（8）拆卸排气歧管撑条。
（9）拆卸排气歧管总成。
（10）将衬垫从排气歧管上拆下。

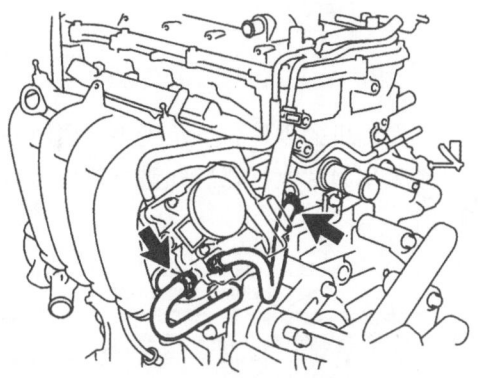

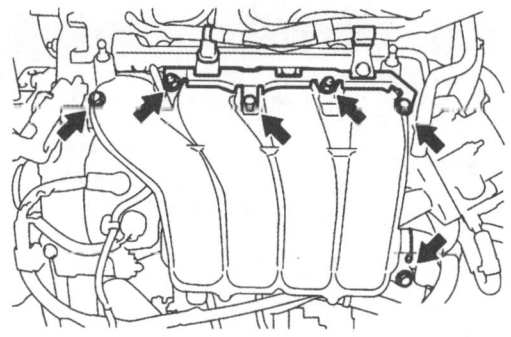

图 4-25 拆卸进气歧管

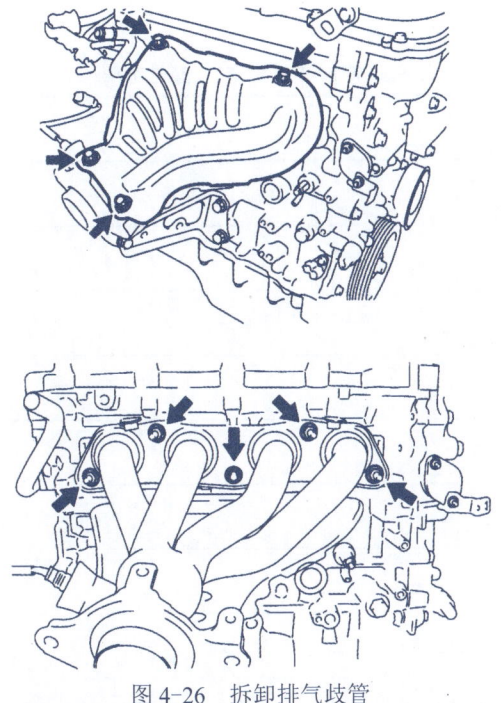

图 4-26 拆卸排气歧管

2. 进、排气歧管的检查与清洁

（1）检查和清洁进气歧管内积炭。
（2）检查排气歧管三元催化转换器状况。
（3）检查进气歧管与气缸盖密封表面。
（4）检查进气歧管、排气歧管与气缸盖密封表面的平面度。用精密直尺和厚薄规测量进气歧管、排气歧管、气缸盖接触面的平面度，如图4-27所示。如果平面度大于最大值，则更换歧管。

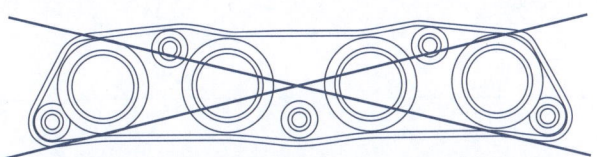

图 4-27 进、排气歧管平面度的检查

3. 进、排气歧管的安装

（1）安装排气歧管密封垫、排气歧管总成，并按规定力矩拧紧。
（2）安装排气歧管撑条，并按规定力矩拧紧。
（3）安装排气歧管隔热罩，并按规定力矩拧紧。
（4）安装进气歧管密封垫，安装进气歧管总成，并按规定力矩拧紧。
（5）连接2根水旁通软管。
（6）将通风软管连接到进气歧管上。
（7）安装进气歧管支撑杆及附件。

> **任务工单**

"进、排气歧管拆装与检查" 操作工单

1. 准备工作	
（1）工量具及仪器设备准备	记录：
（2）维修手册准备	记录：
（3）固定发动机拆装台架准备	记录：
2. 进、排气歧管的拆卸及分解	
（1）拆卸进气歧管支撑杆	
（2）拆卸曲轴箱强制通风装置	
（3）拆卸进气歧管连接软管	
（4）拆卸进气歧管总成及进气歧管密封垫	
（5）检查进气歧管内是否有积炭并清除	
（6）拆卸排气歧管护罩	
（7）拆卸排气歧管总成及排气歧管密封垫	
（8）检查排气歧管三元催化转换装置是否损坏	
3. 进、排气歧管的组合及安装	
（1）安装排气歧管密封垫、排气歧管总成	
（2）安装进气歧管密封垫	
（3）安装进气歧管总成	
（4）安装进气歧管连接软管	
（5）安装曲轴箱强制通风装置	
（6）安装进气歧管支撑杆及附件	
4. 维修数据	
（1）测量进气歧管平面度为_____；标准值为_____	
（2）测量排气歧管平面度为_____；标准值为_____	

任务评价

"进、排气歧管拆装与检查" 评分标准

序号	考核项目	配分	扣分标准（每项累计扣分不超过配分）
1	安全文明	否决	造成人身、设备重大事故，此任务计 0 分
2	工具及设备的准备	5 分	未检查工具设备，扣 2 分；工具准备错误，扣 2 分；工具摆放不整齐，扣 1 分
3	进、排气歧管的拆卸	25 分	（1）未检查翻转架固定情况，扣 2 分； （2）未拆除进气歧管支撑杆，扣 2 分，未拆除曲轴箱强制通风装置，扣 2 分，未拆除进气歧管连接软管，扣 2 分，未拆除节气门体旁通水管，扣 3 分； （3）未拆除排气歧管护罩，扣 3 分，未分次交替均匀拧松进、排气歧管螺栓，扣 5 分； （4）工具使用错误一次，扣 2 分，零件摆放不规范，扣 2 分； （5）零件落地，扣 2 分
4	进、排气歧管检查与清洁	20 分	（1）未检查进气歧管与气缸盖密封表面，扣 3 分； （2）未检查进气歧管与气缸盖密封表面的平面度，扣 3 分； （3）未检查排气歧管与气缸盖密封表面的平面度，扣 3 分； （4）测量方法错误，扣 3 分； （5）数据误差超过 0.02 mm，扣 2 分； （6）未检查和清洁进气歧管内积炭，扣 2 分； （7）未检查排气歧管三元催化器状况，扣 2 分
5	进、排气歧管的安装	30 分	（1）未清洁进、排气歧管与气缸盖密封表面，每项扣 2 分，未安装进气歧管密封垫，扣 3 分，未安装排气歧管密封垫，扣 3 分； （2）进气歧管密封垫装反，扣 3 分，排气歧管密封垫装反，扣 3 分； （3）未交替拧紧进、排气歧管螺栓，扣 3 分，未按标准力矩拧紧螺栓，扣 3 分； （4）真空软管连接错误一处，扣 2 分； （5）漏装零件一个，扣 2 分； （6）未检查安装状况，扣 3 分； （7）工具使用错误一次，扣 2 分
6	安全生产	20 分	（1）不穿工作服，扣 2 分； （2）工量具与零件混放或摆放凌乱，每次每处扣 2 分； （3）工量具或零件随意摆放在地上，每次扣 2 分； （4）垃圾未分类回收，每次扣 2 分； （5）油、水洒落在地面或零部件表面未及时清理，每次扣 2 分； （6）完工后未清理工量具，每件扣 1 分，完工后未清理场地，扣 2 分
7	合计	100 分	

二、节气门的拆装与清洗

1. 节气门的拆卸
（1）拔下卡簧，脱开曲轴箱通风管。
（2）松开节气门前侧进气管抱箍，取下进气管。
（3）脱开节气门上的外侧、内侧连接水管（软管）。
（4）预松节气门紧固螺栓。注意：应按对角线顺序预松。
（5）拆下节气门总成。

2. 节气门的清洗
车辆行驶一定里程后，节气门会变脏且有积炭，从而使车辆怠速不稳，且会增加油耗。节气门多久清洗一次，并没有严格的限制，一般当出现怠速不稳等情况后，就应当考虑进行清洗。通常情况下，汽车 4S 店建议车主 20 000 km 左右进行清洗。清洗节气门有拆卸清洗和免拆清洗两类，各有利弊。

免拆清洗节气门，操作简单省事，但清洗效果一般。方法是拆除进气管，露出节气门，让节气门全开，往进气口内喷少量清洗剂，用涤纶抹布或"无毛布"小心擦洗，手够不着的地方可以用夹子夹住抹布小心擦洗。清洗完毕后，把进气管装好。

节气门清洗得越彻底，发动机做功效果越理想。拆卸清洗节气门首先把节气门总成拆下，用专用的清洗剂全面清洗干净再复原。节气门清洗完成后，要对节气门进行初始化设置。因为发动机 ECU 具有自适应功能，在调节节气门开度时，随着积炭的不断增加，为了保证进气量，ECU 会自动调节节气门的开度，让进气处于正常状态。而清洗后，去除了附着在表面的污物，若节气门还保持原来的开度，会造成进气量过大，会发生起动时发动机抖动现象。但这种不良表现只是暂时的，因为 ECU 具有学习并自动适应的功能，只是这种学习与适应过程不如初始化快速、准确。

3. 节气门的安装
（1）交叉均匀分次拧紧节气门螺栓。
（2）连接节气门上的内、外侧连接水管。
（3）安装节气门前侧进气管，拧紧抱箍。
（4）连接曲轴箱通风管。

▶ 任务工单

"节气门的拆装与清洗" 操作工单

1. 准备工作	
（1）工量具及仪器设备准备	记录：
（2）维修手册准备	记录：
（3）固定发动机拆装台架准备	记录：

续表

2. 节气门的拆卸
（1）拆卸进气软管
（2）拆卸连接水管及执行器连接插头
（3）拆卸真空软管
（4）拆卸节气门分总成
3. 节气门的安装
（1）安装节气门分总成
（2）安装真空软管
（3）安装连接水管及执行器连接插头
（4）安装进气软管
4. 检查节气门的技术状况

▶ 任务评价

"节气门的拆装与清洗"评分标准

序号	考核项目	配分	扣分标准（每项累计扣分不超过配分）
1	安全文明	否决	造成人身、设备重大事故，此任务计 0 分
2	工具及设备的准备	5 分	未检查工具设备，扣 2 分；工具准备错误，扣 2 分；工具摆放不整齐，扣 1 分
3	节气门的拆卸	25 分	（1）节气门位置传感器接头拔出方法错误，扣 3 分，未拆卸旁通水管，扣 3 分； （2）节气门的拆卸顺序错误，扣 5 分； （3）未均匀交替拧松节气门螺栓，扣 5 分； （4）节气门拆下后未用抹布堵住进气歧管，扣 5 分； （5）零件摆放不规范，扣 2 分，零件落地，扣 2 分； （6）工具使用错误，每次扣 2 分
4	节气门电机的清洗、检查	20 分	（1）未清洗节气门电机，扣 5 分； （2）未清洗节气门真空孔，扣 5 分； （3）未检查节气门轴有无松旷，扣 4 分； （4）节气门清洗不干净，扣 3 分

续表

序号	考核项目	配分	扣分标准（每项累计扣分不超过配分）
5	节气门的安装	30 分	（1）未安装节气门密封垫，扣 5 分； （2）节气门密封垫安装错误，扣 3 分； （3）节气门安装螺栓未按标准力矩拧紧，扣 2 分； （4）旁通水管安装错误，扣 2 分，节气门位置传感器接头未插，扣 3 分，未插到位，扣 3 分； （5）真空管连接错误，扣 3 分； （6）工具使用错误，每次扣 2 分； （7）未检查安装状况，扣 3 分，零件落地，扣 3 分
6	安全生产	20 分	（1）不穿工作服，扣 2 分； （2）工量具与零件混放或摆放凌乱，每次每处扣 2 分； （3）工量具或零件随意摆放在地上，每次扣 2 分； （4）垃圾未分类回收，每次扣 2 分； （5）油、水洒落在地面或零部件表面未及时清理，每次扣 2 分； （6）完工后未清理工量具，每件扣 1 分，完工后未清理场地，扣 2 分
7	合计	100 分	

任务三

燃料供给系统常见故障诊断与排除

▶ **任务目标**
知识目标
- 熟悉燃料供给系统典型故障发生的原因;
- 熟悉燃料供给系统故障分析思路。

能力目标
- 能够进行燃料供给系统压力检测;
- 能够进行燃料供给系统常见故障诊断。

▶ **任务描述**
一辆丰田花冠轿车,发动机刚停机后起动能顺利着车,但放置一会儿后发动机不好起动,要起动 2~3 次才能着车。根据故障现象,怀疑燃油系统保持压力不足。

▶ **任务分析**
对以上故障,首先要了解汽油发动机燃料供给系统的常见故障及诊断流程,并能对燃料供给系统压力进行检测。

▶ **知识链接**
汽油机燃料供给系统常易发生故障的部位主要在油路,包括燃油箱、汽油滤清器、燃油泵、喷油器以及各连接油管等部分。

油路故障从表面看比较复杂,但实质上不外乎是"堵、漏、坏和失调"这四种原因造成。只要把现象作为入门的向导,透过现象抓住实质,就能找出症结所在,见表 4-1。

表 4-1　汽油发动机燃料供给系统常见故障及检修方法

故障部位	故障现象	故障原因	检修方法
燃油表	不能及时准确地了解燃油存量	燃油表指示不准,传感器失效	检修或更换
空气滤清器	使空气的进入受阻,充气量减少,空燃比失调,油耗增加	灰尘杂质积聚过多	拆下清洗、疏通、擦净

续表

故障部位	故障现象	故障原因	检修方法
进、排气歧管	进、排气不畅通，漏气，工作不良，发动机功率下降	裂损、变形、衬垫损坏，接触面不平	焊修、端面机加工修复
燃油泵	漏气、漏油；供油不畅，工作不良	阀座关闭不严，泵膜破损；油道堵塞；衬垫渗漏	分解检修
燃油滤清器	漏气、漏油；供油不畅，影响燃油过滤效果	污垢、杂质堵塞，壳体裂损	分解清洗、维护
油管	漏油、渗水、气阻、供油不畅	接头松动、油道堵塞、破损	紧固、清洗、疏通、焊修
消声器	工作不良，失去消声作用	严重锈蚀、破损、凹陷、内部隔板损坏	矫平、修复、开裂后焊补
燃油箱	供油不畅或供油中断；渗漏	出油阀关闭、堵塞、裂损，存油不足	清洗污垢、加足燃油，必要时焊修

燃料供给系统典型故障有系统油压过低或无保持压力、系统油压过高、燃油滤清器堵塞、喷油器损坏等。

一、燃料供给系统油压过低或无保持压力

1. 故障现象

怠速运转不平稳；高速时汽车动力不足、加速无力，严重时行驶中自动熄火；保持压力过低或没有压力，会造成发动机起动困难（需要连续起动两次以上才能着车）。

2. 故障原因

燃油箱中燃油少、燃油泵滤网堵塞、燃油泵故障、燃油泵出油管泄漏、燃油滤清器堵塞或油压调节器故障；燃油泵出油单向阀密封不良、燃油压力调节器密封不良和喷油器密封不良。

3. 检查方法

（1）检查燃油泵单向阀的密封性。若燃油泵保持压力低于标准值，可以用排除法检测。先关闭截止阀，使燃油泵与燃油压力表之间处于密封状态，重新进行一次保持压力检测。如果此次保持压力正常，说明燃油泵出油单向阀和油压表前的管路密封不良。燃油泵出油单向阀密封不良，关闭点火开关后燃油压力下降很快，不到 1 min 燃油压力很快归零（正常情况下熄火 10 min 后，燃油压力降低值最大为 50 kPa）。燃油泵出油单向阀密封不严，熄火后立即起动，可正常起动，熄火后稍等片刻再起动就会出现起动困难。此时，必须更换燃油泵总成才能排除上述故障。

（2）检查燃油压力调节器的密封性。关闭截止阀后，燃油压力依然低于标准值，说明燃油泵出油单向阀和油压表前的管路密封良好。用钳子夹住燃油压力调节器的回油管，重新进行一次保持压力检测。若此时保持压力正常，说明燃油压力调

节器回油阀损坏。

4. 故障案例

发动机电动燃油泵损坏引起久置后难起动。

一辆捷达轿车，发动机刚停机后起动能顺利着车，但放置一会儿后发动机不好起动，要起动 2～3 次才能着车。根据故障现象，怀疑燃料供给系统保持压力不足。

5. 检修流程

（1）用发动机解码仪检查发动机控制单元有无故障码记忆。

（2）在发动机供油管路和燃油主管之间串接燃油压力表，然后起动发动机，测量燃油系统压力，为 260 kPa 正常，发动机熄火后，系统压力立即降为 0。

按技术要求，10 min 后的压力降最大为 50 kPa。电动燃油泵位于燃油箱内，在燃油泵上装有单向止回阀，其作用是在发动机熄火后，防止燃油系统的燃油泄漏回燃油箱内，以保持燃油系统有一定的压力，保证下次起动顺利进行。

（3）更换一个新燃油泵，发动机起动性能良好，观察保持压力在发动机熄火 10 min 后有无明显下降。

二、燃料供给系统油压过高

1. 故障现象

发动机低速时工作粗暴，从尾气中可以闻到浓浓的臭味，油耗增加。

2. 故障原因

主要原因是油压调节器故障或回油管堵塞。

3. 检查方法

燃油压力调节器调节不当，造成发动机中小负荷时燃油压力过高，大多数是由于积炭堵塞油压调节器与进气管间真空软管造成的。油压调节器膜片破裂也会造成混合气过浓。油压调节器膜片破裂后，部分燃油不经喷油器，经调节器真空软管、进气歧管、进气门直接进入燃烧室，导致混合气过浓。

三、燃油滤清器堵塞或装反

1. 故障现象

车辆行驶加速迟钝、无力，高速时动力不足，行驶中慢慢熄火，熄火后马上起动，起动不着，停一会再起动才能着车。

2. 故障原因

（1）没有定期更换燃油滤清器，一般汽车每行驶 40 000 km 要更换滤芯，若燃油杂质含量大时，更换里程间隔应相应缩短。

（2）没有按方向标记安装燃油滤清器，燃油滤清器外壳上的箭头（或字母 IN）表示燃油的流动方向，安装时，不允许倒装。

3. 检查方法

检查车辆高速时状况，动力不足，加速无力，行驶中慢慢熄火，熄火前出现抖动，熄火后马上起动，起动不着，停一会再起动才能着车。开始时几十 km 出现一次自动熄火，如此反复，后来行驶不足 1 km 就自动熄火，说明燃油箱过脏、燃油滤清器堵塞或装反。

四、喷油器损坏

1. 故障现象

发动机少数缸不工作，怠速时发动机抖动严重，行驶无力，发动机故障指示灯有时发亮。

2. 故障原因

（1）喷油器线圈断路或短路。

（2）喷油器电磁阀发卡。

（3）无喷油信号。

3. 检测方法

（1）检查喷油器线圈的电阻。断开点火开关，拔下喷油器的插头，用万用表电阻挡测量喷油器线圈的电阻值，低阻喷油器为 2～3Ω，高阻喷油器为 12～17Ω。

（2）检查喷油器电磁阀是否动作。发动机怠速运行时，用手接触喷油器，应有振动感，或用一把起子搭在喷油器上，耳朵贴近起子另一端应听到清脆的"嗒嗒"声。如用手摸无振动感或听不到电磁阀动作声音，说明该喷油器不工作。但如果手摸有振动感或听到电磁阀动作声音，并不能确定喷油器雾化是否良好或是否漏油，还需将喷油器拆下进一步检查。

▶ **任务实施**

汽油机燃料供给系统压力检测

燃油压力检测

1. 检测前的准备

（1）做好安全、防护工作。

（2）检查蓄电池电压、燃油泵运转条件是否满足条件。

2. 卸除燃油系统压力

汽油机为便于再次起动，在发动机熄火后，燃料供给系统内仍保持较高的残余压力。在拆卸燃料供给系统任何元件时，都必须首先释放燃料供给系统压力，以免系统内压力油喷出，造成人身伤害或火灾。

（1）打开燃油箱加油盖，释放燃油箱中燃油蒸气压力。

（2）起动发动机，维持怠速运转，在运转中断开燃油泵继电器或熔丝，直至发动机自行熄火，如图 4-28 所示。

（3）再次起动关闭发动机 2～3 次，利用起动喷射卸除油管中残余压力。

（4）关闭点火开关，装上油泵继电器或熔丝。

3. 连接燃油压力表

（1）拆下蓄电池负极搭铁线。

图 4-28 断开燃油泵继电器或熔丝

（2）连接燃油压力表，有油压检测孔的可直接将燃油压力表接在油压检测孔上，无油压检测孔的可断开进油管（燃油分配管的进油口或燃油滤清器的出油口处），将三通管接头及燃油压力表安装在系统管路中。注意：用毛巾垫在测量接头周围。

（3）接上蓄电池负极搭铁线。

4. 预置燃料供给系统压力

预置压力前要检查燃料供给系统所有元件和油管接头是否安装良好，预置压力可通过反复打开和关闭点火开关数次来完成，也可按下述方法进行。

（1）用专用导线将诊断座上的燃油泵测试端子跨接到 12 V 电源上，如丰田车系直接将诊断座上的电源端子"+B"与燃油泵测试端子"FP"跨接。

（2）将点火开关转至"ON"位置，使电动燃油泵工作约 10 s。

（3）关闭点火开关，拆下诊断座上的专用导线。

5. 检测燃油系统压力

（1）静态油压的检测。

① 用导线短接电动燃油泵的两检测插孔。

② 接通点火开关，但不要起动发动机，以免使电动燃油泵运转。

③ 查看燃油压力表，其指示值应在标准范围内。

④ 关闭点火开关，拔掉电动燃油泵检测插座的短接线。

经检测，若油压过高，表明油压调节器有故障；若油压过低，则说明电动燃油泵、燃油滤清器或油压调节器有故障。

（2）发动机运转时油压的检测。

① 起动发动机并使其怠速运转，用燃油压力表检测怠速运转时的燃油系统压力。

② 踩下加速踏板，慢慢加大节气门开度，并使节气门处于接近全开位置，查看节气门接近全开时，燃油压力表指示的压力值；

③ 卸下油压调节器上的真空软管，并用手指堵住，使发动机恢复怠速运转，并查看燃油压力表指示的压力值，其值应与节气门全开时的燃油压力值相一致。

经检测，若油压过高，应检查油压调节器及真空软管；若油压过低，应检查燃油滤清器、电动燃油泵和油压调节器。

（3）燃料供给系统保持压力的检测。

发动机怠速运转的燃油压力检测结束后，使发动机熄火，10 min 后再观察燃油压力表指示的油压，此时的压力称为燃料供给系统的保持压力，应符合规定。

经检测，燃料供给系统保持压力过低的原因是燃油泵单向阀关闭不严；油压调节器阀门关闭不严；喷油器漏油或燃料供给系统管路漏油，应进一步测量电动燃油泵、油压调节器的保持压力，并检查。

▶ 任务工单

"汽油发动机燃料供给系统压力检测"操作工单

1. 准备工作	
（1）工量具及仪器设备准备	记录：
（2）维修手册准备	记录：
（3）被测车辆准备	记录：

2. 操作过程

要求：会查阅维修手册；能正确使用仪器设备，完成发动机燃料供给系统压力的检查

（1）卸除燃料供给系统压力	操作要领：
（2）连接燃油压力表	操作要领：
（3）预置燃料供给系统压力	操作要领：
（4）检测燃料供给系统压力	检查结果： 系统油压： 保持压力：

3. 维修结论

（1）查维修手册，该发动机系统压力标准值为_____；保持压力不低于_____。

（2）根据测量结果，分析故障原因

> 任务评价

"汽油发动机燃料供给系统压力检测"评分标准

序号	考核项目	配分	扣分标准（每项累计扣分不超过配分）
1	安全文明	否决	造成人身、设备重大事故，此任务计 0 分
2	安全文明生产	20 分	（1）不穿工作服，扣 1 分； （2）不安装车漆表面防护布（罩），扣 1 分，不安装车内座椅防护套、转向盘套、变速杆套、地板衬垫，每项扣 0.5 分； （3）起动车辆不接尾气排放管，每次扣 1 分，车辆轮胎落地不放止动垫木，每次扣 1 分； （4）工量具与零件混放或摆放凌乱，每次每处扣 1 分； （5）工量具或零件随意摆放在地上，每次扣 1 分； （6）油、水洒落在地面或零部件表面或车漆表面未及时清理，每次扣 1 分； （7）完工后未清理操作过程中手接触过的车漆表面，每处扣 1 分； （8）完工后未清理工量具，每件扣 1 分，完工后未清理场地，扣 2 分
3	工具仪器准备	5 分	（1）工量具每少准备一件，扣 1 分； （2）工量具选择不当，每次扣 2 分； （3）未校验仪器，每次扣 2 分
4	维修手册使用	10 分	（1）每错查 1 个数据或漏查 1 个数据，扣 3 分； （2）根据工单填写情况对照维修手册标准值评分
5	卸除燃料供给系统压力	15 分	（1）未卸压，此项目计 0 分； （2）起动发动机超时，扣 3 分； （3）未在发动机怠速运转中拔除燃油泵继电器，使发动机自行熄火，扣 3 分； （4）燃料供给系统压力未完全卸除，扣 5 分； （5）完成后未关闭点火开关，扣 2 分，未装上燃油泵继电器，扣 2 分
6	连接燃油压力表	10 分	（1）连接位置不正确，扣 5 分； （2）连接时未用抹布和油盆，扣 5 分
7	预置燃油压力	10 分	（1）未预置压力，此项目计 0 分； （2）预置前未检查燃料供给系统所有元件和油管接头是否安装良好，扣 5 分； （3）预置方法不正确，扣 5 分
8	检测燃油压力（系统油压、保持压力）	25 分	（1）起动发动机超时，扣 3 分； （2）燃油压力表读数不正确，每次扣 5 分； （3）未在发动机停止运转 10 min 后测保持压力，扣 5 分； （4）每漏测一项，扣 2 分； （5）结果判断不正确，扣 5 分
9	维修记录	5 分	（1）维修记录字迹潦草，扣 2 分； （2）填写不完整，每项扣 1 分
10	合计	100 分	

项目小结

1. 汽油辛烷值越高，越不容易爆燃。

2. 理论上 1 kg 汽油完全燃烧需要 14.7 kg 空气。空燃比 $R=14.7$（$\alpha=1$）的混合气称标准混合气（也叫理想空燃比混合气）；$R<14.7$（$\alpha<1$）的混合气称浓混合气；$R>14.7$（$\alpha>1$）的混合气称稀混合气。

3. 电动燃油泵按安装位置不同分为内置式和外置式。现代汽车上一般装配内置式燃油泵，内置式燃油泵安装在油箱中，具有噪声小、不易产生气阻、不易泄漏、管路安装较简单等优点。燃油泵按结构不同分为涡轮泵式和滚柱式。

4. 油压调节器的功用是保持燃油供给的压力与进气歧管压力之差为恒定值（通常为 250 kPa），保证喷油量只与喷油器开启时间有关，而与系统油压和进气歧管负压无关。

5. 喷油器按结构分为孔式和轴针式两类；喷油器按电磁线圈的阻值分为低阻喷油器和高阻喷油器。

6. 喷油器的检测包含喷油器电磁线圈电阻的检测、喷油器是否滴漏、喷油角度和雾化状况、喷油量的均匀度。

7. 燃油蒸发控制（EVAP）系统的作用是阻止燃油箱内的燃油蒸气泄漏到大气中污染环境，同时收集燃油蒸气并适时送入进气管内与空气混合后进入发动机燃烧，提高燃油的经济性。

8. 燃料供给系统典型故障有系统油压过低或无保持压力、系统油压过高、燃油滤清器堵塞、喷油器损坏等。

练习与思考

一、填空题

1. 燃油供给系统是由 _____ 、_____ 、_____ 和 _____ 、_____ 、_____ 、_____ 等组成。

2. 电子控制系统一般由 _____ 、_____ 和 _____ 三部分组成。

3. 喷油器按喷油口的结构不同可分为 _____ 和 _____ 两种。

4. 汽油机尾气中的主要有害物是 _____ 、_____ 和 _____ 三种。

5. 92 号、95 号汽油是根据汽油的 _____ 来标号的，代表汽油的 _____ 性能。

二、是非题

1. 电动燃油泵能运转，并不能说明其工作完全正常。　　　　　　　　　　（　　）

2. 燃油被送到各缸喷油器后，多余的燃油经油压调节器、回油管送回

燃油泵。（　　）

3. 燃油经电动机输出，可起到冷却电机的作用。（　　）
4. 燃油滤清器需要定期更换，是因为滤芯容易堵塞而导致车辆性能下降。（　　）
5. 三元催化转换器的作用是将废气中的污染气体转变成无害气体。（　　）
6. 安装燃油压力调节器的作用是使燃油分配内压力保持不变，不受节气门开度的影响。（　　）

三、选择题

1. 检查燃油压力调节器时，夹住燃油压力调节器上的真空软管，油压应（　　）。
   A. 升高　　B. 不变　　C. 降低　　D. 不确定
2. 安装外置式燃油压力调节器的电控燃油喷射系统，当节气门开度突然加大时，燃油分配管内的油压（　　）。
   A. 升高　　B. 降低　　C. 不变　　D. 先降低再升高
3. 以下是燃油喷射发动机执行器的是（　　）。
   A. 节气门位置传感器　　B. 喷油器
   C. 空气流量传感器　　　D. 曲轴位置传感器
4. 以下是电控燃油喷射发动机传感器的是（　　）。
   A. 空气流量传感器　　B. 点火模块
   C. EGR 阀　　　　　　D. 喷油器

四、简答题

1. 简述汽油发动机燃料供给系统的组成。
2. 如何检测汽油发动机喷油器？
3. 如何检测发动机燃料供给系统油压？

项目五

润滑系统的认知与检修

润滑系统可在发动机摩擦表面覆盖一层薄而均匀的油膜，以减少摩擦阻力，降低功率消耗，减轻机件磨损，延长发动机使用寿命，并起到润滑、清洁、冷却、密封、防锈蚀等作用，同时减缓零件间冲击与振动，降低工作噪声。

学习任务

- 任务一 润滑系统的认知；
- 任务二 车用机油、润滑脂的选用；
- 任务三 油底壳的拆装与检查；
- 任务四 机油泵的拆装与检查；
- 任务五 润滑系统常见故障诊断。

学习目标

知识目标
- 掌握润滑系统的作用、组成和润滑方式；
- 熟悉润滑系统的油路分布及走向；
- 了解车用机油和润滑脂的特点及选用原则；
- 掌握润滑系统主要部件的结构和原理。

能力目标
- 能够按照正确的拆装流程，拆装润滑系统主要部件；
- 能够选配机油并对其进行更换；
- 能够对油底壳、机油泵进行拆装与检测；
- 熟悉润滑系统常见故障的诊断方法。

素质目标
- 培养规范操作意识、安全质量意识、团队协作意识；
- 强化职业专注度、岗位责任心、社会责任感；
- 润滑系统的拆装与检测过程中，注意防止污染，培养学生安全意识和环保意识。

任务一

润滑系统的认知

▶ 任务目标

知识目标
- 掌握润滑系统的作用、组成与润滑方式;
- 熟悉润滑系统主要部件结构和原理;
- 熟悉曲轴箱通风装置结构。

能力目标
- 能够描述润滑系统的作用、润滑方式和结构;
- 能够描述润滑系统的油路分布及走向。

▶ 任务描述

一辆丰田卡罗拉轿车到汽车 4S 店,需要对润滑系统进行保养,保养之前需要了解发动机润滑系统的作用和内部结构。

▶ 任务分析

发动机相当于汽车的心脏,为保护这颗"心脏"的健康,发动机润滑系统的保养不可轻视,其好坏与发动机效能的发挥密切相关。在保养前,应先熟悉润滑系统的基本知识,然后通过识别并填写润滑的部件与机油油路来掌握润滑系统的内部结构和工作原理。

▶ 知识链接

一、润滑系统作用与工作原理

1. 润滑系统的作用

发动机工作时,各运动零件均以一定的力作用在另一个零件上(形成一对摩擦副),并且发生高速的相对运动,零件表面产生摩擦,加速磨损。因此,为了减轻磨损,减小摩擦阻力,延长使用寿命,发动机上都必须设置润滑系统,其作用如下

微课
润滑系统的认知

(见图 5-1)。

（1）润滑作用：润滑运动零件表面，减小摩擦阻力和减轻磨损，减少发动机的功率消耗。

（2）清洗作用：机油在润滑系统内不断循环，清洗摩擦表面，带走磨屑和其他异物。

（3）冷却作用：机油在润滑系统内不断循环还可以带走摩擦产生的热量，起冷却作用。

（4）密封作用：在运动零件之间形成油膜，提高它们的密封性，有利于防止漏气或漏油。

（5）防锈蚀作用：在零件表面形成油膜，对零件表面起保护作用，防止腐蚀生锈。

（6）液压作用：机油可用作液压油，如为液压挺杆起液压作用。

（7）减振缓冲作用：在运动零件表面形成油膜，吸收冲击并减少振动。

油底壳

机油泵

机油滤清器及机油滤清器座

机油压力开关

润滑系统的作用：
　　在发动机工作时连续不断地把数量足够、温度适当的洁净机油输送到传动部件的摩擦表面，并在摩擦表面之间形成油膜，实现液体摩擦，从而减小摩擦阻力、降低功率消耗、减轻机件磨损，以达到提高发动机工作可靠性和耐久性的目的。

图 5-1　润滑系统的作用

2. 润滑方式

（1）压力润滑：利用机油泵使机油产生压力，强制送到各摩擦表面，主要用于曲轴主轴承、连杆轴承及凸轮轴轴承等负荷较大的摩擦表面的润滑。

（2）飞溅润滑：利用发动机工作时运动零件激溅或喷溅起来的油滴、油雾润滑摩擦表面的润滑方式，主要用于摩擦面露在外面、载荷轻、运动速度小的零件，如气缸壁、活塞、活塞环、活塞销以及配气机构的凸轮、挺杆等零件。

（3）润滑脂润滑：通过定期加注润滑脂来润滑零件工作表面的方式，如用于水泵及发电机轴承等。近年来，在部分发动机上采用了含有耐磨润滑材料（如尼龙、二硫化钼等）的轴承来代替加注润滑脂的轴承。

二、润滑系统的组成

发动机润滑系统的组成如图 5-2 所示，一般由油底壳、机油泵、机油滤清器、机油压力调节阀和机油压力表等组成。

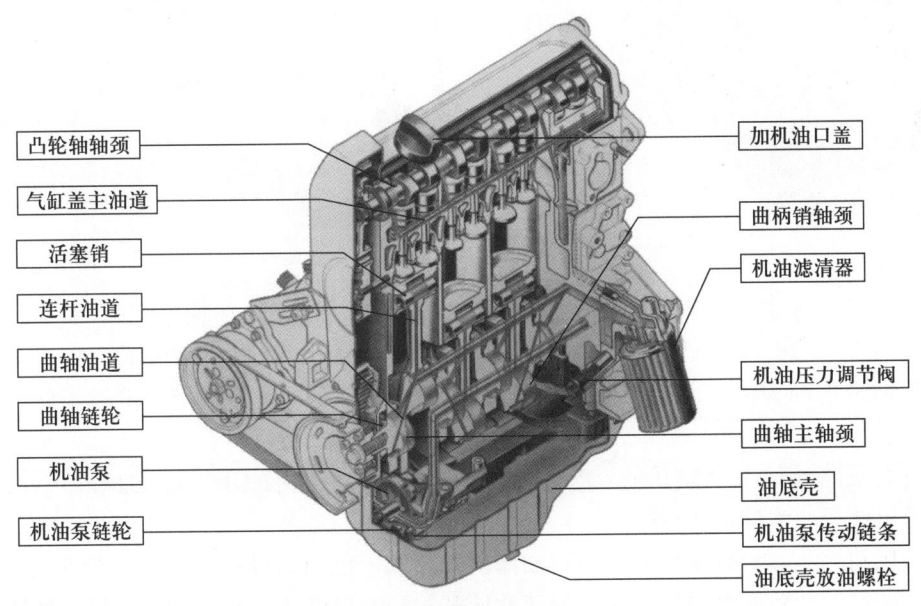

图 5-2　润滑系统的组成

（1）油底壳：用来储存机油。

（2）机油泵：建立压力润滑和机油循环所必需的油压。

（3）油道：将机油泵输出的压力机油输送到各零部件的摩擦表面；油道在气缸体与气缸盖上直接铸出或加工在一些零件内部，可分为主油道和分油道。主油道一般铸造在气缸体侧壁内、沿发动机纵向布置，其他油道均为分油道。

（4）燃油滤清器：滤除机油中的杂质，根据能够滤除的杂质直径不同可分为集滤器、粗滤器和细滤器。

（5）机油压力调节阀：控制机油压力。

（6）机油压力传感器和机油压力表：检测并通过仪表显示机油压力。

三、发动机润滑系统油路分布及走向

发动机采用压力润滑与飞溅润滑相结合的复合润滑系统,其润滑系统的基本组成和油路分布及走向如图 5-3 所示。

过滤后的机油在机油滤清器支架内分为三路。

第一路进入气缸体主油道,经主油道将机油分配到各曲轴主轴承,再由曲轴上的斜油孔通往各连杆轴承,由连杆体上的油孔通往连杆小头衬套。

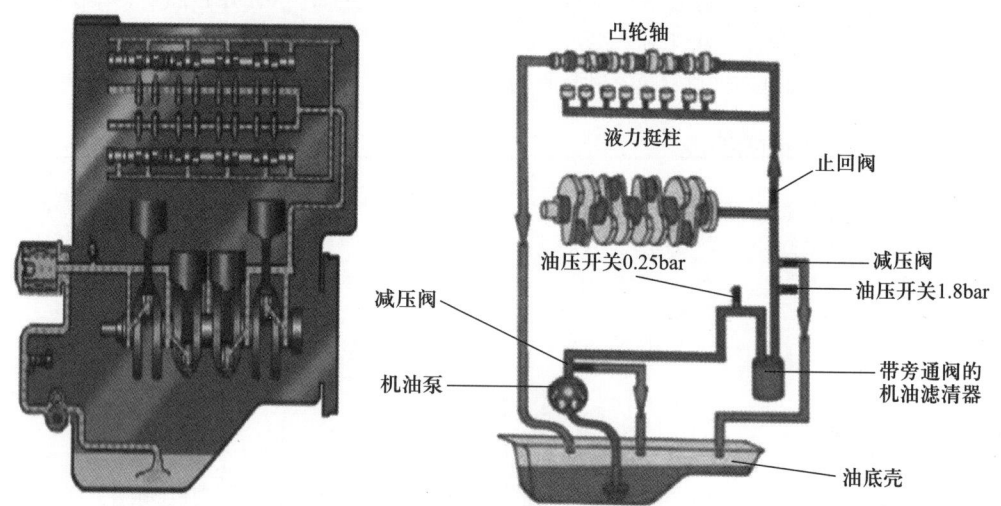

图 5-3　润滑系统组成和油路分布及走向

第二路通过安装在机油滤清器的一个止回阀进入气缸体上平面油道,进入气缸盖主油道,将机油分配到各凸轮轴轴颈和液力挺柱。止回阀在发动机停机时保持气缸盖油道内的存油,防止发动机起动时气缸盖供油不足,导致液力挺柱不能正常工作。

第三路通往一个减压阀(燃油压力调节阀),油道内的压力过大时该阀打开,部分机油旁通流回油底壳。

机油滤清器设有旁通阀,当机油滤清器堵塞,机油通过压力开关短路进入主油道。此系统装有两个报警开关:低速油压开关和高速油压开关,均装在机油滤清器支架上。打开点火开关,仪表板上的机油压力警告灯开始闪烁。发动机起动后,当机油压力大于规定值时,警报灯熄灭;发动机低速运转时,机油压力低于规定值,则低速油压开关触电闭合,机油压力警告灯闪烁;发动机高速运转时,机油压力未达到规定值,高速油压开关触电断开,机油压力警告灯闪烁,报警蜂鸣器也同时报警。

四、机油滤清器

为了保证过滤效果,一般使用多级滤清器,即集滤器、粗滤器和细滤器。与主油道串联的滤清器一般为粗滤器;与主油道并联的滤清器一般为细滤器,过油量约

为 10%～ 30%。

1. 机油集滤器

机油集滤器装在机油泵之前的吸油口端，多采用滤网式，其作用是防止较大的机械杂质进入机油泵。汽车发动机使用的集滤器目前分为浮式集滤器和固定式集滤器两种。

浮式集滤器飘浮于机油表面，保证燃油泵吸入最上层较清洁的机油，但油面上的泡沫易被吸入，使机油压力降低，润滑欠可靠。

固定式集滤器淹没在油面之下，吸入的机油清洁度较差，但可防止泡沫吸入，润滑可靠，结构简单。

2. 机油粗滤器

机油粗滤器用来滤除机油中粒度较大的杂质，通常串联于机油泵与主油道之间，属于全流式滤清器。根据滤芯的不同，分为金属缝隙式和纸质式。金属缝隙式由于质量大，结构复杂，制造成本高等缺点已基本被淘汰。现代汽车发动机普遍采用纸质式滤清器，其结构如图 5-4 所示。

轿车上一般采用整体式滤清器，即将滤芯与外壳制成一个不可拆卸的整体。滤清器壳体用薄钢板冲压而成，壳体内装有带金属骨架的纸质滤芯，滤芯下部设有旁通阀，来自机油泵的机油从滤芯外围进入滤清器中心，过滤后的干净机油经出油口进入主油道，机油滤清器工作原理如图 5-5 所示。

动画
机油滤清器

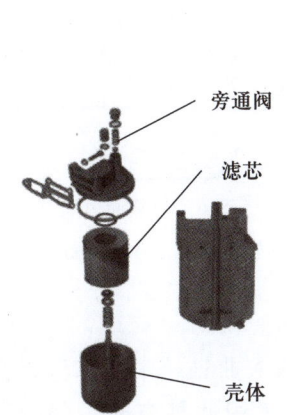

图 5-4 纸质式滤清器结构

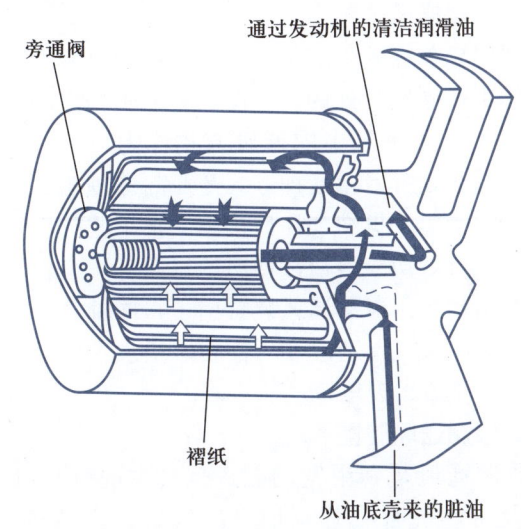

图 5-5 机油滤清器工作原理

3. 机油细滤器

机油细滤器用来清除细小的杂质，它对机油的流动阻力较大，多数做成分流式，与主油道并联，只有少量的机油通过它过滤后又回到油底壳。机油细滤器有过滤式和离心式两种，过滤式机油细滤器存在着过滤能力与通过能力的矛盾。为此，多数发动机采用离心式细滤器。

五、机油散热器

为使机油保持在最有利的范围内工作,保持机油具有一定的黏度,热负荷较大的发动机安装有机油散热器,以便对机油进行强制性冷却。

机油散热器有风冷式和水冷式两种形式。风冷式一般安装在发动机冷却系统散热器的前面,利用冷却风扇的风力使机油冷却。水冷式机油散热器(机油冷却器)装在发动机水路中,当油温较高时靠冷却液降温,而起动期间油温较低时,则从冷却液吸热,迅速提高机油温度。

六、曲轴箱通风装置

发动机工作时泄漏到曲轴箱内的汽油,一部分汽油蒸气凝结后,将使机油黏度变小;废气的高温和酸性物质及水蒸气将侵蚀零件,使机油性能变坏。另外,由于混合气和废气进入曲轴箱,使曲轴箱内的压力增大,温度升高,易使机油从油封、衬垫等处向外渗漏。因此,曲轴箱必须设有通风装置,使漏入的气体排出并加以利用,同时使新鲜气体进入曲轴箱,形成不断地对流。

曲轴箱通风装置有自然通风装置和强制通风装置两种。

1. 自然通风装置

利用汽车行驶时产生的气流及冷却风扇的气流作用在通风管处的真空度,将曲轴箱内的气体直接导入大气中的通风方式称为自然通风,如图5-6所示。这种方式是在与曲轴箱连通的气门室盖或机油加注口接出一根下垂的出气管,管口处切成斜口,切口的方向与汽车行驶的方向相反。自然通风装置由于将曲轴箱气体直接导入大气,造成燃料浪费,增加大气污染,且通风效果较差。

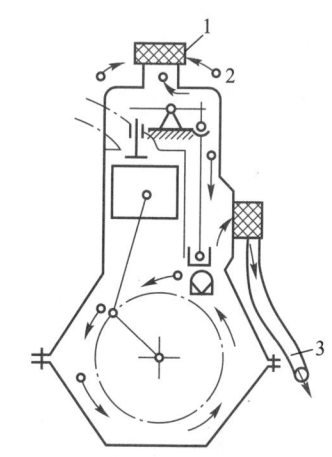

图5-6 自然通风装置
1—空气滤清器;2—新鲜空气;3—通风管

2. 强制通风装置

强制通风是利用发动机进气管中的真空度将泄漏入曲轴箱中的高温、高压废气及可燃混合气强制地吸入气缸。汽油机一般都采用此种方式。强制通风装置将窜入曲轴箱内的混合气回收利用,消除了曲轴箱内的有害气体,从而减少了空气污染,提高了燃油经济性。现代汽车发动机曲轴箱一般采用强制通风装置。

PCV阀也叫流量控制阀,是用来防止在发动机怠速时过多的气体流入气缸,造成怠速不稳或熄火。PCV阀是一个单向阀,其工作过程见表5-1。

表 5-1 PCV 阀的工作过程

发动机工作状态	工作过程图示	备注
发动机不工作或回火时	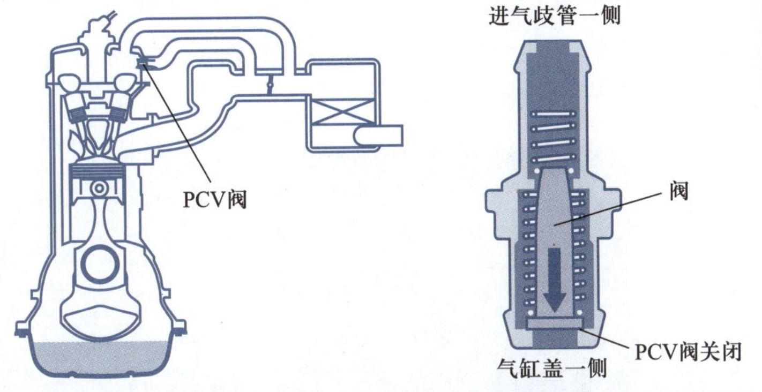	发动机不工作时，PCV 阀关闭
怠速或减速时	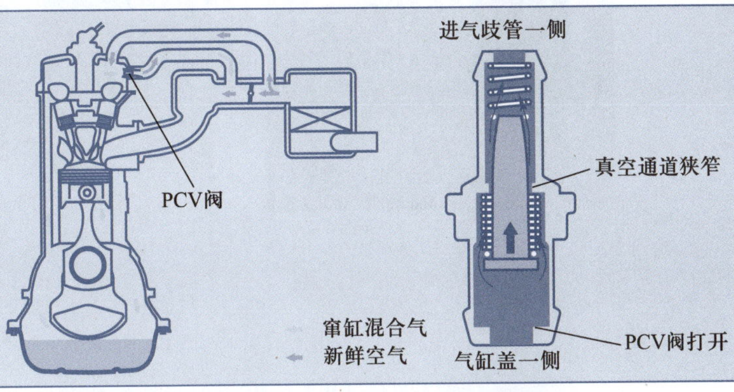	怠速时，PCV 阀开度小
发动机中等负荷时	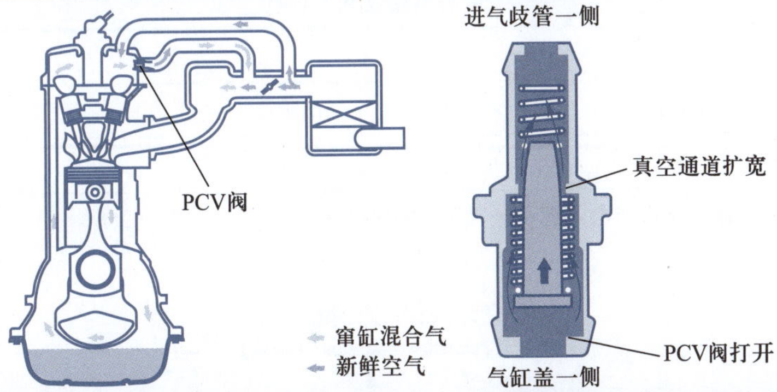	中等负荷时，PCV 阀开度位于中间位置
加速或大负荷时	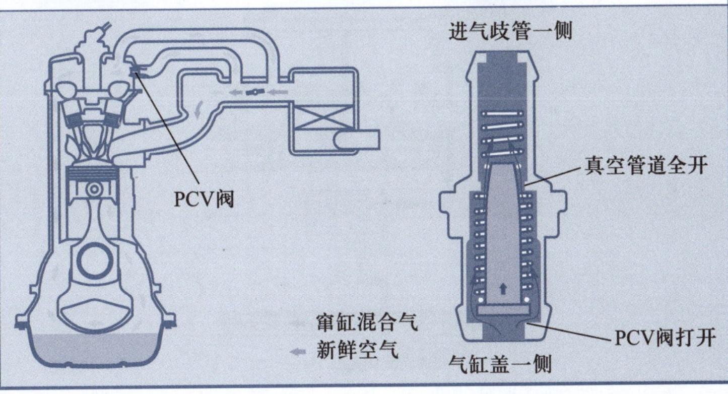	加速或大负荷时，PCV 阀全开

任务实施

(1) 对照发动机实训台,学习润滑系统部件结构,辨认实物,并记忆部件名称。

(2) 示范讲解,讲解润滑系统的结构组成、工作原理,指出各部件的安装位置与作用,润滑系统如图 5-7 所示。

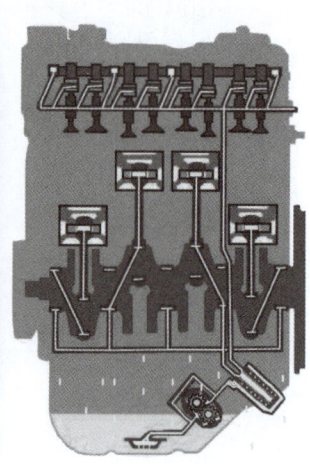

图 5-7 润滑系统

任务工单

"润滑系统认知"操作工单

1. 准备工作	
(1) 工量具及仪器设备准备	记录:
(2) 维修手册准备	记录:

2. 根据发动机润滑系统的结构示意图,填写相应内容。

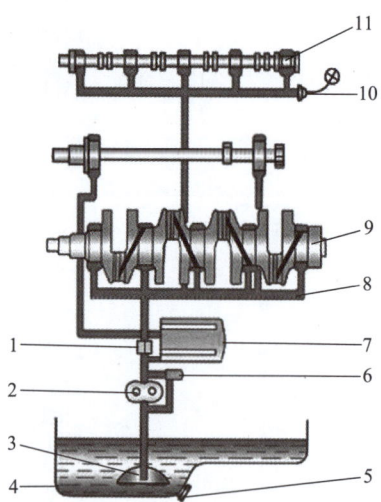

续表

(1) 填写图中各零件名称。

序号	名称	序号	名称	序号	名称
1		5		9	
2		6		10	
3		7		11	
4		8			

(2) 汽车发动机润滑系具有_____等功能。
(3) 曲轴箱通风装置有_____、_____两种。
(4) 根据其过滤能力不同,机油滤清器一般有_____、_____、_____三种。
(5) 结合发动机实物,描述润滑系统油路传递路线,并记录

▶ 任务评价

"润滑系统认知"评分标准

序号	考核项目	配分	扣分标准(每项累计扣分不超过配分)
1	安全文明	否决	造成人身、设备重大事故,此任务计0分
2	准备工作	10分	设备工量具每少准备1件,扣2分
3	润滑系统结构的认知	40分	未能指出润滑系统的主要部件名称,识别错误每项扣5分
4	润滑系统油路传递路线	20分	简述润滑系统油路传递路线并填入任务工单中,每漏一项扣5分
5	工单记录	10分	工单记录字迹潦草,扣2分;填写不完整,每项扣2分
6	6S 管理	20分	(1) 工作着装不规范,每次每处扣3分; (2) 工量具与零件混放或摆放凌乱,每次每处扣2分,工量具或零件随意摆放在地上,每次扣2分; (3) 垃圾未分类回收,每次扣2分; (4) 出现有安全隐患的不规范操作,每次扣3分; (5) 完工后未清理场地,扣2分
7	合计	100分	

任务二

车用机油、润滑脂的选用

> **任务目标**

知识目标
- 了解不同车用机油和润滑脂的特点;
- 熟悉不同车用机油的选用原则。

能力目标
- 能够正确选配机油;
- 能够在实车上对润滑系统进行维护。

> **任务描述**

一辆丰田卡罗拉轿车,在使用过程中出现了发动机低温起动困难、发动机过热等现象。这些现象是由于发动机机油黏度过大而导致的,为解决这一问题,我们需要更换黏度小一些的机油。

> **任务分析**

作为汽车维修人员,首先需要了解不同车用机油和润滑脂的特点及选用原则,并能按规定操作流程更换机油。

> **知识链接**

汽车发动机润滑剂包括机油和润滑脂两种。

一、机油的分类

我国采用国际上通用的美国 SAE 黏度分类法和 API 使用分类法。

美国工程师学会(SAE)按照机油的黏度等级,把机油分为冬季用机油和非冬季用机油。冬季用机油有 6 种牌号:SAE0W、SAE5W、SAE10W、SAE15W、SAE20W 和 SAE25W。非冬季用机油有 4 种牌号:SAE20、SAE30、SAE40、SAE50。号数较大的机油黏度较大,适于在较高的环境温度下使用。

上述牌号的机油只有单一的黏度等级，当使用这种机油时，汽车驾驶人需根据季节和气温变化随时更换机油。目前使用的机油大多数具有多黏度等级，其牌号有 SAE5W-20、SAE10W-30、SAE10W-40、SAE15W-40 等。例如，SAE10W-30 在低温下使用时，其黏度与 SAE10W 一样；而在高温下，其黏度又与 SAE30 相同。因此，一种机油可以冬夏通用。

API 使用分类法是美国石油学会（API）根据机油的性能及其最适合的使用场所，把机油分为 S 系列和 C 系列两类。S 系列为汽油机机油，有 SC、SD、SE、SF、SH、SN 等级别；C 系列为柴油机机油，有 CC、CD、CD-II、CF、CF-4 等级别。汽油柴油两用机油 SD/CC、SF/CD 等。级别越靠后，使用性能越好，适用的机型越新或强化程度越好。图 5-8 所示为汽油机机油编号。

图 5-8　汽油机机油编号

二、机油的选用

选择发动机机油由两部分组成，即首先对汽油机根据气温条件确定黏度级别，如 -15℃气温，可选 15W 机油，兼顾高温条件时使用多级油，可选 15W-40；再根据使用分类确定，用 SH 或 SN 机油。

机油使用时，应根据汽车说明书的要求，全面对照机油的名称，既看品种又看牌号，合理选择使用。机油使用注意事项如下。

（1）应按汽车生产厂家使用说明书要求的牌号用油，并尽可能选用较高级别的机油，已使用低档油时要缩短更换周期。

（2）除非是通用油，汽油机机油"S"系列和柴油机机油"C"系列不能互用及混用。

（3）严禁混入水、杂质等。

（4）正常情况下，应严格按汽车生产厂家所提供的换油周期进行换油。

三、润滑脂

润滑脂是将稠化剂掺入液体润滑剂中所制成的一种稳定的固体或半固体产品，其中可以加入旨在改善某种特性的添加剂。

润滑脂在常温下可附着于垂直表面而不流淌，并能在敞开或密封不良的摩擦部位工作,具有其他润滑剂所不可代替的特点。因此,在汽车的许多部位都使用润滑脂润滑,如轮毂、万向节、花键、发电机轴承等。汽车通用锂基润滑脂(GB/T 5671),按锥入度大小分为00、0、1、2、3号,号越大,脂越硬(稠)。汽车常用的是2、3号。

润滑脂使用注意事项如下。

(1)不同类型的润滑脂不要混用,在换润滑脂时应将旧润滑脂洗净,并防止灰尘污染。用脂枪加润滑脂时应看到新润滑脂挤出。

(2)汽车轮毂应采用空毂或半毂润滑(轴承保持架内要装满、但毂内不要完全装满)。

(3)不能使用普通的钙基和钠基润滑脂。

▶ 任务实施

现代汽车发动机内部的高温化对机油的功能要求越来越高。汽车在使用一段时间后,润滑系统中会沉积大量的油泥,影响润滑系统的正常工作,甚至出现严重的机械故障,因此对机油须进行恰当地保养。一般而言,新型号的发动机对机油使用级别要求更高。在选用机油的时候,要严格按照汽车使用说明书所规定的机油使用级别选用,若无相同级别的机油,可以使用高一级别的机油,但绝不能用低级别的代替。一般情况下,每一辆车的维护手册上都规定了换油里程。目前国内汽油机一般规定换油里程为4 500~7 500 km,柴油机的换油里程为8 000~12 000 km。按照规定周期适时更换机油。

一、机油的检查

起动发动机暖机,直至机油温度高于60℃,将发动机熄火,并使汽车停在水平路面上。等待数分钟,待机油回流至油底壳后方可进行以下操作。

拔出机油标尺,用干净布擦净标尺后重新插入。再次拔出机油标尺,读取油位。机油标尺上的油位标记如图5-9所示,其中a表示不可加机油;b表示可加注机油,加注后油位可达a区;c表示必须加注机油,使油位达区域b某一位置即可。

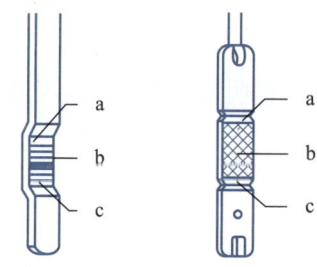

图 5-9 机油标尺上的油位标记

二、机油、机油滤清器的更换

(1)安装车内三件套,安放翼子板布、前格栅布。

(2)起动发动机,直至发动机运行至正常温度。

(3)关闭发动机,拉紧驻车制动器,打开发动机盖及机油加油口盖。

微课
机油的选用与更换

（4）按规定流程使用举升机把车辆升起，在放油塞下部放置废机油回收桶，按逆时针方向旋转放油螺塞，打开放油口，放出机油。

（5）排放完毕后，更换放油螺塞密封垫，擦净放油螺塞，再装上放油螺塞，按规定力矩拧紧。

（6）用机油滤清扳手拧松机油滤清器，如图5-10所示。

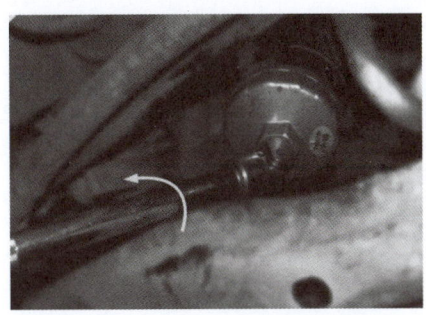

图 5-10　机油滤清器的拆卸

（7）将发动机机油涂抹在新机油滤清器的 O 形圈上。

（8）用手把新的机油滤清器拧在机油滤清器支座上，直到机滤清器 O 形圈与安装表面接触，再用专用工具将其拧紧（见图5-11）。

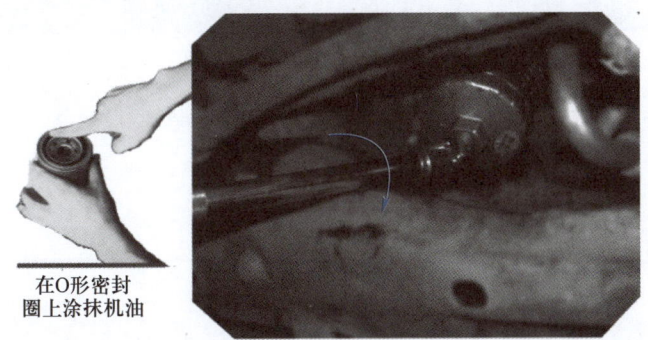

图 5-11　机油滤清器的安装

（9）从发动机机油加油口注入汽车生产厂家规定黏度的高品质汽油发动机专用机油，直至油位达到机油尺上的满油位标记即可停止加注。

（10）盖上发动机机油加油口盖，使发动机怠速空转 5 min 后停止运转。隔 3 min 后拔出机油尺，检查机油油位是否处在正常油位位置。

▶ 任务工单

"机油的更换" 操作工单

车型：

1. 机油的更换

（1）根据汽车维护操作要求，按照标准流程进行车辆保养作业；

（2）根据修理手册和实际测量值填写以下数据记录；

（3）实际操作过程中，要边操作边向考核教师叙述操作内容和检查结果

续表

操作记录：

2. 作业基本要求

（1）按规范作业，合理、快捷；
（2）作业完成后，将工具、车辆等恢复成考前状态；
（3）注意工作安全、6S；
（4）如果检查出不正常现象，记录在以下表格中（不必恢复）
3. 不正常现象（没有异常可以不填）

> 任务评价

"机油的更换" 评分标准

序号	检修项目	检修内容	评分项目	扣分标准	配分
1	安全	—	—	造成人身、设备重大事故，此题计0分	否决
2	车辆基本检查	（1）准备工作	安装车内三件套	每项2分	4
			安放翼子板布、前格栅布		
		（2）暖车	起动发动机	每项3分	6
			发动机运行至正常温度		
		（3）放出机油	拧开放油螺塞	每项10分	20
			排放机油		
		（4）添加机油	添加机油	每项20分	20
		（5）检查	起动发动机	每项8分	24
			发动机运行至正常温度		
			检查液面高度		
3	作业安全、"6S"管理	（1）举升器使用	举升前支点确认	每项2分	6
			举升高度合适（不低头、不跐脚）		
			升降时安全提示语音		
		（2）"6S"方面	工具、量具、零件摆放合理	每项3分	6
			工具零件落地		
		（3）作业安全	其他不安全操作	每项2分	4

续表

序号	检修项目	检修内容	评分项目	扣分标准	配分
4	工作流程	操作流程规范性	按照工位标准流程完成以上各项目	每错1项扣1分	7
5	工单填写	工单情况	填写规范、数据与测量值一致、操作与记录一致	每错1项扣1分	3
	总分				100

任务三

油底壳的拆装与检查

> **任务目标**

知识目标
- 掌握油底壳的功用与结构;
- 熟悉油底壳的清洁与检查步骤。

能力目标
- 能够正确拆装油底壳;
- 能够进行油底壳的清洁及检查工作。

> **任务描述**

一辆丰田卡罗拉轿车在行驶中,遇到严重的"托底",造成发动机的油底壳损坏,导致机油泄漏,需要对油底壳进行更换。

> **任务分析**

作为汽车维修人员,应熟悉油底壳的基本知识,并能按规定操作流程进行检查与更换。

> **知识链接**

油底壳(见图 5-12)的主要功用是储存机油和封闭机体或曲轴箱,防止杂质进入,并收集和储存发动机各摩擦表面流回的机油,降低热量,防止机油氧化。

图 5-12 油底壳

油底壳用薄钢板冲压或用铝铸制而成。油底壳内设有挡板，用以减轻汽车颠簸时油面的震荡。此外，为了保证汽车倾斜时机油泵能正常吸油，通常将油底壳局部做得较深。油底壳底部设放油螺塞。有的放油螺塞带磁性，可以吸引机油中的铁屑。

▶ 任务实施

实训工具：3/8 转 1/2 转接头、套筒、棘轮扳手、油底壳密封胶刀具、胶锤、密封胶、扭力扳手等。

1. 油底壳的拆卸

（1）按规定流程使用举升机把车辆升起，在放油塞下部放置废机油回收桶，按逆时针方向旋转放油螺栓，打开放油口，放出机油。

微课
油底壳的构造与拆装

（2）排放完毕后，按照对角的顺序拧松油底壳固定螺栓，如图 5-13 所示。

（3）使用油底壳密封胶刀具割开密封胶。注意：不可损坏密封表面。

（4）取下油底壳。

图 5-13　拧松油底壳固定螺栓

2. 油底壳的安装

（1）清洁曲轴箱总成。

（2）在涂抹密封胶前，需对密封表面进行清洁。注意：密封胶不可涂抹过多，否则易造成润滑系统堵塞。

（3）安装油底壳，预紧油底壳固定螺栓，按标准的紧固力矩紧固螺栓。

（4）从发动机机油加油口注入汽车生产厂商规定黏度的高品质汽油发动机专用机油，直至油位达到机油尺上的满油位标记即可停止加注。

（5）盖上发动机机油加油口盖，使发动机怠速空转 5 min 后停止运转。隔 3 min 后拔出机油尺，检查机油油位是否处在正常油位位置。

▶ 任务工单

"油底壳的拆装与检查" 操作工单

1. 准备工作	
（1）工量具及仪器设备准备	记录：
（2）维修手册准备	记录：
（3）固定发动机拆装台架准备	记录：

续表

2. 油底壳的拆卸

（1）排放机油

（2）拆卸油底壳螺栓

（3）取下油底壳

3. 油底壳的清洗及检查

（1）清洁油底壳

（2）检查油底壳刮痕

（3）检查油底壳密封平面

4. 油底壳的安装

（1）安装密封垫或涂抹密封胶

（2）按规定力矩拧紧油底壳螺栓

（3）加注机油

（4）检查机油油量

（5）起动发动机，检查是否泄漏

▶ 任务评价

"油底壳的拆装与检查" 评分标准

序号	考核项目	配分	扣分标准（每项累计扣分不超过配分）
1	安全文明	否决	造成人身、设备重大事故，此任务计 0 分
2	工具及设备的准备	5 分	未检查工具设备，扣 2 分；工具准备错误，扣 2 分；工具摆放不整齐，扣 1 分
3	油底壳的拆卸	20 分	（1）未排放机油，扣 5 分，未装上放油螺栓，扣 2 分，机油泄漏至地面，扣 2 分，未均匀交替松油底壳螺栓，扣 1 分； （2）用工具强行撬开油底壳密封面，扣 2 分，造成油底壳变形，扣 2 分； （3）拆装动作不规范，扣 2 分，工具使用错误一次，扣 2 分，零件落地，扣 2 分
4	油底壳的清洗与检查	10 分	（1）未清洗油底壳，扣 2 分，未铲除密封胶或去除密封垫，扣 2 分，未清洗壳体，扣 2 分； （2）未检查油底壳撞击凹痕，扣 2 分，未检查油底壳平面，扣 2 分
5	油底壳的安装	25 分	（1）油底壳清洗不干净，扣 2 分，没有吹干油渍，扣 2 分； （2）安装动作不规范，扣 2 分，未安装密封垫或未涂密封胶，扣 5 分； （3）未均匀交替拧紧螺栓，扣 2 分，拧断螺栓一个，扣 3 分，螺栓滑丝一个，扣 2 分，未按维修手册力矩要求拧紧螺栓，扣 2 分

续表

序号	考核项目	配分	扣分标准（每项累计扣分不超过配分）
6	发动机起动及检查	20 分	（1）未加注机油，扣 5 分，未检查机油油量，扣 2 分； （2）未起动发动机，扣 2 分，有漏油现象，扣 2 分，熄火后没有检查机油油量，扣 2 分； （3）操作动作不规范，扣 2 分，工具使用错误一次，扣 2 分，零件落地扣 3 分
7	安全生产	20 分	（1）不穿工作服，扣 2 分； （2）工量具与零件混放或摆放凌乱，每次每处扣 2 分； （3）工量具或零件随意摆放在地上，每次扣 2 分； （4）垃圾未分类回收，每次扣 2 分； （5）油、水洒落在地面或零部件表面未及时清理，每次扣 2 分； （6）完工后未清理工量具，每件扣 1 分； （7）完工后未清理场地，扣 2 分
8	合计	100 分	

任务四 ▶▶▶

机油泵的拆装与检查

▶ 任务目标
知识目标
- 掌握机油泵的构造与拆装流程；
- 熟悉机油泵的检测内容。

能力目标
- 能够按照正确的拆装流程，拆装机油泵；
- 能按检修步骤判断机油有无故障。

▶ 任务描述
一辆丰田卡罗拉轿车，在行驶过程中出现了发动机机油压力报警灯闪烁现象。经过诊断，故障为机油泵泵油压力不足。

▶ 任务分析
作为汽车维修人员，需要了解机油泵的构造与拆装流程，能按规定操作流程拆装机油泵并进行检测。

▶ 知识链接

微课
机油泵的构造

机油泵（见图 5-14）的作用是将机油提高到一定的压力后，强制地压送到发动机各零部件的运动表面，从而对各机件起到润滑冷却的作用，并保证机油在润滑系统内不断循环。

目前发动机润滑系中广泛采用的机油泵有外啮合齿轮式机油泵和内啮合转子式机油泵两种。

1. 齿轮式机油泵

齿轮式机油泵由主动轴、主动齿轮、从动轴、从动齿轮、泵体等组成，如图 5-15 所示，两个齿数相同的齿轮相互啮合，安装在壳体内，齿轮与壳体的径向和端面间隙很小。主动轴与主动齿轮键连接，从动齿轮空套在从动轴上。

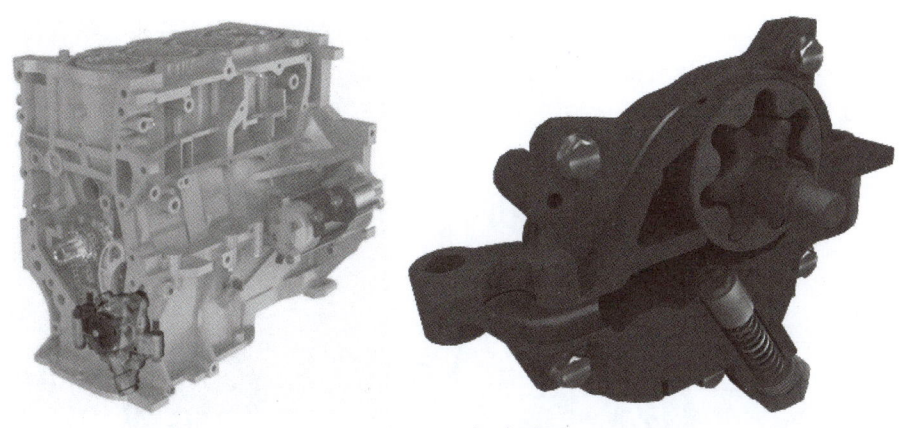

图 5-14　机油泵

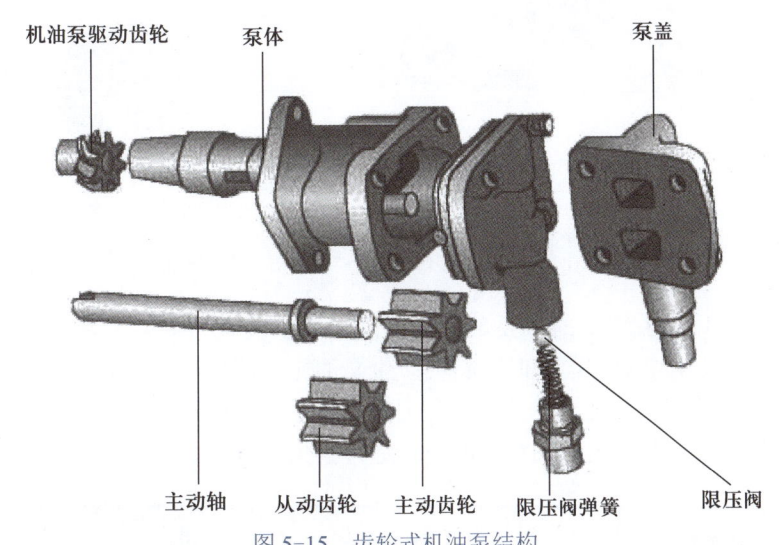

图 5-15　齿轮式机油泵结构

工作时，主动齿轮带动从动齿轮反向旋转。两齿轮旋转时，充满在齿轮齿槽间的机油沿机油泵壳壁由进油腔带到出油腔，在进油腔一侧由于齿轮脱开啮合以及机油被不断带出而产生真空，使油底壳内的机油在大气压力作用下经机油集滤器进入进油腔，而在出油腔一侧由于齿轮进入啮合和机油被不断带入而产生挤压作用，机油以一定压力被泵出。

2. 转子式机油泵

转子式机油泵由壳体、内转子、外转子和转子轴等组成，如图 5-16 所示。内转子用键或销固定在转子轴上，由曲轴齿轮直接或间接驱动，内转子和外转子中心的偏心距为 e，内转子带动外转子一起沿同一方向转动。

转子齿形齿廓设计得使转子转到任何角度时，内、外转子每个齿的齿形齿廓线上总能互相成点接触。这样内、外转子间形成 4 个工作腔，随着转子的转动，这 4 个工作腔的容积是不断变化的。

在进油道的一侧空腔，由于转子脱开啮合，容积逐渐增大，产生真空，机油被吸入，转子继续旋转，机油被带到出油道的一侧，这时，转子正好进入啮合，使这一空腔容积减小，油压升高，机油从齿间挤出并经出油道压送出去。这样，随着转子的不断旋转，机油就不断地被吸入和压出。

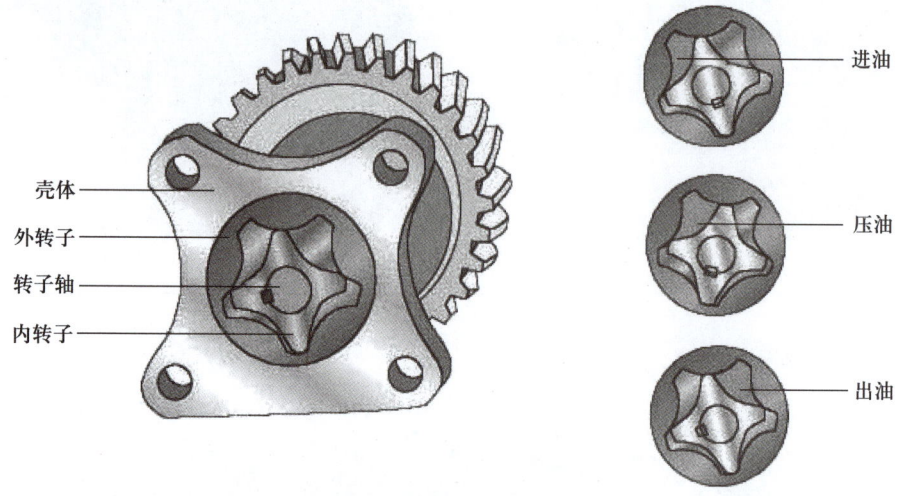

图 5-16 转子式机油泵结构

▶ 任务实施

机油泵是润滑系统中的重要部件，它的技术状况直接影响润滑系统的正常工作。机油泵长期工作受到磨损时，将会产生泵油压力降低和泵油量减少，以及其他机械故障。以下转子式机油泵为例，介绍其拆装过程。转子式机油泵安装位置在气缸体的前端底面，直接由曲轴前端的链轮通过链条驱动，如图 5-17 所示。

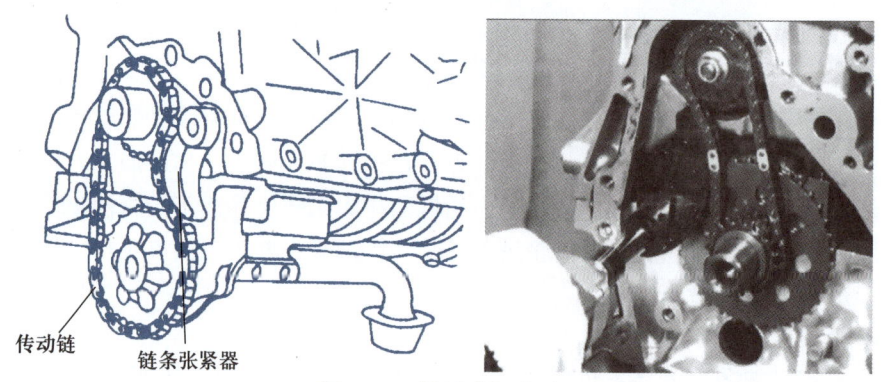

图 5-17 转子式机油泵

1. 机油泵的拆卸

（1）拆卸机油泵驱动链条分总成（见图 5-18）。

① 暂时紧固曲轴传动带轮螺栓。

② 顺时针转动曲轴 90°，以便将机油泵主动轴链轮的调节孔对准机油泵槽口。

注意：曲轴旋转不要超过 90°，若曲轴转动过多且没有安装正时链条，气门可能会碰撞到活塞并造成损坏。

③ 拆下曲轴传动带轮螺栓。

④ 将一个直径为 3 mm 的杆插入机油泵主动轴链轮的调节孔一端将齿轮锁定，然后拆下螺母。

⑤ 拆下螺栓、链条张紧器盖板和弹簧。

⑥ 拆下曲轴正时链轮、机油泵主动轴齿轮和机油泵驱动链条分总成。

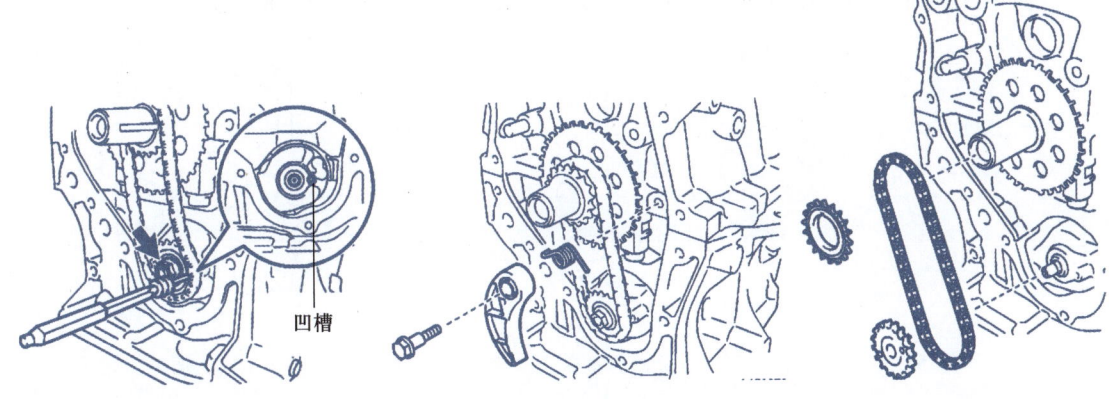

图 5-18　拆卸机油泵驱动链条分总成

（2）拆卸曲轴位置信号盘。

（3）按拆卸工艺要求拆卸油底壳。

（4）拆卸机油泵总成，拆下 3 个螺栓和机油泵。

2. 机油泵的拆解

（1）拆卸机油泵减压阀。

① 用套筒扳手拆下螺栓。

② 拆下弹簧和减压阀，如图 5-19 所示。

（2）拆卸机油泵盖分总成。

① 拆下机油泵盖螺栓，取下机油泵盖。

② 从机油泵上拆下机油泵主动转子和从动转子。

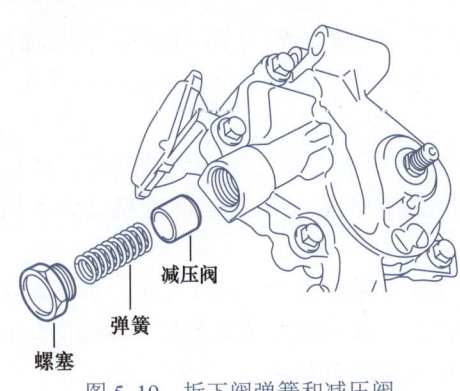

图 5-19　拆下阀弹簧和减压阀

3. 机油泵的检测

（1）转子式机油泵的检测。

① 检查机油泵减压阀。在机油泵减压阀上涂抹一层发动机机油，检查并确认该阀能依靠自身质量顺畅地滑入阀孔中。如果情况不是这样，则更换机油泵。

② 检查从动转子与泵壳配合间隙，如图 5-20 所示。用厚薄规测量从动转子与泵壳之间的间隙。若间隙超过允许极限值，应更换机油泵总成。

③ 检查主动转子与从动转子顶部间隙，如图 5-21 所示。用厚薄规测量内转子与从动转子的顶部间隙。若间隙超过允许极限值，应更换机油泵总成。

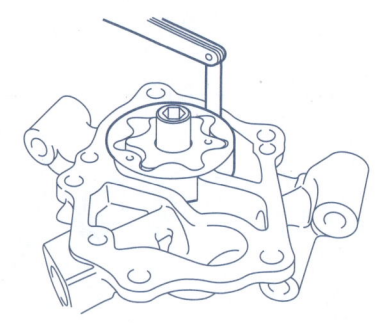
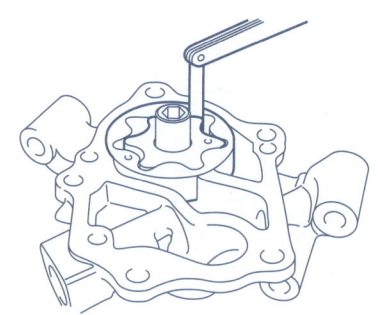

图 5-20　检查从动转子与泵壳配合间隙　　　图 5-21　检查主动转子与从动转子顶部间隙

④ 检查转子端面与泵盖轴向间隙，如图 5-22 所示。用厚薄规和精密直尺测量 2 个转子和精密直尺之间的间隙。若间隙超过允许极限值，应更换机油泵总成。

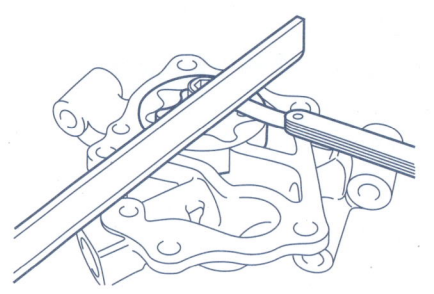

图 5-22　检查转子端面与泵盖轴向间隙

（2）齿轮式机油泵的检测。

齿轮式机油泵在使用中，主动齿轮与从动齿轮、轴与轴孔、齿轮顶与泵壳、齿轮端面与泵盖均会产生磨损，造成机油泵供油量减少和供油压力降低等。

① 检查齿轮与泵壳径向间隙，如图 5-23 所示。拆下泵盖，在齿轮上选一与啮合齿相对的轮齿，用厚薄规测量齿顶与泵壳间的间隙，然后转动齿轮，用相同的方法测量其他轮齿与泵壳间的间隙。若径向间隙超过允许极限值，应更换机油泵总成。

② 检查齿轮与泵盖轴向间隙，如图 5-24 所示。拆下泵盖后，在泵体上沿两齿轮中心连线方向上放一直尺，然后用厚薄规测量齿轮端面与直尺之间的间隙。若间隙超过允许极限值，应更换机油泵总成。

③ 检查齿轮啮合间隙，如图5-25所示。拆下泵盖，用厚薄规测量主动齿轮与从动齿轮啮合一侧的齿轮啮合间隙。若间隙超过允许极限值，应更换机油泵总成。

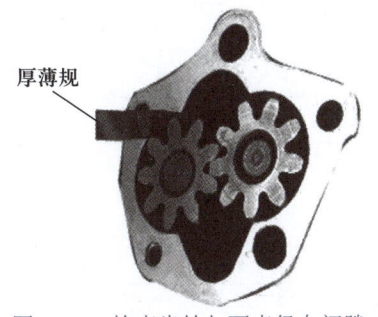

图5-23 检查齿轮与泵壳径向间隙

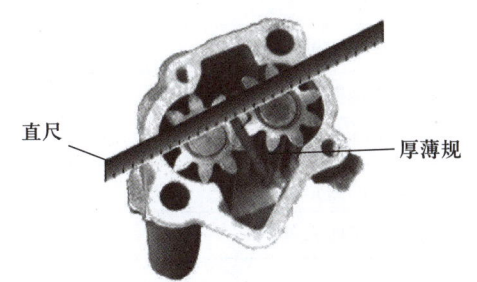

图5-24 检查齿轮与泵盖轴向间隙

④ 检查主动轴与轴孔配合间隙。分别测量机油泵主动轴直径、泵体上主动轴孔径，并计算其配合间隙。若配合间隙超过允许极限值，应进行修复或更换新件。

⑤ 检查从动轴与衬套孔配合间隙。分别测量机油泵从动轴直径及其衬套孔径，并计算其配合间隙。若配合间隙超过允许极限值，应更换衬套。

⑥ 检查机油泵减压阀。减压阀常见故障是发卡而导致机油压力过高或过低，检查时，拆下减压阀，清洗阀孔和阀体，将限压阀钢球（或柱塞）装入阀孔，移动时应灵活，无卡滞现象。在试验台上检查减压阀的开启压力，应符合标准。

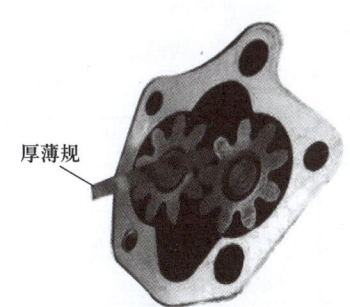

图5-25 检查齿轮啮合间隙

4. 机油泵的装配与调试

机油泵的安装与拆卸顺序相反。注意：查阅维修手册，按各螺栓的规定力矩拧紧。

在装配时，应边安装边复查各部位配合间隙。尤其是要复查机油泵齿轮或转子端面与泵盖的轴向间隙，此间隙过大，机油泵工作时，机油会从此间隙漏出，使供油压力降低。

机油泵装配后应进行调试。简便的方法是将进油口浸入清洁的机油中，用手转动机油泵泵轴，机油会从出油口流出来，用拇指堵住出油口，会有压力感，且泵轴转动困难。如条件允许，最好在试验台上对机油泵的泵油量和泵油压力进行测试。

▶ 任务工单

"机油泵的拆装与检查" 操作工单

1. 准备工作	
（1）工量具及仪器设备准备	记录：
（2）维修手册准备	记录：
（3）固定发动机拆装台架准备	记录：

续表

2.机油泵的拆卸	
（1）	拆卸油底壳
（2）	拆卸机油集滤器
（3）	拆卸机油泵固定螺栓
（4）	取下机油泵
（5）	拆卸机油泵后泵盖
（6）	拆卸减压阀卡簧
3.机油泵的安装	
（1）	安装减压阀
（2）	安装减压阀弹簧
（3）	安装内、外转子
（4）	安装机油泵后泵盖
（5）	安装机油泵至发动机
（6）	安装机油集滤器
（7）	安装油底壳
4.机油泵的检测	

机油泵壳体内表面工作状况为_____；内转子齿顶与外转子内廓间隙为_____；外转子与泵体间隙为_____；转子的端面间隙为_____

▶ 任务评价

"机油泵的拆装与检查" 评分标准

序号	考核项目	配分	扣分标准（每项累计扣分不超过配分）
1	安全文明	否决	造成人身、设备重大事故，此任务计0分
2	工具及设备的准备	5分	未检查工具设备，扣2分；工具准备错误，扣2分；工具摆放不整齐，扣1分
3	机油泵的拆卸	20分	（1）未分次交替均匀拧松机油泵螺栓，扣2分，取下机油泵方法不正确，扣2分； （2）未使用木块垫住机油泵，扣2分，用冲击起子拆卸时损坏螺栓，扣3分，拆装动作不规范，扣3分，工具使用错误一次，扣3分，零件落地，扣2分； （3）不能拆卸分解机油泵，此项不得分
4	机油泵的清洁	5分	未清洁内转子，扣1分，未清洁外转子，扣1分，未清洁壳体，扣1分，未清洁减压阀，扣2分

续表

序号	考核项目	配分	扣分标准（每项累计扣分不超过配分）
5	机油泵的检测	25 分	（1）使用量具不正确，扣 2 分，检测动作不规范，扣 2 分； （2）没有对机油泵壳体、内转子、外转子进行外观检查，每项扣 2 分； （3）未检查内转子齿顶与外转子内廓间间隙，扣 2 分，未检查外转子与泵体间隙，扣 2 分，未检查转子的端面间隙，扣 2 分，未检查减压阀阀芯，扣 2 分，未检查减压阀弹簧，扣 1 分； （4）检测数据误差大于 0.02 mm，扣 3 分； （5）不能判断零件好坏，扣 3 分
6	机油泵的安装	25 分	（1）内、外转子标记没有朝上，扣 3 分，没有涂机油，扣 2 分；强行将转子压入壳体，扣 3 分； （2）未装减压阀弹簧，扣 2 分，减压阀阀芯没有涂机油，扣 2 分，没有利用自身质量滑入阀孔，扣 2 分，强行将阀芯推入，扣 2 分； （3）机油泵没有对齐，曲轴强行安装，扣 2 分，安装动作不规范，扣 2 分，工具使用错误一次，扣 2 分，零件落地，扣 3 分
7	安全生产	20 分	（1）不穿工作服，扣 2 分； （2）工量具与零件混放或摆放凌乱，每次每处扣 2 分； （3）工量具或零件随意摆放在地上，每次扣 2 分； （4）垃圾未分类回收，每次扣 2 分； （5）油、水洒落在地面或零部件表面未及时清理，每次扣 2 分； （6）完工后未清理工量具，每件扣 1 分； （7）完工后未清理场地，扣 2 分
8	合计	100 分	

任务五

润滑系统常见故障诊断

> **任务目标**

知识目标
- 掌握影响发动机机油质量的因素；
- 能正确检查机油压力；
- 能对发动机润滑系统故障进行原因分析。

能力目标
- 能够进行机油消耗异常故障诊断；
- 能够进行机油压力过高故障诊断；
- 能够进行机油压力过低故障诊断。

> **任务描述**

一辆丰田卡罗拉轿车行驶过程中，发动机运转正常，行驶中加速时机油压力报警灯闪烁。

> **任务分析**

作为维修技工，需要根据维修手册，使用专用工具，参考相关资料排除故障，恢复汽车的正常行驶。

> **知识链接**

一、机油消耗异常故障诊断

1. 影响发动机机油质量的因素

（1）机件磨损所产生的金属屑越来越多。
（2）从空气中侵入机油中的灰尘越来越多。
（3）燃烧时生成了积炭、胶渣。
（4）由于长时间受热而形成自然胶质。

（5）燃烧时生成的酸性物质的腐蚀作用。
（6）混合气中未雾化的汽油混入机油内。
（7）曲轴箱内长期有可燃混合气和废气存在。
（8）经常在较高的温度下工作，机油老化变质。

2. 机油消耗异常

（1）故障现象。
① 机油消耗量超过规定值。
② 排气管尾气冒蓝烟。
③ 积炭增多。
（2）可能原因。
① 发动机有漏油点。
② 活塞与气缸间隙增大。
③ 曲轴箱通风不良。
④ 活塞环失效。
（3）诊断步骤。
① 检查发动机各处有无漏油点。
② 检查缸压，判断是否已产生泄漏。

二、机油压力过高故障诊断

1. 故障现象

发动机在正常温度和转速下，机油压力表读数高于规定值。

2. 可能原因

（1）机油压力表或机油压力传感器失准。
（2）油底壳油平面过高。
（3）机油变稠或新换机油黏度过大。
（4）机油减压阀发卡或调整不当。
（5）通往各摩擦表面的分油道内积垢、阻塞或主轴承、连杆轴承、凸轮轴轴承等间隙太小。

3. 诊断步骤

（1）检查机油压力表和机油压力传感器是否失效。
（2）检查机油黏度是否过大。
（3）检查减压阀是否卡死。
（4）检查机油滤清器旁通阀弹簧是否过软。
（5）检查气缸体主油道是否堵塞。

三、机油压力过低故障诊断

1. 故障现象

查看机油压力表或油压警报指示灯，发现机油压力过低或油压警报指示灯亮，

微课
机油压力报警灯闪烁的故障诊断

伴有蜂鸣声。

2. 可能原因

（1）机油油面过低。

（2）机油压力表或机油压力传感器失准。

（3）机油滤清器堵塞。

（4）机油泵齿轮磨损、泵盖磨损或泵盖衬垫过厚，造成供油能力过低。

（5）机油黏度低或被稀释。

（6）内、外管路有泄漏。

（7）机油减压阀调整不当、关闭不严或其弹簧折断。

3. 诊断步骤

（1）检查机油油面高度。

（2）检查机油压力表和机油压力传感器是否失效。

（3）更换机油滤清器。

（4）检查机油黏度，判断机油是否稀释。

（5）拆下机油油底壳，检查吸油管，如损坏，更换。

（6）拆下机油泵减压阀，检查清洗后装回。

▶ **任务实施**

1. 检查机油压力开关和机油压力

机油压力可以用专用的机油压力表来测量，也可用普通的机油压力表配上相应的高压软管和接头来测量。其检查步骤如下。

（1）拔下机油压力传感器的线束插头，拆下机油压力传感器。

（2）将机油压力表的软管接头拧入安装机油压力传感器的螺孔内，并拧紧接头。

（3）将机油压力表放置在不会接触到发动机旋转部件及高温部件的地方。

（4）起动发动机，检查机油压力表接头处有无漏油。如有漏油，应熄火后重新拧紧接头。

（5）运转发动机使之达到正常的工作温度，分别在怠速和 2000r/min 时检查油压表的读数，并与标准压力值进行比较。

2. 发动机机油压力报警灯闪烁故障诊断

发动机机油压力报警灯闪烁故障诊断流程如图 5-26 所示。

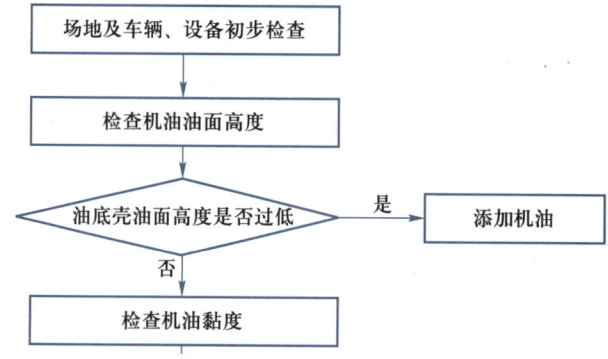

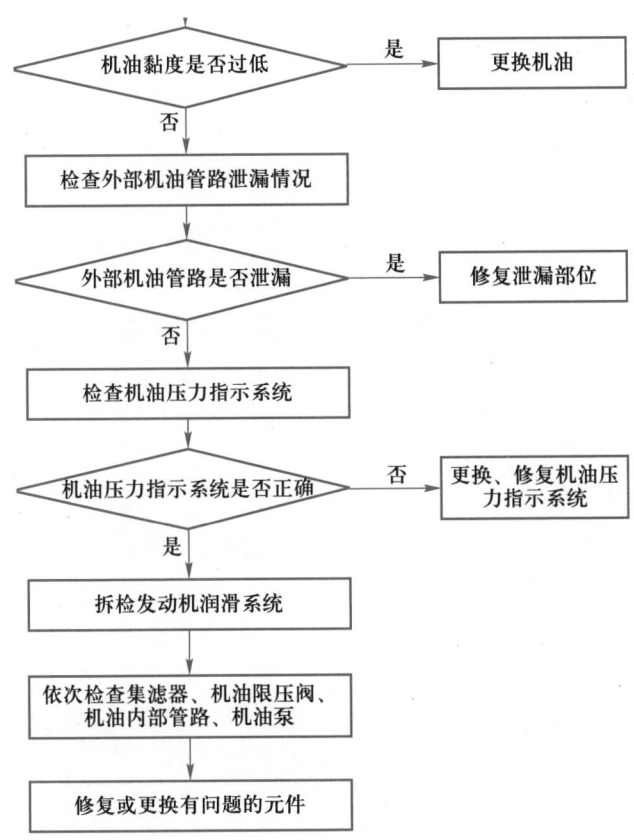

图 5-26　发动机机油压力报警灯闪烁故障诊断流程图

> **任务工单**

"发动机机油压力报警灯闪烁故障诊断"操作工单

信息获取	发动机型号：	
	故障现象：	
1. 场地及设备初步检查			
（1）工量具检查准备	项目（1）至（10）不需要做记录
（2）仪器设备检查准备	
（3）车辆准备	
（4）技术资料检查准备	
（5）汽车停放位置与举升机状况检查	
（6）放置车轮三角木	
（7）连接尾气抽排管	
（8）放置转向盘套和脚垫	
（9）放置发动机及翼子板护垫	
（10）发动机机油、冷却液检查	

续表

2. 故障诊断

（1）记录诊断步骤

（2）记录检测步骤

（3）技术要点与难点

任务评价

"发动机机油压力报警灯闪烁故障诊断"评分标准

序号	考核项目	配分	扣分标准（每项累计扣分不超过配分）
1	安全文明	否决	造成人身、设备重大事故，此任务计 0 分
2	工具及仪器设备的准备	5 分	未检查工具设备，扣 2 分；工具准备错误，扣 2 分；工具摆放不整齐，扣 1 分
3	车辆状况的检查及车辆的防护	10 分	（1）没有检查车辆停放安全状况，扣 0.5 分，没有安放三角木，扣 0.5 分，没有安装尾气抽排管，扣 0.5 分； （2）没有检查机油、变速器油、冷却液、转向液、玻璃清洗液、制动液液位，每项扣 0.5 分，没有检查蓄电池电压，扣 0.5 分，没有起动车辆，扣 1 分，没有检查发动机工作状况，扣 1 分； （3）没有安装翼子板护垫，扣 0.5 分，座椅套、脚垫、转向盘套、挡位杆套，少装一项扣 0.5 分
4	故障现象判断	15 分	（1）未检查故障码，扣 1 分，不会检查故障码，扣 2 分，不会使用解码器，扣 2 分，不会判断故障，扣 2 分，故障点判断错误，每次扣 1 分，故障判断思路不明确，扣 1 分； （2）故障判断不熟练，扣 2 分，不能找出故障，扣 4 分

续表

序号	考核项目	配分	扣分标准（每项累计扣分不超过配分）
5	故障诊断过程	25分	（1）不会查阅维修手册，扣2分，没有使用维修手册，扣2分； （2）没有关闭点火开关拔插连接器，扣2分，不会拔插连接器，扣2分； （3）操作过程不规范，扣2分，工量具及仪器设备没整理，扣2分； （4）造成短路，扣5分，烧坏线路，此项计0分； （5）部件及总成拆装不熟练，扣2分，造成元器件损坏，扣2分
6	故障点确认与排除及操作工单的填写	25分	（1）不能确认故障点，扣5分，不会排除故障，扣5分； （2）未进行故障修复后的检验，扣5分； （3）修复后故障重复出现，扣5分； （4）没有填写工单，扣4分，填写不完整，扣1分
7	安全生产	20分	（1）不穿工作服，扣2分； （2）工量具与零件混放或摆放凌乱，每次每处扣2分； （3）工量具或零件随意摆放在地上，每次扣2分； （4）垃圾未分类回收，每次扣2分； （5）油、水洒落在地面或零部件表面未及时清理，每次扣2分； （6）完工后未清理工量具，每件扣1分； （7）完工后未清理场地，扣2分
8	合计	100分	

项目小结

1. 润滑系统的主要作用是润滑、冷却、清洁、密封等。
2. 润滑方式有压力润滑、飞溅润滑、润滑脂润滑。
3. 发动机润滑系统中广泛采用的机油泵是外啮合齿轮式机油泵和内啮合转子式机油泵两种。
4. 机油泵主要检查的内容包括减压阀的检查、外转子与泵壳间隙的检查、主动转子与从动转子顶部间隙的检查、转子端面与泵盖轴向间隙的检查。
5. 在选用机油的时候，要严格按照汽车使用说明书所规定的机油使用级别选用。一般情况下，每一辆车的维护手册上都规定了更换机油里程。
6. 曲轴箱通风方式有两种：自然通风和强制通风。
7. 汽车润滑系统常见的故障有机油消耗异常、机油压力过高、机油压力过低等。

练习与思考

一、填空题

1. 在发动机润滑系统中，凸轮轴轴颈采用_____润滑。气缸壁采用_____润滑。
2. 国产机油是根据在温度_____机油的_____进行分类的。
3. 发动机冒蓝烟是_____造成的，这是发动机_____故障之一。
4. 汽车发动机常用的机油泵有_____和_____两种。
5. 曲轴箱通风方式有_____和_____两种。
6. 机油粗滤器上装旁通阀的作用是为了因_____而断油，当旁通阀打开时，机油经此阀流入_____。

二、是非题

1. 机油滤清器的过滤能力越强，机油的流动阻力越小。（ ）
2. 机油压力报警灯是机油压力过低的警告装置。（ ）
3. 离心式机油细滤器，在发动机熄火后不应有转动声。（ ）
4. 由于机油泵不断地将机油从油底壳泵入主油道，所以，汽车行驶中要定期加机油。（ ）
5. 机油油路中的机油压力不能过高，所以机油油路中用旁通阀来限制油压。（ ）
6. 由于机油粗滤器串联于主油道中，所以一旦粗滤器堵塞，主油道中机油压力便会大大下降，甚至降为零。（ ）

三、选择题

1. 活塞与气缸壁之间的润滑方式是（ ）。

  A. 压力润滑   B. 飞溅润滑
  C. 润滑脂润滑   D. 压力润滑和飞溅润滑同时进行
2. 发动机润滑系统中机油的正常油温为（　　）。
  A. 40～50℃   B. 50～70℃
  C. 70～90℃   D. 大于100℃
3. 活塞通常采用的润滑方式是（　　）。
  A. 压力润滑   B. 飞溅润滑
  C. 两种润滑方式都有   D. 润滑方式不确定
4. 大多数汽油机都采用（　　）。
  A. 自然通风法   B. 强制通风法
  C. 两种通风法都采用   D. 不需要通风

四、简答题

1. 为什么曲轴箱要通风？
2. 试分析发动机机油压力过低的原因。
3. 简述润滑系统保养的标准流程。

项目六

冷却系统的认知与检修

冷却系统是发动机的重要组成部分,它使发动机在所有工况下都保持在适当的温度范围内。冷却系统既要防止发动机过热,也要防止冬季发动机过冷。在发动机冷起动后,冷却系统还要保证发动机迅速升温,尽快达到正常的工作温度。

学习任务

- 任务一 冷却系统的认知;
- 任务二 冷却液泵的拆装与检查;
- 任务三 节温器的拆装与检查;
- 任务四 散热器的检查与更换;
- 任务五 冷却系统常见故障诊断。

学习目标

知识目标
- 能描述冷却系统的作用、组成和分类;
- 能描述冷却系统的循环水路;
- 能分析冷却系统主要部件的结构和原理。

能力目标
- 能够按照正确的拆装流程,拆装冷却系统主要部件;
- 能够对冷却系统主要部件进行检修;
- 能够绘制冷却系统常见故障的诊断流程图;
- 能够初步分析冷却系统典型故障案例。

素质目标
- 通过任务的自主学习，提升观察力、想象力、思考力、判断力、推理力、逻辑思维能力等；
- 培养劳动工作耐心细致完成的能力，自主努力完成任务，促进职业能力发展；
- 培养综合技术思维能力，培养举一反三的学习能力。

任务一

冷却系统的认知

> **任务目标**
> 知识目标
> - 掌握冷却系统的功用与组成;
> - 掌握冷却系统主要部件结构。
>
> 能力目标
> - 能够描述冷却系统的循环水路;
> - 能够正确选配冷却液;
> - 能够在实车上对水冷系统进行一、二级维护。

> **任务描述**
> 一辆丰田卡罗拉轿车到汽车 4S 店保养,其中需要对冷却系统进行基本检查,并需要更换冷却液。

> **任务分析**
> 作为汽车维修人员,必须熟悉冷却系统的基本知识,并能按规定操作流程选配冷却液进行更换。

> **知识链接**

一、冷却系统的作用

发动机工作时,气缸内的气体温度可高达 1 927 ~ 2 527℃,若不及时冷却,将造成发动机零件温度过高,尤其是直接与高温气体接触的零件,会因受热膨胀影响正常的配合间隙,导致运动件运动受阻甚至卡死。此外,高温还会造成发动机零部件的机械强度下降,使机油失去作用等。

发动机冷却系统的作用就是对在高温条件下工作的发动机零部件进行冷却,保证发动机在最适宜的温度范围内工作,如图 6-1 所示。

微课
冷却系统的认知

散热器：散热风扇　　　　水泵　　　　冷却液储液罐　　　节温器

水温传感器　　　　冷却液

冷却系统的作用：
使发动机在所有工况下都保持在适当的温度范围内。冷却系统既要防止发动机过热，也要防止发动机温度过低。

图 6-1　冷却系统的作用

发动机冷却系统的冷却强度必须适宜，冷却不足会使发动机过热，冷却过度则会使发动机温度过低，发动机过热或温度过低均会影响其正常工作。目前，汽车上广泛应用的水冷式发动机正常工作温度一般为 80～90℃。

二、冷却系统的分类

发动机冷却系统分为水冷系统和风冷系统，如图 6-2 所示。

把发动机中高温零件的热量直接散入大气而进行冷却的装置称为风冷系统。发动机气缸和气缸盖采用传热较好的铝合金铸成，为了增大散热面积，各缸一般都分开制造，在气缸和气缸盖表面分布许多均匀排列的散热片，利用车辆行驶时的高速空气流，把热量吹散到大气中去。

把发动机中高温零件的热量先传给冷却液，然后再散入大气而进行冷却的装置称为水冷系统。

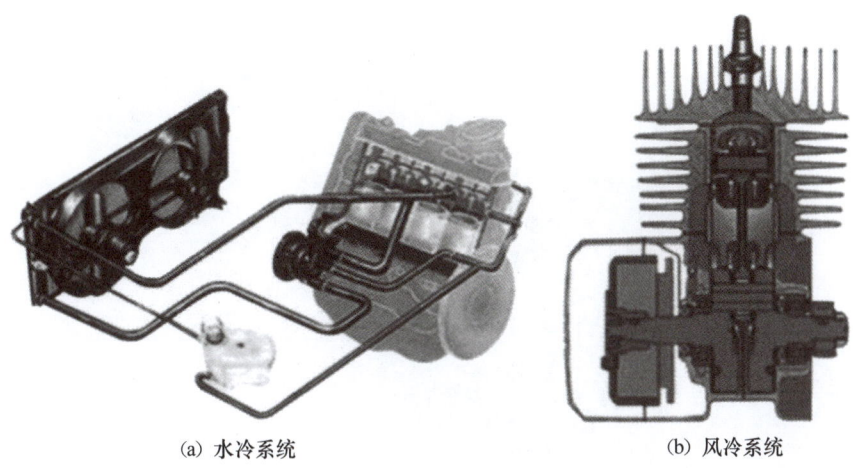

(a) 水冷系统　　　　　　　　　　(b) 风冷系统

图 6-2　发动机冷却系统

由于冷却均匀，效果好，而且发动机运转噪声小，目前汽车发动机上广泛采用的是水冷系统。虽然风冷系统与水冷系统比较，具有结构简单、质量轻、故障少、无须特殊保养等优点，但是由于材料质量要求高，冷却不够均匀，工作噪声大等缺点，目前在汽车上很少使用。

三、冷却系统的组成

冷却系统以冷却液作为冷却介质，把发动机受热零件吸收的热量散发到大气中去，目前汽车发动机上采用的冷却系统大都是强制循环式水冷系统，利用水泵强制冷却液在冷却系统中进行循环流动。冷却系统由散热器、水泵、电动风扇、节温器、冷却液温度传感器、膨胀水箱及其他附属装置等组成，如图 6-3 所示。

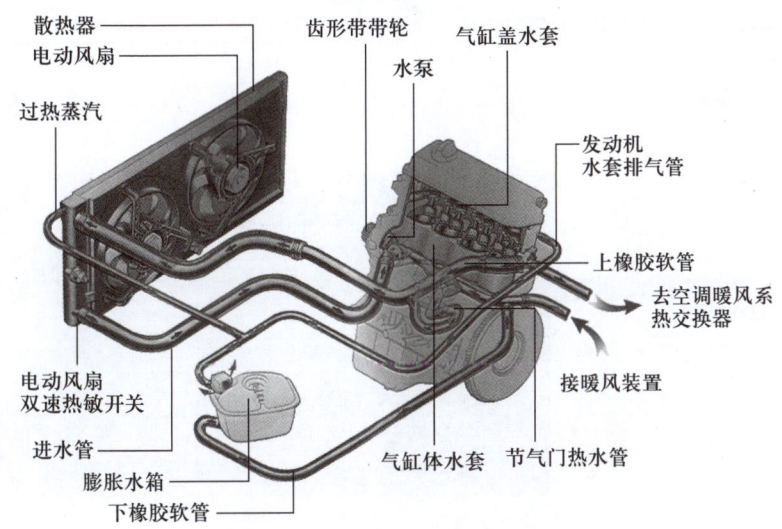

图 6-3　汽车水冷却系统的组成

多数轿车发动机水冷系统中都装有膨胀水箱，如图 6-4 所示，它利用水管与散热器盖上的蒸汽放出口相连。膨胀水箱的作用是减少冷却液的溢失。

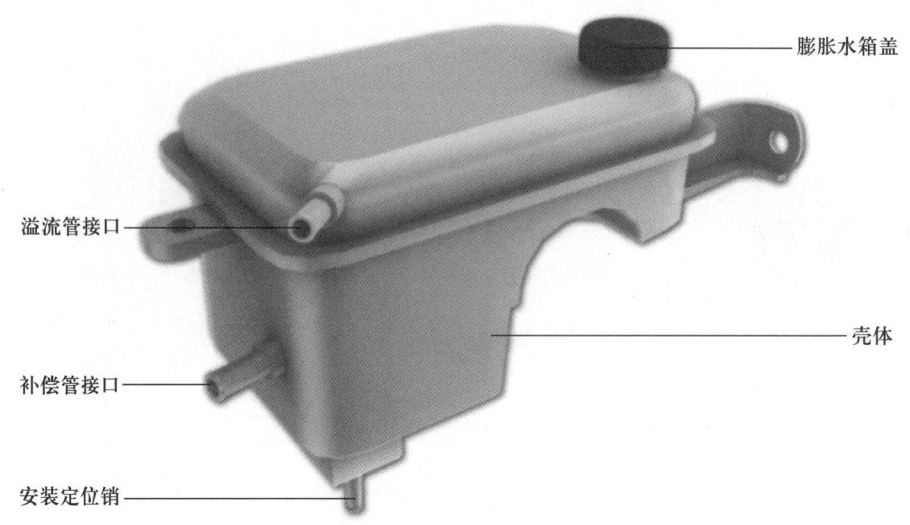

图 6-4 膨胀水箱结构示意图

当冷却液受热膨胀时,散热器内多余的冷却液经水管流入膨胀水箱;而散热器温度下降,缺少冷却液时,散热器内产生一定的真空度,膨胀水箱内的冷却液又被吸回到散热器内,如图 6-5 所示。膨胀水箱上有 MAX(高)和 MIN(低)两个标记刻线,在使用中应保持膨胀水箱内的液面高度位于两个标记刻线之间,驾驶人应经常检查膨胀水箱的液面高度,缺少冷却液时应及时加注。

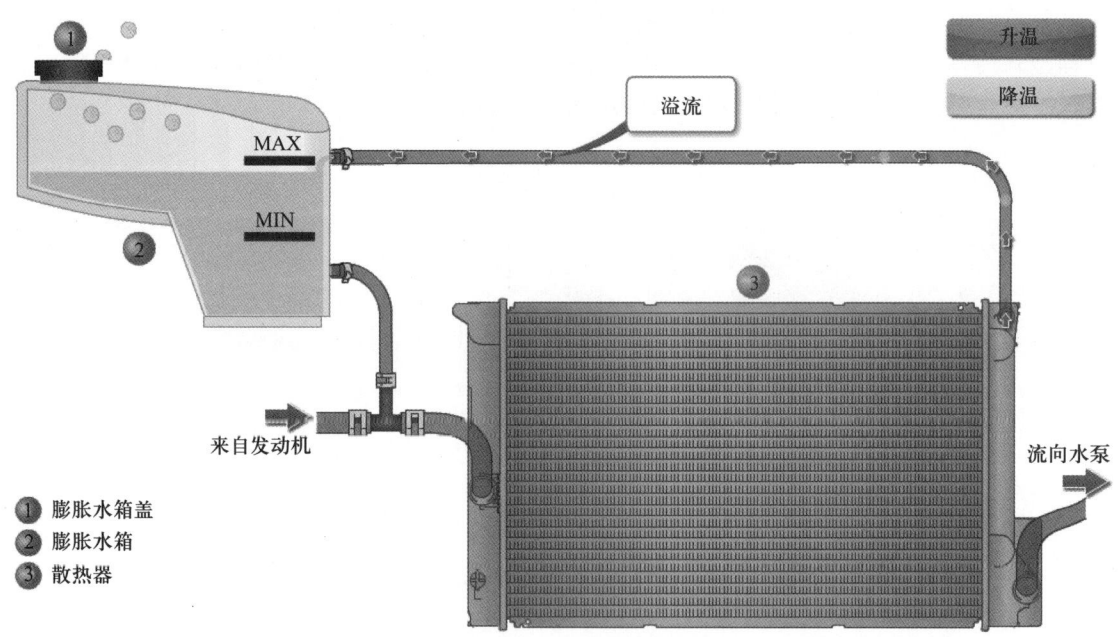

图 6-5 膨胀水箱工作示意图

四、冷却液的选配

1. 冷却液的组成

微课
冷却液

水冷式发动机应使用清洁软水作冷却液，否则在水套中易产生水垢，使气缸体、气缸盖传热效果变差，发动机容易产生过热现象。目前，很多轿车发动机均采用了强制冷却液循环、高压封闭式冷却系统，此时冷却系统中的冷却介质不再是单纯的水，而是水与防冻剂、防沸剂、防垢剂和防锈剂等添加剂组成的冷却液。

为了适应冬季行车的需要，在水中加入防冻剂制成冷却液以防止循环冷却液的冻结。最常用的防冻剂是乙二醇。冷却液中水与乙二醇的比例不同，其冰点也不同。

防冻剂还有防止冷却液过早沸腾的附加作用。在使用过程中，防锈剂和泡沫抑制剂会逐渐消耗殆尽，因此，定期更换冷却液是十分必要的。在防冻剂中一般还要加入着色剂，使冷却液呈蓝绿色、红色或黄色以便识别。

2. 冷却液的使用注意事项

冷却液在使用过程中，应注意以下事项。

（1）放出的冷却液不宜再使用，并应妥善处理。

（2）更换气缸盖、气缸垫、散热器等时，必须更换冷却液。

（3）发动机热态时，冷却系统内仍处于高温高压状态。因此，此时切勿打开散热器盖以防烫伤。

（4）发现冷却液大量损耗，则必须待发动机处于冷态时，方可添加冷却液，以免损坏发动机。

（5）紧急情况下，若全部加入纯水，则须尽快按规定添加冷却液添加剂，使冷却液浓度恢复正常值。

因冷却液的膨胀系数比水受热时的膨胀系数略高，为避免因为膨胀而造成冷却液溢流损失，冷却液不能加得太满。在带有膨胀水箱的冷却系统中，冷却液的液面高度应处在膨胀水箱上的 MIN 与 MAX 两标记刻线之间。

五、冷却系统循环路线

散热器内的冷却液加压后，通过气缸体进水孔压送到气缸体水套和气缸盖水套内，冷却液在吸收了机体的大量热量后经气缸盖出水孔流回散热器。由于有电动风扇的强力抽吸，空气流由前向后高速通过散热器。因此，受热后的冷却液在流过散热器芯的过程中，热量不断地散发到大气中去，冷却后的冷却液流到散热器的底部，又被冷却液泵抽出，再次压送到发动机的水套中，如此不断循环，把热量不断地送到大气中去，使发动机不断地得到冷却，如图 6-6 所示。

冷却液在冷却系统内的循环路线有两条：一条为大循环，另一条为小循环。所谓大循环是冷却液温度高时，水经过散热器而进行的循环；而小循环是冷却液温度低时，水不经过散热器而进行的循环，从而使冷却液温度升高。

冷却系统循环路线

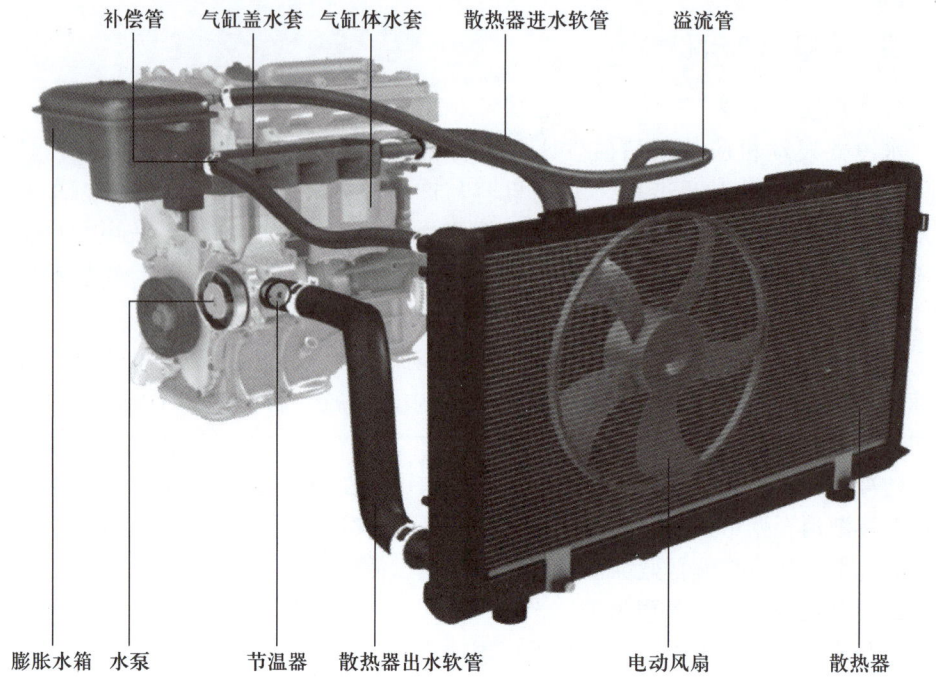

图 6-6 汽车水冷系统的工作情况

冷却系统大小循环的流量通常利用节温器来控制。节温器安装在冷却液循环的通路中,根据发动机负荷大小和冷却液温度的高低自动改变冷却液的循环流动路线,以调节冷却系统的冷却强度。

> **任务实施**

1. 冷却系统的日常维护

(1) 使用原厂或大品牌高品质冷却液。

(2) 定期检查冷却液液位及颜色:冷却液液位的检查应在冷机状态下进行,液面应位于 MAX 和 MIN 两标记刻线之间。液面过低、消耗量较大、系统外部有泄漏,要及时维修,更换冷却液;冷却液颜色变淡、浑浊或有沉积物都表明冷却液变质,需及时更换。冷却液的使用周期一般为 2 年或 50 000 km。

(3) 冷却系统维修更换部件后,必须更换冷却液。禁止将旧冷却液加入冷却系统继续使用。

(4) 严禁向产品中加入自来水、井水、矿泉水等含杂质的水。紧急状况下可添加蒸馏水。

2. 冷却液的更换

(1) 检查所有管路和部件是否完好、无泄漏,询问车辆使用情况,如有异常先排除故障。

(2) 打开膨胀水箱盖、水箱盖和水箱放水塞,或打开水箱下水管,放出原车冷却液。

（3）装好水箱下水管或拧紧水箱放水塞，加入冷却系统清洗剂和清水，起动车辆直至节温器打开，电动风扇启动，电动风扇停止后放出清洗液，完成清洗。

（4）加入冷却液，直至标准液面。起动车辆怠速运转，直至电动风扇启动，查看液面是否下降，及时添加冷却液。注意：部分车型有放气螺栓，循环过程中需打开螺栓放气，否则系统中有空气会造成冷却液温度高。

在加注和更换冷却液时，为防止冷却系统管路内因产生气阻造成发动机内部温度过高，很多厂家建议真空加注，同时可以减少维修耗时，方便快捷。冷却液真空加注方法如下。

所需设备：适配连接器、带真空表的加注装置、文丘里喷嘴、压缩空气、冷却液容器。

加注准备：压缩空气的压力值达到 6 bar（注：1 bar=0.1 MPa）；冷却液容器中装有比车辆所需加注量多 1～2 L 的冷却液，并置于与膨胀水箱相同高度位置。

冷却液真空加注步骤如下。

（1）连接真空表和三通并接上溢水管，三通上连接上高压气管，如图 6-7 所示。

（2）拧开阀门，让压缩空气去抽出真空，待指针达到 0.7 bar（负压）左右使得系统饱和，指针不再下降。5 min 后关闭阀门拆去三通。

（3）抽真空后，系统的管路被真空吸扁，如图 6-8 所示。观察真空表的读数应该保持不变（系统密封性良好）。

图 6-7　连接真空表和三通

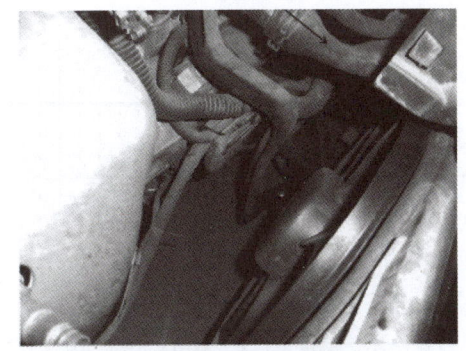
图 6-8　冷却水管被真空吸扁

（4）连接冷却液加注管，将加注管伸入冷却液内并打开阀门通过真空将冷却液吸入系统内。注意：不要吸空冷却液，防止空气被吸入冷却系统。

（5）当指针回到起始位置，表示冷却液添加完成，查看冷却液液面是否处在正常位置（一次没有加满可以再抽一次真空，再加一次）。

（6）拆卸冷却液加注装置，安装水箱盖，起动发动机怠速运转。检查冷却液液位，如有下降添加到正常高度。运转至节温器打开，等待电动风扇正常开启，查看膨胀水箱有无气泡，确保冷却系统空气完全排放干净。

注意事项：
（1）冷却液具有一定的腐蚀性，应佩戴橡胶手套及防护眼镜。
（2）加注前要排空冷却系统的冷却液。
（3）排空冷却液时，泄漏到地面上会引起打滑危险。
（4）检查冷却液软管，如有损坏泄漏现象，必须更换。

> 任务工单

"冷却液的更换"操作工单

车型：_____

1. 冷却液的更换
（1）根据汽车维护操作要求，按照标准流程进行车辆保养作业；
（2）根据修理手册和实际测量值填写以下数据记录；
（3）实际操作过程中，要边操作边向考核教师叙述操作内容和检查结果

操作记录

2. 作业基本要求

（1）按规范作业，合理、快捷；
（2）作业完成后将工具、车辆等恢复成考前状态；
（3）注意工作安全、"6S"管理；
（4）如果检查出不正常现象，记录在以下表格中（不必恢复）

不正常现象（没有异常可以不填）

任务评价

"冷却液的更换"评分标准

序号	检修项目	检修内容	评分项目	扣分标准	配分
1	安全	—	—	造成人身、设备重大事故,此题计0分	否决
2	车辆基本检查	(1)准备工作	安装车内三件套	每项3分	9
			安放翼子板布、前格栅布		
			工具、场地清洁		
		(2)工具选用	检测仪器选用合理	使用不合理每次扣1分	5
			检测仪器使用规范		5
		(3)暖车	起动发动机	每项3分	9
			发动机运行至正常温度		
		(4)放出冷却液	打开储液罐盖	每项6分	18
			旋开气缸体和散热器放液开关		
			排放冷却液		
		(5)添加冷却液	拧紧气缸体和散热器放液开关	每项6分	18
			添加冷却液		
			拧紧储液罐盖		
		(6)检查	起动发动机	每项5分	25
			发动机运行至正常温度		
			检查储液罐液面高度		
			检查冷却系统泄漏情况		
			检查热风温度是否超标		
3	"6S"管理	"6S"	工具、零件摆放合理	每项2分	4
			作业后整理		
4	工作流程	操作流程规范性	按照工位标准流程完成各项目	每错1项扣1分	5
5	工单填写	工单情况	填写规范、数据与测量值一致、操作与记录一致	每错1项扣1分	5
	合计				100

任务二

冷却液泵的拆装与检查

▶ 任务目标

知识目标
- 掌握冷却液泵的作用与构造;
- 熟悉冷却液泵的拆装流程与检测内容。

能力目标
- 能够按照正确的拆装流程,独自拆装冷却液泵;
- 能够按照检修步骤判断冷却液泵有无故障。

▶ 任务描述

一辆轿车行驶过程中,发现冷却液温度报警灯点亮,到4S店对冷却系统进行检查。

▶ 任务分析

发现故障点是发动机冷却液泵工作不良,需要对冷却液泵进行检测与更换。

▶ 知识链接

冷却液泵根据驱动方式的不同,一般分为机械式冷却液泵和电动式冷却液泵。目前大多数发动机采用机械式冷却液泵,在一些新开发的技术含量较高的发动机上已经使用了电动冷却液泵,例如宝马6系(E63)搭载的发动机。

汽车发动机上广泛采用离心式冷却液泵。这种冷却液泵由叶轮、泵轴、密封组件及传动带轮等组成,如图6-9所示。

发动机工作时,冷却系统内充满冷却液,曲轴通过带传动驱动泵轴并带动叶轮转动,从而使泵腔内的冷却液也一起转动,在离心力作用下,冷却液被甩向叶轮边缘,并经与叶轮成切线方向的出水口泵出。同时,叶轮的中心部分形成一定的真空,散热器内的冷却液经进水口吸入泵腔,使整个冷却系统内的冷却液循环流动,如图6-10所示。

微课
冷却液泵的构造与拆装

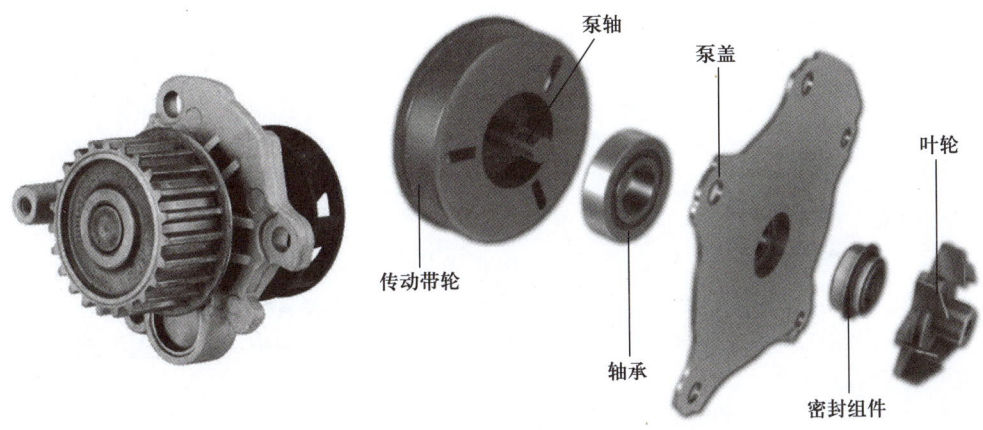

图 6-9 发动机冷却液泵示意图

任务实施

1. 冷却液泵的拆卸

（1）放出发动机冷却液，按以下步骤进行。

① 打开膨胀水箱盖。注意：在旋开盖时可能会有蒸汽喷出，在盖上盖一块抹布，小心地旋开盖子；在发动机下放置收集盘。

② 拔下散热器的下水管以放出冷却液，要先松开夹箍。

（2）按拆装工艺要求拆卸发电机传动带、转向助力泵传动带。

（3）按拆装工艺要求拆卸冷却液泵驱动传动带。注意：不必拆下曲轴传动带轮。

（4）从冷却液泵上拧下紧固螺栓，并拆下冷却液泵，如图 6-11 所示。

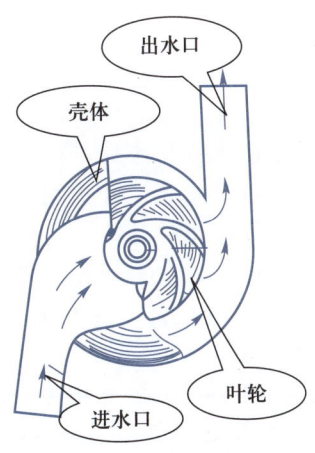

图 6-10 离心式冷却液泵基本原理

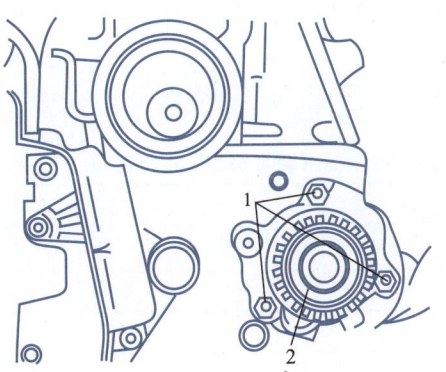

图 6-11 拆卸冷却液泵
1—紧固螺栓；2—冷却液泵

2. 冷却液泵的检查

在冷却系统故障中，冷却液泵的故障占有很大比例。一般来说，发动机冷却液泵在使用了 100 000 km 左右时就进入了故障高发期，为了保证维修质量，很多冷却液泵在损坏后只能采取整体更换的维修方式，只有少部分商用汽车发动机的冷却液泵可采取单独更换轴承或密封组件等部件的维修方式。

检测冷却液泵步骤如下。

（1）检查冷却液泵壳体有无腐蚀、磨损及损伤，必要时更换。

（2）检查冷却液泵轴有无弯曲、轴颈磨损，轴端螺纹有无损坏。

（3）检查轴承的磨损情况，是否松旷，可测量轴承的间隙。如超过标准值，则应更换新的轴承。

（4）检查叶轮上的叶片有无破碎，若是金属叶片要检查其是否锈蚀。

（5）检查冷却液泵密封组件是否老化、磨损程度如何，如超过使用限度应更换新件。

3. 冷却液泵的安装

（1）清洁冷却液泵与气缸体安装座孔。

（2）用冷却液浸润新 O 形密封圈，更换冷却液泵密封圈。

（3）涂抹密封胶，安装冷却液泵总成，按规定拧紧力矩紧固螺栓。

（4）冷却液泵装配好后，用手转动一下，泵轴应无卡滞、叶轮与泵壳应无碰擦。

（5）安装冷却液泵传动带，调整配气相位。

（6）按拆装工艺要求安装转向助力泵传动带、发电机传动带。注意：调整传动带张紧力。

（7）加注冷却液，按以下步骤进行。

① 慢慢注入冷却液，直到膨胀水箱上最大标记处。

② 盖上膨胀水箱盖并拧紧。

③ 起动发动机，运转 5～7 min，检查冷却液液面高度，如需要，补充冷却液。热机时应在最大标记处；冷机时，液面应在最小（min）和最大（max）标记之间，如图 6-12 所示。

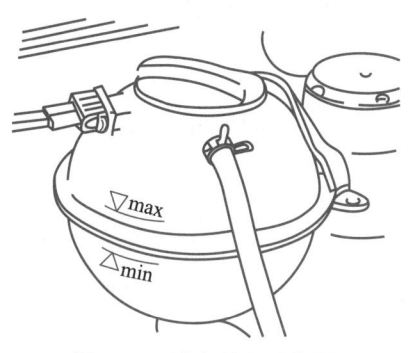

图 6-12 冷却液加注位置

> 任务工单

"冷却液泵的拆装与检测"操作工单

1. 准备工作	
	情况记录
（1）工具及仪器设备准备	
（2）维修手册准备	
（3）固定发动机拆装台架准备	
2. 冷却液泵的拆卸及检查	
（1）拆卸发电机传动带、转向助力泵传动带	

续表

（2）拆卸气门室盖分总成

（3）拆卸传动带轮罩分总成

（4）拆卸冷却液泵总成

3. 冷却液泵的安装

（1）清洁安装冷却液泵的密封表面

（2）更换冷却液泵密封圈

（3）涂抹密封胶，安装冷却液泵总成

（4）安装传动带轮罩分总成

（5）安装气门室盖分总成

（6）安装发电机传动带、转向助力泵传动带，调整传动带张紧力

任务评价

"冷却液泵的拆装与检测" 评分标准

序号	考核项目	配分	扣分标准（每项累计扣分不超过配分）
1	安全文明	否决	造成人身、设备重大事故，此任务计 0 分
2	工具及设备的准备	5 分	未检查工具设备，扣 2 分；工具准备错误，扣 2 分；工具摆放不整齐，扣 1 分
3	冷却液泵的拆卸	30 分	（1）未排放发动机冷却液，扣 3 分； （2）未按拆装工艺要求拆卸发电机传动带、转向助力泵传动带，扣 5 分； （3）未按拆装工艺要求拆卸气门室盖，扣 5 分； （4）未按拆装工艺要求拆卸冷却液泵传动带轮，扣 5 分； （5）未按拆装工艺要求拆卸冷却液泵，扣 6 分，零件落地，扣 2 分； （6）工具使用错误一次，扣 2 分，零件未摆放在零件盆，扣 2 分
4	冷却液泵的检查	15 分	（1）未检查冷却液泵轴承松旷情况，扣 5 分； （2）未检查冷却液泵叶轮锈蚀，扣 3 分； （3）未检查冷却液泵密封组件是否老化，扣 4 分； （4）未检查冷却液泵壳体腐蚀，扣 3 分
5	冷却液泵的安装	30 分	（1）未更换冷却液泵密封圈，扣 2 分，未涂密封胶，扣 2 分，未清洁冷却液泵与气缸体安装座孔，扣 3 分； （2）安装冷却液泵后未检查冷却液泵的安装状况，扣 5 分； （3）未正确安装气门室盖总成，扣 4 分； （4）未正确安装转向助力泵传动带，扣 3 分，未调整转向助力泵传动带张紧力，扣 2 分； （5）未正确安装发电机传动带，扣 3 分，未调整发电机传动带张紧力，扣 2 分； （6）工具使用错误一次，扣 2 分，零件落地，扣 2 分

续表

序号	考核项目	配分	扣分标准（每项累计扣分不超过配分）
6	安全生产	20 分	（1）不穿工作服，扣 2 分； （2）工具与零件混放或摆放凌乱，每次每处扣 2 分； （3）工具或零件随意摆放在地上，每次扣 2 分； （4）垃圾未分类回收，每次扣 2 分； （5）油、水洒落在地面或零部件表面未及时清理，每次扣 2 分； （6）完工后未清理工量具，每件扣 1 分，完工后未清理场地，扣 2 分
7	合计	100 分	

任务三

节温器的拆装与检查

▶ **任务目标**

知识目标
- 掌握节温器的作用与构造;
- 熟悉节温器的拆装流程与检测内容。

能力目标
- 能够按照正确的拆装流程,独自拆装节温器;
- 能够按照检修步骤判断节温器有无故障。

▶ **任务描述**

一辆丰田卡罗拉轿车行驶过程中,发现水温警报灯点亮,到4S店对冷却系统进行检查。

▶ **任务分析**

发现故障点是发动机节温器工作不良,需要对节温器进行检测与更换。

▶ **知识链接**

节温器功用是根据发动机负荷大小和冷却液温度的高低自动改变冷却液的循环流动路线,从而控制通过散热器的冷却液流量,保证发动机在最适宜的温度下工作。

各种汽车发动机装用的节温器基本都是蜡式节温器,其结构如图6-13所示,主要由主阀门、副阀门、推杆、节温器壳体和石蜡等组成。推杆的一端固定在支架上,另一端插入胶管内。石蜡装在胶管与节温器壳体之间的腔体内。

发动机温度较低时,石蜡呈固态,主阀门被弹簧推向上方与阀座压紧,主阀门处于关闭状态,此时,副阀门开启,冷却液进行小循环,来自发动机水套的冷却液经副阀门、小循环水管直接进入冷却液泵,被泵回到发动机水套内。蜡式节温器工作过程如图6-14所示。

冷却液温度升高达到规定值,石蜡融化为液体,体积增大,压迫橡胶管使其收

微课
节温器的构造与检测

缩,对推杆作用向上的推力,由于推杆固定在支架上,推杆对胶管、节温器壳体产生向下的反推力,反推力克服弹簧的弹力使胶管、节温器壳体向下运动,主阀门开启,同时副阀门关闭。此时来自发动机水套的冷却液全部经过散热器进行大循环。

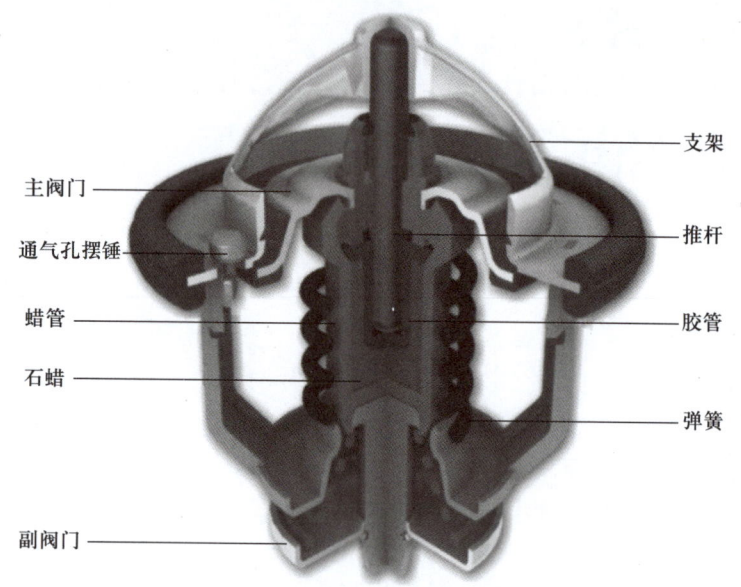

图 6-13 蜡式节温器结构

冷却液温度在主阀门开始开启与完全开启温度之间时,主阀门和副阀门均部分开启,在整个冷却系统内,部分冷却液进行大循环,部分冷却液进行小循环。

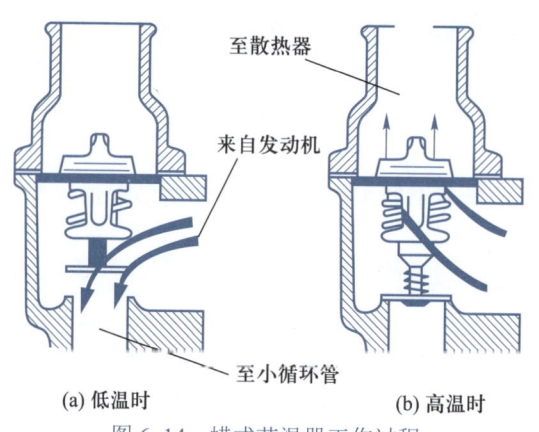

图 6-14 蜡式节温器工作过程

任务实施

1. 节温器的拆卸

(1) 在发动机处于停机、冷态时进行节温器的拆卸作业。

(2) 将蓄电池负极导线拆下。

(3) 按规定的程序,将发动机冷却液排放干净。

（4）从连接管上拆下冷却液软管。

（5）交替拧松紧固螺栓，将连接管、O形密封环和节温器一起取下，如图6-15所示。

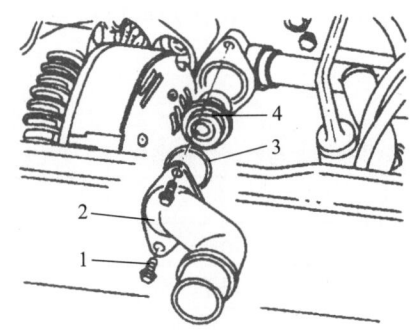

图6-15 拆卸节温器

1—紧固螺栓；2—出水法兰；3—O形密封环；4—节温器

2. 节温器的检查

（1）外观检查。检查节温器的阀门、弹簧是否有变形、失效、污物等，如有予以清理或更换。

（2）检查节温器。将节温器放在盛于水的器皿中，逐渐加热，观察节温器始开温度和全开时的温度，并测量节温器最大开启行程，如图6-16所示。

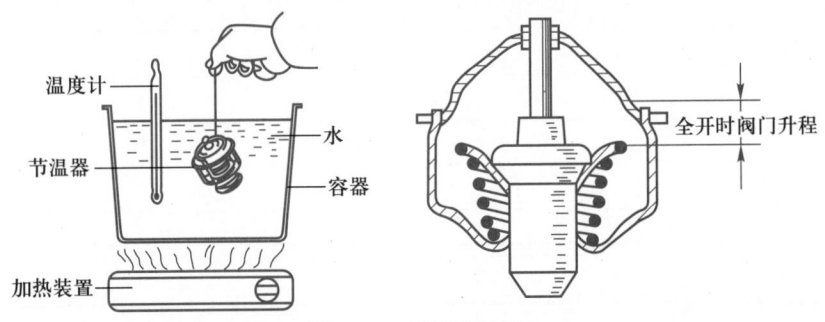

图6-16 检查节温器

发动机节温器检查标准见表6-1，不符合规定的应更换。

表6-1 发动机节温器维修标准（以1ZR-FE发动机为例）

节温器开始开启温度/℃	节温器完全开启温度/℃	节温器全开时阀门升程/mm
82±2	95	约10

注：不同车型节温器阀门开启温度有所不同。

3. 节温器的安装

（1）清洁安装密封圈的密封表面；清洁节温器盖；保证拧紧冷却套的螺栓不生锈或损坏，清洁螺栓，以防损坏发动机上的螺孔。

（2）把节温器安装在壳体内，把壳体与发动机上的位置对准，注意不要装反。

（3）拧紧紧固螺栓，并按规定拧紧力矩拧紧。

（4）添加冷却液到合适的位置。

(5) 连接蓄电池负极导线,运转发动机到节温器打开,向散热器添加冷却液至规定的范围,注意查看节温器处是否漏水。

(6) 关掉发动机使其冷却,待发动机冷却后再检查冷却液量。

▶ 任务工单

"节温器拆装与检查"任务工单

1. 准备工作	
(1) 工具及仪器设备准备	记录:
(2) 维修手册准备	记录:
2. 节温器的拆卸及检查	
(1) 排放冷却液	
(2) 拆卸下水管及附件	
(3) 松开螺栓,取出节温器盖、节温器	
3. 节温器的安装	
(1) 清洁安装密封圈的密封表面	
(2) 安装节温器	
(3) 拧紧节温器盖螺栓	
(4) 连接水管及附件	
(5) 加注冷却液	
4. 维修标准	
(1) 节温器阀门的开启温度为_____	
(2) 节温器阀门的全开温度为_____	
(3) 节温器阀门的最大升程为_____	

▶ 任务评价

"节温器拆装与检查"评分标准

序号	考核项目	配分	扣分标准(每项累计扣分不超过配分)
1	安全文明	否决	造成人身、设备重大事故,此任务计 0 分
2	工具及设备的准备	5 分	未检查工具设备,扣 2 分;工具准备错误,扣 2 分;工具摆放不整齐,扣 1 分
3	节温器的拆卸	20 分	(1) 未先排放冷却液,扣 2 分; (2) 未先拆卸进水管、传感器接头,各扣 2 分; (3) 未交替拧松节温器盖螺栓,扣 2 分,节温器取出方法错误,扣 2 分; (4) 零件落地,扣 2 分; (5) 工具使用错误一次,扣 2 分; (6) 零件未摆放在零件盆中,扣 2 分;

续表

序号	考核项目	配分	扣分标准（每项累计扣分不超过配分）
4	节温器的检查	25分	（1）未检查节温器开启温度，扣5分，未检查节温器全开温度，扣5分，未测量节温器最大开启行程，扣5分； （2）温度计放置于烧杯底部，扣5分； （3）节温器未完全放入水中，扣5分
5	节温器的安装	30分	（1）未清洁安装密封圈的密封表面，扣3分，未清洁节温器盖，扣2分； （2）节温器装反，扣5分； （3）进水管安装错误，扣2分，水管卡箍未装到位，扣2分； （4）传感器接头未可靠连接，扣2分； （5）螺栓未按正确力矩安装，扣2分； （6）未检查安装状况，扣2分，安装节温器后漏水，扣5分； （7）未加注冷却液，扣3分； （8）工具使用错误一次，扣2分
6	安全生产	20分	（1）不穿工作服，扣2分； （2）工具与零件混放或摆放凌乱，每次每处扣2分； （3）工具或零件随意摆放在地上，每次扣2分； （4）垃圾未分类回收，每次扣2分； （5）油、水洒落在地面或零部件表面未及时清理，每次扣2分； （6）完工后未清理工量具，每件扣1分； （7）完工后未清理场地，扣2分
7	合计	100分	

任务四

散热器的检查与更换

> **任务目标**
>
> 知识目标
> - 掌握散热器的作用与构造；
> - 熟悉散热器的拆装流程与检测内容。
>
> 能力目标
> - 能够按照发动机维修手册要求对散热器进行拆装与更换；
> - 能够按照检修步骤判断散热器有无故障。

> **任务描述**
>
> 一辆轿车发生交通事故后，发现散热器变形，导致发动机工作不良。

> **任务分析**
>
> 散热器变形会使得散热器工作不良，导致发动机工作不良，需要对散热器进行检查与更换。

> **知识链接**

一、散热器的作用与结构

微课
散热器的构造与检查

散热器又称为水箱，其作用是增大散热面积，加速冷却液的冷却。其将水套中流出的高温冷却液分成许多股细流，并利用散热片增大散热面积，以便使冷却液的温度迅速降低。在散热器后面装有电动风扇与散热器配合工作。

冷却液在散热器中的流动方向有些是自上而下竖向流动，有些是自左向右横向流动，其结构和原理相同，如图 6-17 所示。

散热器主要由上储水室、进水管、散热器芯、散热器盖、下储水室和出水管等组成，如图 6-18 所示。上储水室通过橡胶软管与气缸盖上的水套出水管连接，下储水室则通过橡胶软管与水泵进水口连接，两储水室之间焊接有散热器芯。在散热器的顶部设有加水口，以便加注冷却液，在通常情况下用散热器盖封闭加水口。下储水室的底部一般设有放水阀，以便必要时，放出散热器内的冷却液。

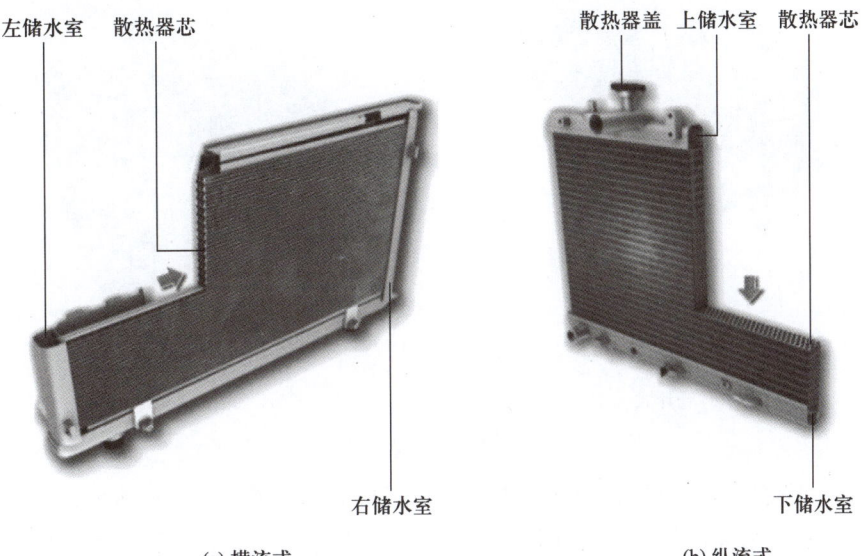

图 6-17　散热器的类型

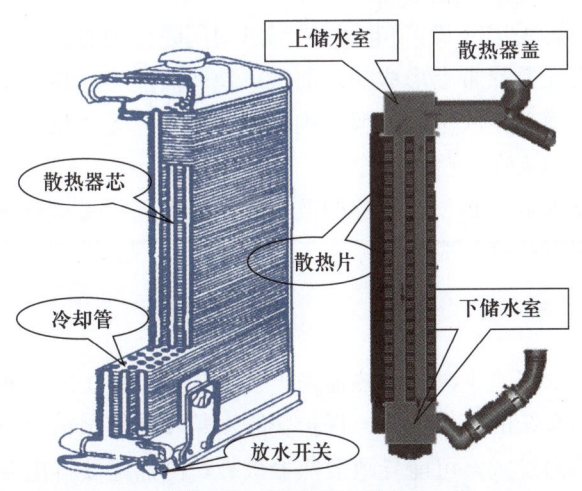

图 6-18　散热器的结构

二、散热器芯

常用的散热器芯为芯片式结构，散热器芯由许多芯管和散热片组成，芯管为扁圆形支管，芯管两端与两个储水室之间及芯管与散热片之间均用锡焊焊接。冷却液流经散热器时被芯管分成许多股细流，并经芯管上的散热片将热量散发到大气中。散热片不仅可以增加散热面积，而且可以提高散热器芯的刚度和强度。

散热器芯的结构形式多样，常用的有管片式和管带式两种，如图 6-19 所示。

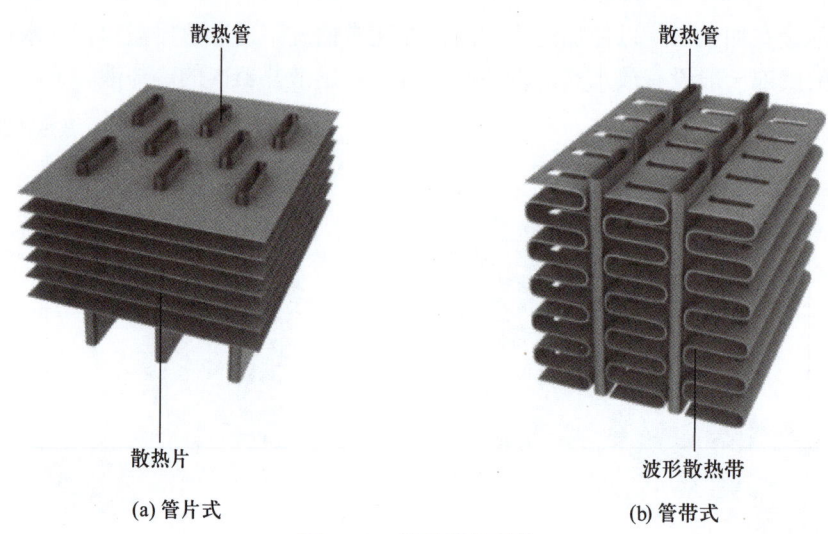

图 6-19 散热器的结构

管片式散热器芯冷却管的断面大多为扁圆形，它连通上、下储水室，是冷却液的通道。和圆形断面的冷却管相比，扁管不但散热面积大，而且万一管内的冷却液结冰膨胀，扁管可以借其横断面变形而避免破裂。这种散热器芯强度和刚度好，耐高压，但制造工艺较复杂，成本高。

管带式散热器芯采用冷却管和散热带沿纵向间隔排列的方式，散热带上的小孔是为了破坏空气流在散热带上形成的附面层，使散热能力提高。这种散热器芯散热能力强，制造工艺简单，成本低，但结构刚度不如管片式散热器芯大，一般多被轿车发动机采用，近年来在一些中型车辆上也开始采用。

对散热器的要求是，必须有足够的散热面积，而且所有材料导热性能要好，因此，散热器一般用铜或铝制成。

三、散热器盖

散热器上的加水口，平时用散热器盖严密盖住，以防止冷却液溢出。散热器盖的功用是调节冷却系统的工作压力，保护膨胀水箱和补偿水箱的安全。如果冷却系中水蒸气过多，压力过大，可能导致散热器破裂，因而需要排出多余的水蒸气；如果冷却系统中的水蒸气温度低时发生凝结，压力降低，散热器中形成一定真空，外界大气压力比较高，有可能把散热器压坏，因此要从外界引入空气。

散热器盖上一般设有蒸汽阀和空气阀，以便保持冷却系统内部的适当压力，其结构如图 6-20 所示。当散热器内压力升高到一定值（一般为 126～127 kPa）时，蒸汽阀打开，使部分水蒸气排入大气，以免胀坏散热器。当散热器内压力低到一定值（一般为 87～99 kPa）时，空气阀打开，使空气进入散热器，以免大气将散热器压坏。

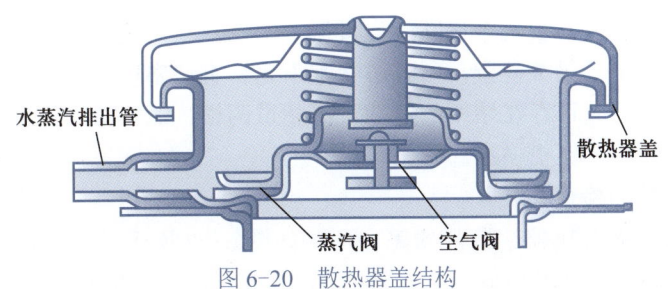

图 6-20 散热器盖结构

注意：现代发动机正逐步取消散热器盖。补充冷却液时，直接从膨胀水箱盖加注。

任务实施

1. 散热器密封性检查

（1）就车检查。用膨胀式橡胶塞堵住散热器进水管口和出水管口，向散热器内加水至加水口下方 10～20 mm 处。如图 6-21 所示，用专用手动打压器从加水口向散热器内部施加 0.8 kPa 压力，5 min 内打压器压力表上的指示压力应不下降，否则说明散热器有泄漏。

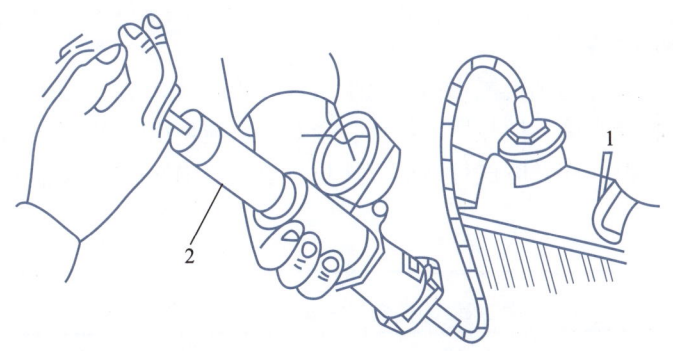

图 6-21 散热器泄漏的检查
1—散热器；2—专用手动打压器

（2）水槽检查。拆下散热器后，用膨胀式橡胶塞堵住散热器进水管口和出水管口，从加水口向散热器内充入 30～80 kPa 的压缩空气，将散热器浸入水槽，若有气泡冒出，说明散热器有泄漏。

2. 散热器芯冷却管堵塞的检查

当发动机中低速时冷却液温度正常，高速后冷却液温度急剧上升，此时应重点检查散热器有无堵塞。散热器堵塞的原因，除原冷却液中含有杂质外，将不同品牌的冷却液混用，会产生白色的结晶体，容易堵塞散热器中狭小的水道，导致冷却系统循环受阻，造成发动机冷却液温度过高。

从加水口向散热器内加入热水，用手触试散热器芯冷却管各处温度，若有温度不升高的部位，说明散热器芯冷却管该部位堵塞。

确定散热器芯冷却管是否堵塞,也可拆下上储水室,使用根据冷却管尺寸和断面形状制造的专用通条来检查,所有芯管都不允许有堵塞现象,个别因中部堵塞而确实无法疏通的,允许存在堵塞的冷却管不超过两根。散热器冷却管若存在压扁或通条不能通过现象,应更换冷却管。

3. 散热器盖的检查

使用专用手动打压器给散热器盖加压,如图 6-22 所示。当打压器上的压力表读数突然下降时,说明蒸汽阀打开。蒸汽阀的开启压力应符合规定。

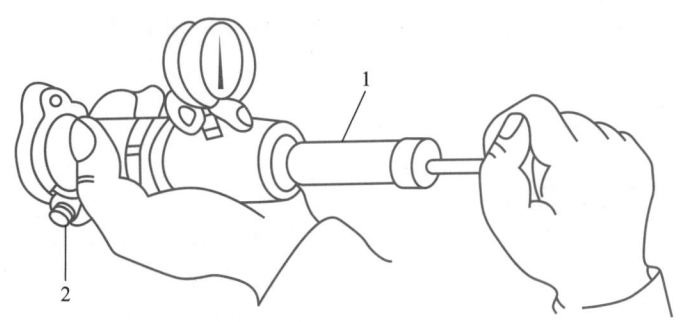

图 6-22　散热器盖的检查
1—专用压力检测器；2—散热器盖

4. 散热器的修理

散热器常见故障是因机械损伤、化学腐蚀、冷却管堵塞等原因,导致泄漏、外观变形和散热性能下降。散热器冷却管有堵塞时,应使用专用通条进行疏通。散热片有变形或倒装时,应及时进行整形、扶正。散热器损坏严重时需更换。

▶ 任务工单

"散热器的检查与更换"任务工单

1. 准备工作	
（1）工具及仪器设备准备	
（2）维修手册准备	
（3）冷却液排放桶准备	
2. 散热器的检查	
（1）检查水箱盖压力阀密封圈是否老化	
（2）检查水箱盖真空阀密封圈是否老化	
（3）检查放水螺栓及密封圈状况	
（4）检查上储水室密封圈是否泄漏	
（5）检查下储水室密封圈是否泄漏	
（6）检查铝制水管是否泄漏	

续表

(7) 检查散热翅片是否变形堵塞

(8) 检查水箱内部是否堵塞

3. 散热器的拆卸

(1) 排放冷却液

(2) 拆卸上、下水管

(3) 拆卸散热器

(4) 取出散热器

4. 散热器的安装

(1) 安装散热器

(2) 安装上、下水管

(3) 加注冷却液

(4) 起动发动机,检查是否泄漏

5. 维修标准

该水箱压力阀的开启压力为 _____

任务评价

"散热器的检查与更换"评分标准

序号	考核项目	配分	扣分标准(每项累计扣分不超过配分)
1	安全文明	否决	造成人身、设备重大事故,此任务计0分
2	工具及设备的准备	5分	未检查工具设备,扣2分;工具准备错误,扣2分;工具摆放不整齐,扣1分
3	散热器的拆卸	15分	(1) 未排放冷却液,扣5分,冷却液洒落地面,扣3分; (2) 未拆卸水管1根,扣2分,损坏水箱,扣5分; (3) 零件摆放不规范,扣2分,拆装动作不规范,扣2分;工具使用错误,一次扣2分,零件落地,扣2分
4	散热器的检查	20分	(1) 未检查水箱盖压力阀密封圈老化情况,扣2分,未检查水箱盖真空阀密封圈老化,扣2分,未检查放水螺栓及密封圈状况,扣2分; (2) 未检查上储水室密封圈泄漏,扣2分;未检查下储水室密封圈泄漏,扣1分;未检查铝制水管是否泄漏、变形,扣2分;未检查散热翅片是否变形堵塞,扣2分;未检查水箱内部是否堵塞,扣2分

续表

序号	考核项目	配分	扣分标准（每项累计扣分不超过配分）
5	散热器的安装	20 分	（1）未清洁水管接口，扣 2 分，安装位置不当，扣 2 分，上、下水管装错，扣 2 分； （2）工具使用不正确，扣 2 分，安装动作不规范，扣 2 分； （3）损坏水箱，扣 5 分，不会安装，扣 2 分； （4）未卡紧卡箍，扣 2 分，卡箍安装位置不正确，扣 2 分； （5）工具、零件掉落一次，扣 2 分
6	发动机检查	20	（1）未加注冷却液，扣 5 分，未排放空气，扣 3 分； （2）没有起动发动机，扣 3 分； （3）未检查泄漏，扣 5 分，有泄漏一处，扣 2 分； （4）没有检查冷却液液面高度，扣 2 分
7	安全生产	20 分	（1）不穿工作服，扣 2 分； （2）工具与零件混放或摆放凌乱，每次每处扣 2 分； （3）工具或零件随意摆放在地上，每次扣 2 分； （4）垃圾未分类回收，每次扣 2 分； （5）油、水洒落在地面或零部件表面未及时清理，每次扣 2 分； （6）完工后未清理工量具，每件扣 1 分； （7）完工后未清理场地，扣 2 分
8	合计	100 分	

任务五

冷却系统常见故障诊断

▶ **任务目标**

知识目标
- 熟悉冷却系统常见故障现象；
- 熟悉冷却系统故障诊断流程。

能力目标
- 能够进行冷却液消耗异常故障诊断；
- 能够进行发动机过热故障诊断；
- 能够进行发动机工作温度过低故障诊断；
- 能够进行冷却系统典型故障案例分析。

▶ **任务描述**

一辆桑塔纳轿车在更换水箱后，冷却液温度表显示温度很高，风扇不转，水不循环，水箱一半热一半凉。

▶ **任务分析**

结合所学知识，进行冷却系统常见故障诊断，排除该车故障。

▶ **知识链接**

在汽车使用中，冷却系统常见故障有发动机过热、冷却液消耗异常、发动机工作温度过低。

1. 冷却液温度过高的原因

发动机运行中，若冷却液温度表指针长时间指向高温（90℃以上）范围，并出现冷却液沸腾（俗称"开锅"），即为发动机过热。

造成冷却液温度过高的原因如下。

（1）散热器密封件老化、腐蚀、撞击导致泄漏，冷却液减少，冷却液温度高，导致过热。

(2)冷却系统有污物，致使散热器堵塞，冷却液减少，冷却液温度高，导致过热。

(3)水箱盖内部限压弹簧弹力衰减，副水箱内冷却液满溢出、冷却液温度高。

(4)副水箱箱体因老化或外力而开裂泄漏，致使散热器内冷却液减少，发动机过热。

(5)风扇不转、风扇驱动电机故障、控制电路断路导致发动机过热。

(6)风扇驱动电机故障、控制电路产生附加电阻，导致风扇转速慢，发动机过热。

(7)风扇控制电路故障使风扇运转时机不准，导致发动机过热或发动机升温慢。

(8)由于材料、腐蚀、修理时不规范操作，致使水套泄漏，导致发动机过热、冷却液进入润滑系统。

(9)冷却液泵密封件老化、壳体受腐蚀致使冷却液泄漏，导致冷却液减少、发动机过热。

(10)冷却液泵叶片被腐蚀、结构性堵塞致使泵冷却液能力下降，导致发动机过热。

(11)水管由于外力损坏、老化或腐蚀泄漏，导致冷却液减少、发动机过热。

(12)车辆行驶在陡坡上挡位太低，或行驶在长坡上，或环境温度过高。

2. 发动机突然过热的原因

发动机过热可分为运行中突然过热和经常过热。

(1)突然过热。冷车起动后，发动机冷却液温度迅速升高而产生沸腾或汽车行驶中发动机突然过热。

(2)经常过热。发动机工作中经常出现过热现象，其原因可归纳为两方面：一是冷却系统冷却强度不足；二是发动机传热损失过大。

造成发动机突然过热的原因如下。

(1)风扇传动带断裂、风扇电机及其电路损坏。

(2)冷却液泵泵轴与叶轮脱转。

(3)冷却系统严重漏液。

(4)节温器主阀门脱落，致使冷却液不能进行大循环。

(5)气缸垫烧穿，或气缸盖出现裂缝，高温气体进入冷却系统。

3. 发动机温度过低的原因

冬季运行的汽车，冷却液温度表和冷却液温度传感器技术状况完好的情况下，发动机达不到正常的工作温度；发动机动力不足，油耗增加。出现以上现象，可判定发动机有冷却液温度过低的故障发生。

对一般的发动机而言，不可能因发生故障而导致冷却强度增大或传热损失减少，从而使发动机工作温度过低。发动机工作温度过低，通常是自然因素或冷却系统的冷却强度调节装置失效所致。造成发动机温度过低的原因如下。

(1)风扇故障，检修或更换风扇。

(2)温控开关闭合太早，检修或更换温控开关。

(3)发动机未装节温器。

4. 发动机冷却液消耗过多的原因

冷却系统是密封的，在正常情况下，不需经常添加冷却液，否则说明有冷却液

微课
冷却系统密封性检查

消耗异常故障,主要原因是冷却液泄漏。造成发动机冷却液消耗过多的原因如下。

(1)冷却系统外部渗漏或散热器盖开启压力过低。

(2)发动机冷却系统有内渗漏,如气缸盖垫损坏、气缸密封组件漏液、气缸体有裂纹等,使冷却液渗到气缸或润滑系统等其他部分。

(3)散热器盖封闭不严或上面的卸压阀门、真空排气阀门失效,使冷却液温度提高后无压力限制而蒸发过快。

(4)冷却系统水垢过多或堵塞,使冷却系统循环不良而造成经常性冷却液过高,冷却液蒸发量因此而增大。

▶ 任务实施

1. 冷却液温度过高故障诊断

(1)检查有无漏液之处,冷却液是否充足,风扇传动带是否松旷、调整不当打滑等。

(2)检查装有电子风扇的车辆是否温控开关或电机损坏。

发动机冷却液温度过高故障诊断

(3)若上述各部均正常,则检查冷却液泵泵液能力。起动发动机,逐渐提高转速至高速运转,此时用手握住冷却液泵的进水管,如能感觉到进水管有"脉动",则为冷却液泵工作正常,否则为冷却液泵有故障。

(4)汽车行驶中发动机突然过热,应注意是否充电。若不充电,说明风扇传动带断裂;若指示充电,发动机熄火,用手触试散热器和气缸体。如果气缸体温度过高,而散热器内温度低,则为冷却液泵泵轴与叶轮脱转,使冷却液循环中断;若发动机和散热器温度差别不大,则应检查冷却系统各部分有无严重漏水。

(5)冷车发动温度升高很快并沸腾,多为节温器故障。行驶中发现冷却液沸腾,应立即停车,使发动机低速运转至冷却液温度正常,然后熄火检查,切勿急于加冷水降温,以防发动机温度变化太大而出现裂纹。

如果发动机过热,但冷却系统无故障,则可能是发动机传热损失过大所致,其原因可能是点火过迟、混合气过稀或过浓、燃烧室积炭过多、机油不足等;发动机传热损失过大通常伴有动力不足、油耗大、进气管回火、排气管放炮、爆燃等异常现象,这些异常现象可作为确定故障诊断范围的依据。此外,汽车顺风行驶或高温季节长时间大负荷行驶等,也会引起发动机过热。

注意:如果只是冷却液温度表指示温度过高,但发动机无其他异常现象,应检查冷却液温度传感器和冷却液温度表是否有故障。

2. 发动机突然过热故障诊断

若汽车在行驶中发动机突然过热,且冷却液沸腾,切莫使发动机立即熄火,应怠速运转散热 5min,待冷却液温度下降后,再补加冷却液。

(1)首先检查冷却液是否充足,再检查风扇是否转动。若风扇停转,应察看风扇传动带是否断裂;若为电动风扇,应检查冷却液温度开关、风扇电机及其电路是否损坏。

(2)若风扇运转正常,冷却液足够,可用手感觉散热器和发动机的温度,如发动机温度很高，而散热器温度很低，说明冷却液泵损坏或节温器失灵。

（3）若冷态发动机起动后，水箱口立即向外漏水并排出大量气泡，呈现冷却液沸腾状态，多为气缸套、气缸盖出现裂纹或气缸垫烧蚀，使高温高压气体窜入水套。此时，应分解气缸盖、气缸体，焊修裂纹或更换气缸盖、气缸垫。

3. 发动机温度低故障诊断

在汽车行驶中，若冷却液温度表长时间指示在发动机正常工作温度以下，即可判断为发动机工作温度过低。

发动机出现工作温度过低的现象时，应进行如下检查。

（1）环境温度较低时，检查百叶窗是否关闭、是否采取了有效的保温措施。

（2）检查风扇控制装置是否失效。如果冷却系统装有风扇离合器或电动风扇，可在发动机工作温度较低时，通过观察风扇的运转状态来确定风扇控制装置是否失效。

（3）检查节温器是否正常。在发动机工作温度较低时，通过触试散热器温度来判断冷却液是否进行大循环，以诊断节温器是否正常。

（4）如果冷却液温度表指示温度低，但发动机工作中无其他异常现象，应对冷却液温度传感器和冷却液温度表进行检查。

4. 故障排除

在学习冷却系统各种故障的诊断后，应对本任务开始提出的故障进行排除。

故障检查：首先拔下电磁风扇感应器接头，用导线短接电磁风扇感应接头，发现电磁风扇正常转动，然后检查膨胀水箱内的冷却液，发现液面下降较多，补充冷却液后，发动机温度逐渐正常。

故障排除：车辆在发动状态下补充冷却液至标准，发动机温度正常。

总结分析：该车冷却系统在没有排气的情况下，冷却系统内还存在部分空气，特别是水箱内部存在空气时，在冷车状态下加注冷却液，很难一次性加满，况且在冷车状态下节温器是处于关闭状态的，加注冷却液时，看到膨胀水箱已经满了，进入水箱的冷却液却很少，所以在着车数分钟后就出现气缸盖水道内的冷却液温度很高，水箱进水管一侧是热的，而水箱出水管一侧却是凉的。

桑塔纳的冷却系统风扇热敏开关安装在水箱的出水口处，用来调节发动机冷却液的温度。当水箱的出水温度为 92～97℃时，热敏开关接通风扇电动机的低速挡开关，风扇开始运转，保证有足够的风量通过水箱；当水箱的出水温度为 99～105℃时，热敏开关接通风扇电动机的高速挡开关，风扇以更高的速度运转。当冷却液的温度降到 91～98℃时，风扇电动机开始恢复至低速挡，而冷却液温度降到 84～91℃时，风扇电动机停止运转。

水箱出水管另一侧却是凉的，满足不了冷却系统风扇热敏开关闭合的基本条件，所以"风扇不转"，冷却液补充后，散热器内的空气排除，冷却液正常循环，冷却液正常。

任务工单

"发动机冷却液温度高故障诊断"操作工单

信息获取	发动机型号：	
	故障现象：	
1. 场地及设备初步检查		
（1）工具检查准备	项目（1）～（10）不需要做记录	
（2）仪器设备检查准备		
（3）车辆准备		
（4）技术资料检查准备		
（5）汽车停放位置与举升机状况检查		
（6）放置车轮三角木		
（7）连接尾气抽排管		
（8）放置转向盘套和脚垫		
（9）放置发动机及翼子板护垫		
（10）发动机机油、冷却液检查		
2. 故障诊断		
（1）记录诊断步骤		
（2）记录检测步骤		
（3）技术要点与难点		

> 任务评价

"发动机冷却液温度高故障诊断"评分标准

序号	考核项目	配分	扣分标准（每项累计扣分不超过配分）
1	安全文明	否决	造成人身、设备重大事故，此任务计0分
2	工具及仪器设备的准备	5分	未检查工具设备，扣2分；工具准备错误，扣2分；工具摆放不整齐，扣1分
3	车辆状况的检查及车辆的防护	10分	（1）没有检查车辆停放安全状况，扣0.5分，没有安放三角木，扣0.5分，没有安装尾气抽排管，扣0.5分； （2）没有检查机油、变速器油、冷却液、转向液、玻璃清洗液、制动液液位，每项扣0.5分，没有检查蓄电池电压，扣0.5分，没有起动车辆，扣1分，没有检查发动机工作状况，扣1分； （3）没有安装翼子板护垫，扣0.5分，座椅套、脚垫、转向盘套、挡位杆套少装一项，扣0.5分
4	故障现象判断	15分	（1）未检查故障码，扣1分，不会检查故障码，扣2分，不会使用解码器，扣2分，不会判断故障，扣2分，故障点判断错误一次，扣1分，故障判断思路不明确，扣1分； （2）故障判断不熟练，扣2分，不能找出故障，扣4分
5	故障诊断过程	25分	（1）不会查阅维修手册，扣2分，没有使用维修手册，扣2分； （2）没有关闭点火开关拔插连接器，扣2分，不会拔插连接器，扣2分； （3）操作过程不规范，扣2分；工具及仪器设备没整理，扣2分； （4）造成短路，扣5分，烧坏线路此项计0分； （5）部件及总成拆装不熟练，扣2分，造成元器件损坏，扣2分
6	故障点确认与排除及操作工单的填写	25分	（1）不能确认故障点，扣5分，不会排除故障，扣5分； （2）未进行故障修复后的检验，扣5分； （3）修复后故障重复出现，扣5分； （4）没有填写工单，扣4分，填写不完整，扣1分
7	安全生产	20分	（1）不穿工作服，扣2分； （2）工具与零件混放或摆放凌乱，每次每处扣2分； （3）工具或零件随意摆放在地上，每次扣2分； （4）垃圾未分类回收，每次扣2分； （5）油、水洒落在地面或零部件表面未及时清理，每次扣2分； （6）完工后未清理工量具，每件扣1分； （7）完工后未清理场地，扣2分。
8	合计	100分	

项目小结

1. 冷却系统的作用是把发动机零部件在混合气燃烧过程中所吸收的热量通过冷却介质排放到大气中去，从而维持发动机正常工作温度，保证发动机正常运行。

2. 冷却液的循环路线分为大循环、小循环和混合循环三种形式，受节温器控制。

3. 散热器利用空气流动来散发冷却液的热量。

4. 膨胀水箱的作用是储存因散热器内冷却液温度提高而溢出的冷却液及水蒸气，还可自动补偿冷却系统中冷却液，同时具备水蒸气分离作用。

5. 散热器上有蒸汽阀和空气阀，可防止压力过高或过低，提高冷却液的沸点，改善冷却效果，防止冷却液量减少。

6. 水冷系统的冷却强度调节是通过改变流经散热器的空气量和改变通过散热器的冷却液量来实现的。

7. 冷却液泵的功能是保证冷却液能进入发动机水套内进行循环，以提高发动机冷却效果。

8. 冷却系统最常见的故障现象是发动机过热。

练习与思考

一、填空题

1. 按冷却介质不同，发动机冷却方式有 _____ 和 _____ 。

2. 目前汽车发动机上采用的冷却系统大都是 _____ ，利用冷却液泵强制冷却液在冷却系统中进行循环流动。它由 _____ 、 _____ 、 _____ 、 _____ 和 _____ 装置等组成。

3. 水冷式发动机冷却强度调节装置主要有 _____ 、 _____ 等。

4. 节温器主要有 _____ 和 _____ 两种。

5. 发动机用离心式水泵主要由 _____ 、 _____ 、 _____ 等三部分组成。

二、是非题

1. 膨胀水箱中的冷却液面过低时，可直接补充任何牌号的冷却液。（   ）

2. 采用具有空气-蒸汽阀的散热器盖后，冷却液的工作温度可以提高至100℃以上而不"开锅"。（   ）

3. 为防止发动机过热，要求其工作温度越低越好。（   ）

4. 防冻剂可降低冷却液的冰点和沸点。（   ）

三、选择题

1. 发动机的正常工作温度为（   ）。

　　A. 30～40℃　　B. 60～70℃　　C. 80～90℃　　D. 高于100℃

2. 节温器通过改变流经散热器的（　　）实现冷却强度调整。
　　A. 冷却液的流量　　　　　　　　B. 冷却液的流速
　　C. 冷却液的流向　　　　　　　　D. 冷却液的温度
3. 水冷系统中，冷却液的大小循环路线由（　　）控制。
　　A. 风扇　　　B. 百叶窗　　　C. 节温器　　　D. 分水管
4. 若散热器盖上的蒸汽阀弹簧过软，会使（　　）。
　　A. 散热器内气压过低　　　　　　B. 散热器冷却管容易被压坏
　　C. 散热器内气压过高　　　　　　D. 冷却液不易沸腾
5. 若散热器中的水垢过多，会造成发动机（　　）
　　A. 温度不变　　　B. 过热　　　C. 过冷　　　D. 温度一定

四、简答题

1. 因节温器出现故障导致冷却液温度过高而不再安装节温器，试分析此法是否可取。
2. 叙述造成冷却液温度过高的原因。
3. 叙述造成冷却液温度过低的原因和诊断排除方法。

附录

发动机拆装与检测工具及其使用方法

一、常用工具

1. 扳手

（1）开口扳手。

开口扳手也称呆扳手，如附图1所示，按其开口的宽度大小，有8～10 mm、12～14 mm、17～19 mm等规格。开口扳手通常为成套装备，有8件一套、10件一套等。

（2）梅花扳手。

梅花扳手的外形如附图2所示。其两端是环状的，环的内孔为正六边形，互相同心错转30°而成，按其闭口尺寸大小，有8～10mm、12～14mm、17～19mm等规格。梅花扳手通常为成套装备，有8件一套、10件一套等。

附图1 开口扳手

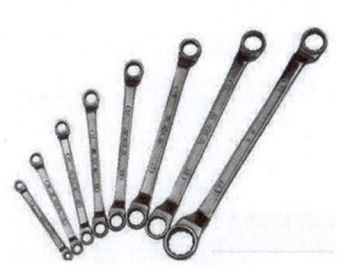
附图2 梅花扳手

（3）套筒扳手。

套筒扳手是拆卸螺栓最方便、灵活且安全的工具。使用套筒扳手不易损坏螺母的棱角。套筒扳手的外形如附图3所示。

套筒呈短管状，一端内部呈六角形或十二角形，用来套住螺栓头；另一端有一个正方形的头孔，该头孔用来与配套手柄的方榫配合。按其闭口尺寸大小，有8 mm、10 mm、12 mm、14 mm、17 mm、19 mm等规格，通常也是成套装备，并且配有滑动手柄、棘轮手柄、快速摇柄、万向接头、旋具接头和各种接杆等，以方便操作和提高效率。

附图 3　套筒扳手

除常见的标准套筒外，还有很多特殊套筒，如六角长套筒、六角或十二角花形套筒、旋具套筒等。头部制成特殊形状的螺栓、螺母，必须采用专用套筒进行拆卸。

① 六角长套筒。

六角长套筒比标准套筒深 2～3 倍，是汽车维修工作中最常用的改型套筒之一。

② 十二角花形套筒。

十二角花形套筒各角之间只间隔 30°，可以很方便地套住螺栓，适合在狭窄的空间拆卸螺栓。

③ 旋具套筒。

旋具套筒与配套手柄配合，组合成各式各样的螺丝刀或六角扳手，用来拆卸螺栓头为特殊形状的螺栓或扭矩过大的小螺钉。

④ 套筒的使用方法及注意事项。

a. 将套筒套在配套手柄的方榫上（视需要与长接杆、短接杆或万向接头配合使用），再将套筒套住螺栓或螺母，左手握住手柄与套筒连接处，保持套筒与所拆卸或紧固的螺栓同轴，右手握住手柄加力。

b. 在使用套筒的过程中，左手握紧手柄与套筒连接处，切勿摇晃，以免套筒滑出或损坏螺栓螺母的棱角。朝向自己的方向用力，可防止滑脱造成手部受伤。

c. 在选用套筒时，必须使套筒与螺栓、螺母的形状及尺寸完全适合，若选择不正确，则套筒在使用时极有可能打滑，从而损坏螺栓、螺母。

d. 不要使用出现裂纹或已损坏了的套筒。这种套筒会引起打滑，从而损坏螺栓、螺母的棱角。

e. 禁止用锤子将套筒击入变形的螺栓、螺母六角进行拆装，避免损坏套筒。

（4）扭力扳手。

扭力扳手是一种能读出所施扭矩大小的专用工具，其规格以最大可测扭矩来划分，主要用于有规定扭矩值的螺栓和螺母的装配，如气缸盖、连杆、曲轴主轴承等处的螺栓。常用的扭力扳手有指针式和预置力式两种。

① 指针式扭力扳手。

指针式扭力扳手结构相对比较简单，它有一个刻度盘，当紧固螺栓时，扭力扳手的杆身在力的作用下发生弯曲，这样就可以通过指针的偏转角度大小表示螺栓、螺母的旋转程度，其数值可通过刻度盘读出。汽车维修中常用扭矩扳手的规格为 300 N·m。

② 预置力式扭力扳手。

预置力式扭力扳手可通过旋转手柄，预先调整设定扭矩，达到设定扭矩时，该扳手会发出警告声响以提示用户。

③ 扭力扳手的使用方法及注意事项。

a. 在使用扭力扳手拧紧时，要用左手握住套筒，并保持扭力扳手的方榫部及套筒垂直于紧固件所在平面；右手握紧扭力扳手手柄，向自己这边扳转。禁止向外推动工具，以免滑脱而造成身体伤害。

b. 拧紧螺栓、螺母时，不能用力过猛，不可施加冲击扭力。当旋紧阻力不断增加时，旋转的速度应相应放缓，以免损坏螺纹。当扭力过大时，禁止在扭力扳手的手柄上再加装套管或用锤子锤击。

c. 切勿在达到预置扭力后继续旋力，如继续旋力，会使扭力大大超出预设值，除对扳手造成严重损害外，还会损坏螺栓、螺母。

d. 用扭力扳手紧固一个平面上多个固定螺栓且力矩较大时，要注意拧紧顺序。一般的拧紧顺序是从中间至两边且对角分多次拧紧，详细顺序以维修手册为准。

（5）内六角扳手。

内六角扳手的外形如附图 4 所示，用来拆装内六角螺栓，规格以六角形对边尺寸表示，有 3 ～ 27 mm 共 13 种。

（6）活动扳手。

活动扳手的外形如附图 5 所示，其开口尺寸能在一定范围内任意调整，使用场合与开口扳手相同，规格以最大开口宽度 × 扳手长度来表示。

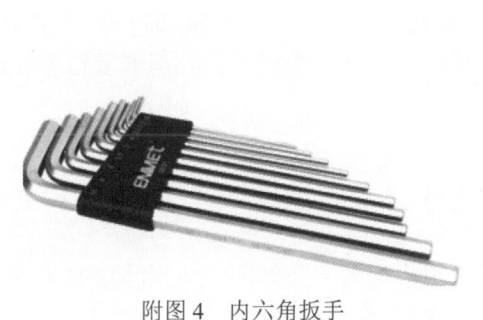

附图 4　内六角扳手　　　　附图 5　活动扳手

活动扳手操作起来不太灵活，需要旋转蜗杆才能使活动扳口张开及缩小，而且容易从螺栓上滑移，应尽量少用。使用时也应注意使扭力作用在开口较厚的一边。

2. 其他工具

（1）螺钉旋具。

螺钉旋具俗称螺丝刀、起子、改锥，如附图6所示，主要用于旋拧小扭矩、头部开有凹槽的螺栓和螺钉，分一字螺钉旋具和十字螺钉旋具二种。其规格以刀体部分的长度来表示，常用的有100 mm、150 mm、200 mm 和 300 mm 等几种。

使用时应根据螺钉沟槽的形状和宽度选用相应的规格。旋松螺钉时除施加旋转力矩外，还应施加适当的轴向力，以防滑脱时损坏零件。

附图6　螺钉旋具

（2）锤子。

锤子有多种形状，附如图7所示。略微弧形的一端平面是基本工作面，另一端是球面，用来敲击凹凸形状的工件。

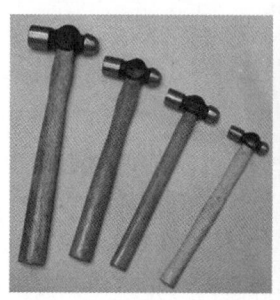 

附图7　锤子

使用锤子时，首先要仔细检查锤头和锤把是否楔塞牢固。握锤时应握住锤把后部，挥锤方法分手腕挥、小臂挥和大臂挥。

（3）卡簧钳。

卡簧钳也称挡圈钳，是专门用来拆装卡簧的工具，有多种结构形式。

根据使用范围不同，卡簧钳分轴用和孔用二种，均有直嘴和弯嘴两种结构形式。轴用卡簧钳可用于将卡簧胀开，以便将卡簧从轴上拆下；孔用卡簧钳可以将卡簧收缩，以便将卡簧从轴孔内取出。

二、专用工具

1. 活塞环装卸钳

活塞环装卸钳主要用于从活塞环槽中取出或装入活塞环。活塞环镶放在活塞槽内，如果想取出或装入，必须克服活塞环的弹力，使活塞环内径大于活塞直径，才能正常取出。

常用活塞环装卸钳的外形如附图8所示。如果不使用活塞环装卸钳而直接手工装卸，很容易由于用力不均把活塞环折断，所以装卸活塞环时必须采用专用装卸钳。

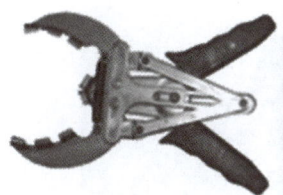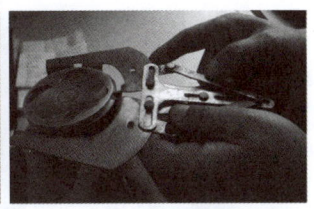

附图8　活塞环装卸钳

使用活塞环装卸钳时，用环卡卡住活塞环开口间隙，轻握手柄慢慢收缩，在杠杆力的作用下，活塞环会逐渐张开，当其略大于活塞直径时，便可将活塞环从环槽内装入或取出。

2. 活塞环压缩器

由于活塞环本身弹性的作用，活塞环在自由状态下的外圆直径将大于活塞直径及气缸直径。将活塞及活塞环装入气缸时，必须将活塞环包紧在活塞环槽内。

活塞环压缩器一般用带有刚性的铁皮制成，如附图9所示。活塞环压缩器的大小、型号有所不同，选用时要根据活塞的直径选择合适的压缩器。

附图9　活塞环压缩器

使用活塞环压缩器将活塞连杆组装入发动机气缸的方法如下。

（1）安装活塞环之前，应按原厂规定检查每个环的弹力、漏光度和各项间隙是否符合标准。安装时，要在活塞及活塞环四周涂好机油，按照要求进行装配，注意活塞环的正反方向等事项。

（2）安装活塞环时，应将各环口位置正确地分布后，将活塞环压缩器包裹在活塞的外面，然后使用配套扳手收缩压缩器，将活塞环压入环槽内。

（3）将带压缩器的活塞下部放入气缸内，并要求压缩器的下平面要和气缸体的上平面结合好。

（4）使用木棒等工具锤击活塞顶部，使活塞顺利进入气缸内。

3. 气门弹簧钳

气门弹簧钳是专门用于拆装气门的专用工具，其类型很多，最常见的类型外形如附图 10 所示。在安装发动机气门时，气门弹簧处于预压缩状态，要想拆卸气门或气门锁片，必须对气门弹簧进行压缩。

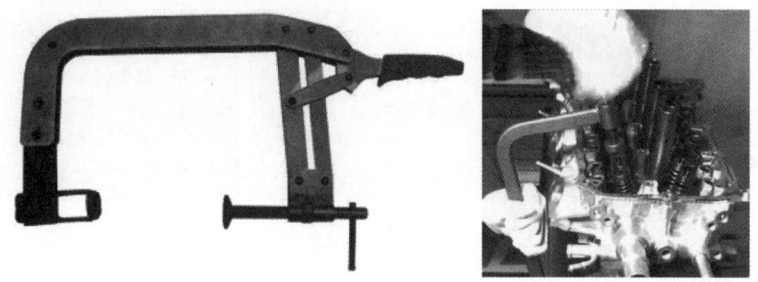

附图 10　气门弹簧钳

（1）将凸台顶住气门头部，压头贴住气门弹簧座，然后下压手柄带动压头和气门弹簧下行，使锁片脱落在压头的凹槽内。

（2）使用磁棒取出气门锁片后，解除压头的锁止装置，轻轻回位下压手柄，使气门弹簧压力释放，这样就可以轻松地取下气门弹簧及气门。

4. 机油滤清器扳手

（1）杯式机油滤清器扳手。

这种滤清器扳手类似一个大型套筒，拆卸不同车型的滤清器需要不同尺寸的扳手，在购买时多为组套形式配装，如附图 11（a）所示。使用时将杯式滤清器扳手套在机油滤清器顶部的多棱面上，使用方法同套筒扳手。

（2）钳式机油滤清器扳手。

这是另外一种滤清器专用扳手，这种滤清器扳手可以说是钳子的改型产品，使用方法同鲤鱼钳，外形如附图 11（b）所示。

（3）环形机油滤清器扳手。

环形机油滤清器扳手结构为一个可调大小的环形，环形内侧设计为锯齿状，如附图 11（c）所示。使用时将其套在滤清器顶部的棱面上，扳动手柄，扳手的环形会根据滤清器大小合适地卡在棱面上，顺利地完成拆装工作。

（a）杯式机油滤清器扳手　　（b）钳式机油滤清器扳手　　（c）环形机油滤清器扳手

附图 11　机油滤清器扳手

5. 冷却系统压力测试器

现在多数发动机均采用封闭式冷却系统，冷却液温度升高后，会使系统内压力升高。在汽车维修时，如对冷却系统进行检漏，需进行加压，加压工具为专用压力测试器，如附图12所示。此测试器还可检测散热器盖蒸汽阀的好坏，检测时需配合附件一起使用。

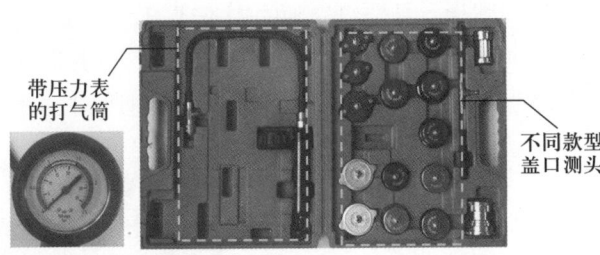

附图12　冷却系统压力测试器

6. 火花塞套筒

火花塞套筒专用于火花塞的拆卸及更换，可视为长套筒的一种变形形式，如附图13所示，其采用薄壁结构以避免与其他部分干涉。套筒内部装有磁铁或橡胶圈，因为大多数火花塞都是朝下布置的，必须从火花塞孔深处朝上取出，所以采用橡胶圈或磁铁来防止火花塞掉落。

装复火花塞时，为了确保火花塞能正常地装入气缸盖中，首先要用手仔细地旋转套筒，使火花塞螺纹带入后，再用配套手柄将其紧固。

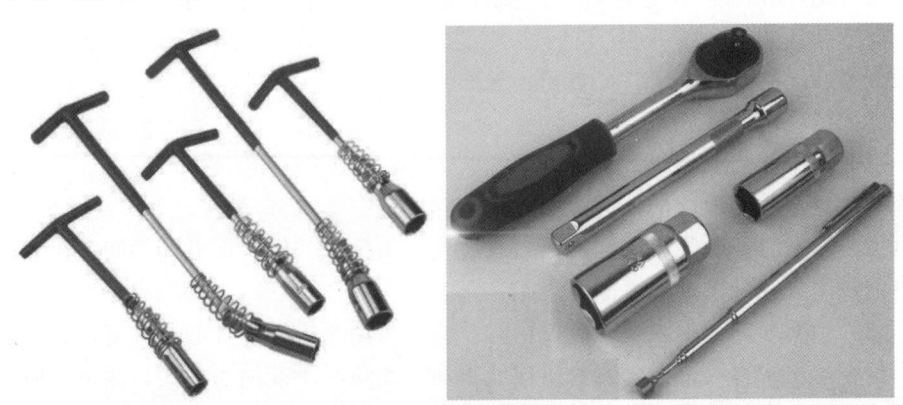

附图13　火花塞套筒

三、常用量具

1. 直角尺

直角尺一般用来检查工件的内外角或直角度，不论何种形式的直角尺都是由一个短边和一个长边构成，附图14是在平面板上用直角尺进行气门弹簧的倾斜度检测。

直角尺使用时，将尺座一面紧靠工件基准面，尺杆向工件另一面靠拢。观看尺杆与工件贴合处，其透过光线是否均匀。透过光线均匀，工件两邻面垂直；透过光线不均匀，两邻面不垂直，即不成直角。

注意：避免在高温或潮湿的场所从事测量作业以及保养。由于钢制品容易生锈，在使用后一般应涂上一层凡士林或机油。

2. 厚薄规

厚薄规又称塞尺或间隙片，是一组淬硬的钢条或刀片，这些淬硬钢条或刀片被研磨或滚压成为精确的厚度，它们通常都是成套供应，如附图 15 所示。在汽车维修工作中主要用于测量气门间隙、触点间隙和一些接触面的平直度等。

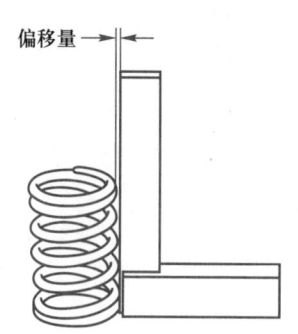

附图 14　气门弹簧倾斜度检测

附图 15　厚薄规

每条钢片标出了厚度（单位为 mm），它们可以单独使用，也可以将两片或多片组合在一起使用，以便获得所要求的厚度，最薄的一片可以达到 0.02 mm。常用塞尺长度有 50 mm、100 mm、200 mm 三种。

塞尺的使用方法如下。

（1）使用塞尺测量时，应根据间隙的大小，先用较薄片试插，逐步加厚，可以一片或数片重叠在一起插入间隙内，插入深度应在 20 mm 左右。

（2）测量时，必须平整插入，松紧适度，所插入的钢片厚度即为间隙尺寸。严禁将钢片用大力强硬插入缝隙测量。

（3）当塞尺同一把直尺一起使用时，塞尺可用来检查零件的平直度，如气缸盖的平直度。由于塞尺很薄，容易弯曲或折断，测量时不能用力太大。测量时应在结合面的全长上多处检查，取其最大值，即为两结合面的最大间隙量。测量后及时将测量片合到夹板中去，以免损伤各金属薄片。

（4）塞尺上不得有污垢、锈蚀及杂物；塞尺使用完毕后要将测量面擦拭干净，并涂油。

3. 游标卡尺

游标卡尺又称四用游标卡尺，简称卡尺，如附图 16 所示，是由刻度尺（主尺）和卡尺（副尺）制造而成的精密测量仪器，能够正确且简单地从事长度、外径、内径及深度的测量。

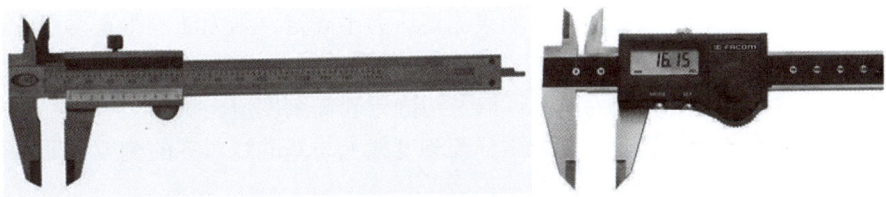

附图 16　游标卡尺

游标卡尺根据最小刻度的不同，分为 0.05 mm 和 0.02 mm 两种。若游标卡尺上有 50 个刻度，每刻度表示 0.02 mm；若游标卡尺上有 20 个刻度，每刻度表示 0.05 mm。在汽车维修工作中，0.02 mm 精度的游标卡尺使用最多。

有些游标卡尺使用电子读数显示小数部分，这种标尺的测量精度可达到 0.005 mm 或 0.001 mm。

以刻度值 0.02 mm 精密游标卡尺为例，游标卡尺的读数方法分三步。

（1）根据副尺零线以左的主尺上的最近刻度读出整毫米数。

（2）根据副尺零线以右与主尺上的刻度对准的刻线数乘上 0.02 读出小数。

（3）将整数和小数两部分加起来，即为总尺寸。

如附图 17 所示，副尺 0 线所对主尺前面的刻度 64 mm，副尺 0 线后的第 9 条线与主尺的一条刻线对齐。副尺 0 线后的第 9 条线表示 0.02 mm×9= 0.18 mm。所以被测工件的尺寸为 64 mm+0.18 mm=64.18 mm。

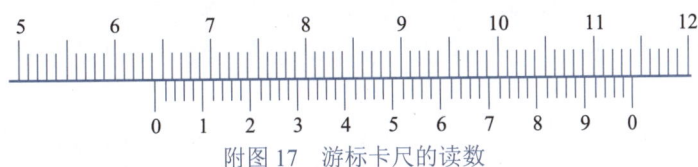

附图 17　游标卡尺的读数

游标卡尺是比较精密的量具，使用时应注意如下事项。

（1）使用前，应先擦干净两卡脚测量面，合拢两卡脚，检查副尺 0 线与主尺 0 线是否对齐。若未对齐，应根据原始误差修正测量读数。

（2）测量工件时，卡脚测量面必须与工件的表面平行或垂直，不得歪斜，且用力不能过大，以免卡脚变形或磨损，影响测量精度。

（3）读数时，视线要垂直于尺面，否则测量值不准确。

（4）测量内径尺寸时，应轻轻摆动，以便找出最大值。

（5）游标卡尺使用后，仔细擦净，抹上防护油，平放在盒内，以防生锈或弯曲。

4. 千分尺

千分尺也称为螺旋测微器，它是利用螺纹节距来测量长度的精密测量仪器，用于测量加工精度要求较高的零部件。汽车维修工作中一般使用可以测至 1/100mm 的千分尺，其测量精度可达到 0.01mm。

外径千分尺的构造主要由测砧、测微螺杆、尺架、固定套筒、微分筒、棘轮旋钮及锁紧装置等部件组成。棘轮旋钮的作用是保证测轴的测定压力，当测定压力达到一定值时，限荷棘轮即会空转。如果测定压力不固定，则无法测得正确尺寸。外径千分尺的读数方法如下。

（1）以微分筒的基准线为基准读取左边固定套筒刻度值。

（2）再以固定套筒基准线读取微分筒刻度线上与基准线对齐的刻度，即为微分筒刻度值。

（3）将固定套筒刻度值与微分筒刻度值相加，即为测量值。

如附图18所示，套筒上的读数为55 mm，套管上的0.01 mm的刻度线对齐基准线，因此读数是55 mm + 0.01 mm = 55.01 mm。

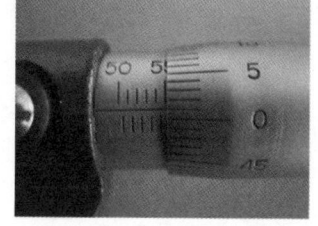

附图18　千分尺的读数

外径千分尺的使用注意事项。

（1）使用前确保零点校正，若有误差，用调整扳手调整或用测定值减去误差。

（2）被测部位及千分尺必须保持清洁。若有油污或灰尘，应立即擦拭干净。

（3）测量时将被测面轻轻顶住砧子，转动限荷棘轮及套筒使测轴前进，不可直接转动活动套管。

（4）测定时尽可能握住千分尺的弓架部分，同时注意不可碰及砧子。

（5）旋转后端棘轮旋钮，使两个砧端夹住被测部件，然后再旋转棘轮一圈左右，当听到发出两三声"咔咔"后，就会产生适当的测定压力。

（6）为防止因视差而产生误读，最好让眼睛视线与基准线成直角后再读取读数。

（7）当测量活塞、曲轴轴径之类的圆周直径时，必须保证测轴轴线与最大轴径保持一致（即测试处为轴径最大处）。若从横向来看，测轴应与检测部件中心线垂直，只有这样才能保证测试数据正确无误。

5. 百分表

百分表利用指针和刻度将心轴移动量放大来表示测量尺寸，主要用于测量工件的尺寸误差以及配合间隙，其外形如附图19所示。

一般汽车修理厂采用最小刻度为1/100 mm的百分表居多。

（1）百分表的读数方法。

百分表表盘刻度分为100格，当量头每移动0.01 mm时，大指针偏转1格；当量头每移动1.0 mm时，大指针偏转1周。小指针偏转1格相当于1 mm。

长针每一个回转相当于1 mm的移动量，将刻度盘分刻100等份，所以测定的移动量可精确到1/100 mm。

附图19　百分表

（2）百分表的使用方法。

百分表要装设在支座上才能使用，在支座内部设有磁铁，旋转支座上的旋钮使表座吸附在工具台上，因而又称磁性表座。

百分表还可以和夹具、V形槽、检测平板和顶心台合并使用,从事弯曲、振动及平面状态的测定或检查。

6. 量缸表

量缸表也叫内径百分表,是利用百分表制成的测量仪器,也是用于测量孔径的比较性测量工具。在汽车维修中,量缸表通常用于测量气缸的磨耗量及内径。

量缸表主要包括百分表、表杆、各种长度的接杆和接杆紧固螺钉等,如附图20所示。

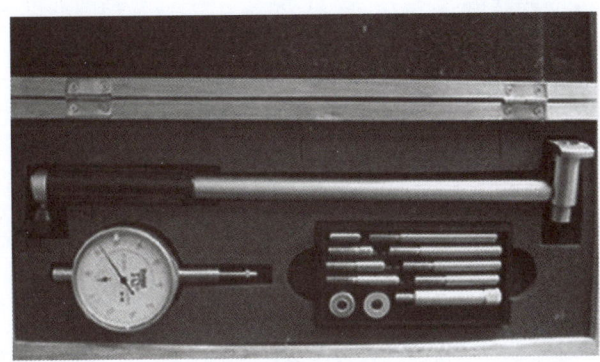

附图20 量缸表

(1)安装、校对量缸表。

① 按被测气缸的标准尺寸选择合适的接杆,装上后暂不拧紧固定螺母。

② 把外径千分尺调到被测气缸的标准尺寸,将装好的量缸表放入千分尺。

③ 稍微旋动接杆,使量缸表指针转动 1～2 mm,使大指针对准刻度零处,扭紧接杆的固定螺母。为使测量正确,重复校零一次。

(2)量缸表的读数方法。

① 百分表表盘刻度为100,大指针在圆表盘上转动一格为0.01 mm,转动一圈为1 mm,小指针移动一格为1 mm。

② 测量时,当大指针顺时针方向离开"0"位,表示缸径小于标准尺寸的缸径,它是标准缸径与表针离开"0"位格数的差;当大指针逆时针方向离开"0"位,表示缸径大于标准尺寸的缸径,它是标准缸径与表针离开"0"位格数之和。

③ 若测量时,小指针移动超过 1 mm,则应在实际测量值中加上或减去 1 mm。

(3)测量方法。

① 使用量缸表,一手拿住隔热套,另一只手托住杆子下部靠近本体的地方。

② 将校对后的量缸表活动测杆在平行于曲轴轴线方向和垂直于曲轴轴线方向上、中、下取三个位置,共测六个数值,上位置一般定在活塞在上止点时,第一道活塞环气缸壁处,距气缸上平面约 10 mm;下位置一般取在气缸套下端以上 10 mm 左右处,该部位磨损最小。

③ 测量时,使量缸表的活动测杆与气缸轴线保持垂直才能测量准确。当前后摆动量缸表,表针指示到最小数值时,即表示活动测杆已垂直于气缸轴线。不论

何种测量仪器在测量过程中总是会存在测定误差，而误差包括测量仪器的误差（制造和磨损产生的误差）以及测量者本身的误差（因测量者习惯以及视觉因素产生的误差）。

因此，测量时应该注意以下事项，方能保持测量仪器的精度。

① 进行测量时，应使测量仪器温度和握持的方法保持在一定的测定状态。
② 保持固定的测定动作。
③ 使用后应注意仪器的清理和维护，并存放在不受灰尘和气体污染的场所。
④ 要定期检查仪器精度。

参考文献

[1] 林振清,吴正乾.汽车发动机机械系统检修[M].北京,机械工业出版社,2017.

[2] 北京中车行高新技术有限公司职业教育培训评价组织.汽车运用与维修(含智能新能源汽车)1+X证书制度-职业技能等级标准[M].北京,高等教育出版社,2019.

[3] 仇雅莉 汽车发动机构造与维修[M].3版.北京:机械工业出版社,2015.

郑重声明

高等教育出版社依法对本书享有专有出版权。任何未经许可的复制、销售行为均违反《中华人民共和国著作权法》，其行为人将承担相应的民事责任和行政责任；构成犯罪的，将被依法追究刑事责任。为了维护市场秩序，保护读者的合法权益，避免读者误用盗版书造成不良后果，我社将配合行政执法部门和司法机关对违法犯罪的单位和个人进行严厉打击。社会各界人士如发现上述侵权行为，希望及时举报，我社将奖励举报有功人员。

反盗版举报电话　　（010）58581999　58582371
反盗版举报邮箱　　dd@hep.com.cn
通信地址　　北京市西城区德外大街4号　高等教育出版社法律事务部
邮政编码　　100120

读者意见反馈

为收集对教材的意见建议，进一步完善教材编写并做好服务工作，读者可将对本教材的意见建议通过如下渠道反馈至我社。

咨询电话　　400-810-0598
反馈邮箱　　gjdzfwb@pub.hep.cn
通信地址　　北京市朝阳区惠新东街4号富盛大厦1座
　　　　　　高等教育出版社总编辑办公室
邮政编码　　100029

防伪查询说明（适用于封底贴有防伪标的图书）

用户购书后刮开封底防伪涂层，使用手机微信等软件扫描二维码，会跳转至防伪查询网页，获得所购图书详细信息。

防伪客服电话　　（010）58582300